廣西富川石刻集

江田祥　曾志輝　黎家志◎主编
劉方進　何　超◎副主编

華夏出版社
HUAXIA PUBLISHING HOUSE

图书在版编目（CIP）数据

廣西富川石刻集/江田祥，曾志輝，黎家志主编. --北京：华夏出版社有限公司，2022.6

ISBN 978-7-5222-0199-3

Ⅰ. ①廣… Ⅱ. ①江… ②曾… ③黎… Ⅲ. ①石刻—汇编—富川瑶族自治县 Ⅳ. ①K877.4

中国版本图书馆 CIP 数据核字(2021)第 226033 号

廣西富川石刻集

主　　编　江田祥　曾志輝　黎家志
责任编辑　杨小英
责任印制　周　然

出版发行　华夏出版社有限公司
经　　销　新华书店
印　　装　三河市万龙印装有限公司
版　　次　2022 年 6 月北京第 1 版　2022 年 6 月北京第 1 次印刷
开　　本　787×1092　1/16 开
印　　张　27.5
字　　数　400 千字
定　　价　148.00 元

华夏出版社有限公司　地址：北京市东直门外香河园北里 4 号　邮编：100028
网址:www.hxph.com.cn　电话：（010）64663331（转）

編委會

總　策　劃　陳　華　李裕科

執行策劃　孔令芬

編委會主任　孔令芬

委　　員　黄英生　徐艷榮　曾志輝　黎家志　劉祥學　唐　凌
江田祥　陳國保　藍　武　徐　毅　彭家威　韋勝輝
韋如柱　韋韓韞

編撰人員　何　超　蔣啟志　江田祥　李研宇　李子涵　林許芸
劉方進　羅忍章　莫建寶　吴兆儀　肖拓宇　徐　晶
張棟梁　鐘華青（按姓氏拼音排序）

拓　　碑　鲍　剛　鄧志强　苗自曉

合作單位　廣西師範大學歷史文化與旅遊學院
富川瑶族自治縣文體廣電和旅遊局
富川瑶族自治縣文物管理所
桂海碑林博物館

封面題字　谢　湜

凡例

一、本石刻集收録石刻時間範圍爲北宋至一九四九年，空間範圍爲今富川瑶族自治縣所轄行政區域，絶大部分内容據石刻拓片、照片進行整理，石刻拓片字迹模糊難辨，則根據古今地方志等其它文獻相互參校。

二、本石刻集按照原碑格式整體録入，石刻標題視原石刻具體情况而定，石刻若有碑額且能高度概括石刻内容的，則以原石刻碑額作標題；若無碑額或碑額簡單不能體現碑文内容的，則由編者據石刻内容重新擬定。

三、石刻原有碑額，則於其後加（碑額）字樣註明，有印章且清晰可辨則以節録圖片標註。原石刻或有字號相對較小，或有注釋性文字，則作小字處理，比正文小一字號。編者説明文字則在碑文後加『注：』字樣，標明石刻所在地點、刻立時間、尺寸及保存情况等相關信息。

四、由於部分石刻字迹模糊或不易辨識，若字可數，則每字以□替代；若字不可數，則以▭或省略號代替。部分被鑿或識讀後不確定的文字，皆加框呈現，如：[字]。

五、本石刻集按時間先後順序進行編排，無具體時間者，按碑文内容或作者信息大致斷定時代，就近入序。

六、本石刻集本着如實整理碑文的原則，對『猺』『獞』等帶有歧視性的稱呼不作改動，謹作説明。

人文蔚起：富川石刻文化概述

歷經三年時間，這本《廣西富川石刻集》即將付梓面世，本書採取影印石刻拓片、全文抄録碑文的整理方法，爲學界提供了一份較爲可信的廣西石刻文獻資料。

廣西賀州市富川瑶族自治縣位於廣西東北部，地處湘、桂、粵三省區交界，南嶺西段的都龐、萌渚兩嶺餘脉之間，是一座有着數萬年史前文明、五千年歷史文化、兩千多年建縣歷史的三省邊城。富川『上（北）接楚湘，下（南）達閩粵，號要津也』（周載仁《張侯建橋修路造公署碑記》），是瀟賀古道的重要組成部分，是古代中原地區沿瀟賀古道進入嶺南的第一站，也是海上絲路兩廣段的起始點之一。

《廣西富川石刻集》的編撰，緣於二〇一八年上半年時任富川瑶族自治縣掛職副縣長的曾志輝先生邀請我們去富川調研，後與富川瑶族自治縣人民政府、文物管理所等相關部門商定，共同整理出版《廣西富川石刻集》。這也是廣西富川瑶族自治縣黨委、人民政府積極響應并因地制宜落實國家『一帶一路』發展戰略的舉措，以期發掘富川鄉土歷史文化資源、推廣『瀟賀古道』等文化品牌。

《廣西富川石刻集》具有彌足珍貴的歷史文獻價值，本書共收録了一五四通石刻，包括五通宋碑（其中一通爲明代重刻）、二二通明碑、二通南明碑、一〇五通清碑、二〇通民國石刻。石刻類型多樣，有摩崖、石碑、墓碑、建築題刻等。涵蓋內容非常廣泛，包括官府告諭、宗祠、廟宇、門樓、田産、墓誌、修路、修橋、興學、均役等內容，以下簡略介紹本石刻集所關涉的社會歷史主題。

一、基層政區變遷

縣東北福利鎮務溪村靈溪岩的大觀四年（一一一〇）摩崖石刻記載：『馮乘上乘顕坊信善林中桂在祖業沽溪莊靈溪嵓記』，據《輿地紀勝》卷一百二十三，馮乘縣於北宋開寶四年（九七一）被廢入富川縣，原馮乘縣治當降爲馮乘市，然而馮乘縣舊治如何變動及其地望在何處，迄今仍未有定論。這塊摩崖石刻表明大觀四年馮乘市下有『上乘顯坊』，這是什麽性質的『坊』？如果是唐代坊市制的『坊』，是否爲唐代馮乘縣所設置？總之，這一摩崖石刻爲南嶺山區縣級及縣以下政區變動提供了一些思考。

二、地方開發與社會控制

富川地處湘粤桂交界山區，屬於内地邊緣地帶，山區社會控制與資源開發是這一地區的重點所在。明以前石刻記載無多，但入明後，富川縣境内變亂頻仍，洪武二十三年（一三九〇），官府始設富川守禦千户所；洪武二十九年（一三九六），官府將富川縣治遷至富川千户所（今富川瑶族自治縣古明城内）；景泰元年（一四五〇），富川鄉靈亭鄉傜人糾合泠水諸源傜人，并會合湖南江華、永明二縣傜人，聚集了千餘人起事，經征蠻將軍、廣西總兵田真等率領精兵征討，此次變亂很快被平定，餘黨復舊業。正德、嘉靖間，富川縣内仍不時有寇盗竊發，那麽，該地民衆面臨變亂時，如何據鄉自保；變亂平定後，他們如何向官府登記户籍，官府又如何予以確認。

今古城鎮秀山村後山有一塊《留記》的摩崖石刻透露了不少信息：

> 立記者，所以記其祖宗之源流也。自洪武始，初祖公胡汝賢創立基業，纍葉相承，子孫叨承，仰賴先人迄今永久而不忘也，迨至正德、嘉靖之初，因寇盗生迈，設立名山，曰奇峯也，以此爲之寨，命匠鳩工，不日而成，雄偉高峻，四方有壁立之势。而寇盗無侵擾之患，是以子孫得以享無虞之樂矣，歌與盛哉。兹惟悠遠弗徵，故是而書之石，以爲後人企慕之思……

這一摩崖石刻當刻立於嘉靖四十一年（一五六二），此時秀山村胡姓後裔自稱洪武初『祖公胡汝賢創立基業』，而後子孫相承，碑文列有洪武十四年（一三八一）至嘉靖四十一年間每十年一造册的户名。正德、嘉靖之初，因寇盗不時生發，他們命匠鳩工、依山立寨，故『寇盗無侵擾之患，是以子孫得以享無虞之樂矣』，這段歷史應該是他們依山立寨、勉力自保的親身經歷。然而需要追問的是，他們爲何要在嘉靖四十一年或其後刻立這一摩崖石刻，爲何要刻立先前的户名，他們自稱先祖於洪武初創立基業的意圖又是什麽？

至明末風雨飄摇之際，富川縣内同樣也不安寧，崇禎十五年（一六四二）的《邑侯黄公生祠記》記載了知縣黄世燿强化軍事防守、積極平定地方『不軌』之事：

值腥夷播乱、流寇猖獗，侯爲之奮威武、增营壘、厥操練、慎関防，尋而醜類銷、妖塵净，四境安堵矣……值今不幸，叛猺煽熖，奸宄效尤，内有一二無賴，糾合兇頑，謀爲不軌，侯聞之，而飲水在念，蛟剸犀斷，芟殲不待於時，幸而群妖事敗，或獲擒，或授馘，若鼎魚就沸、穴兔阽危。

清初，富川縣内處於權力真空狀態，社會完全失序，張獻忠餘黨曹志建等流竄富川縣，本縣傜人及四鄉土豪也蜂起攻城，富川縣『遂成墟落』。隨着清王朝在廣西統治的逐漸穩定，以及不斷加强南嶺山區的軍事防守，尤其是設立了富賀營（康熙二十一年改设，一六八二）、麥嶺營（雍正八年，一七三〇），廣西、湖南二省定期聯合會哨，并於麥嶺添設平樂府捕盗同知（雍正八年）。

富川政治軍事秩序逐漸穩定後，富川縣的資源開發進程也得到加速。雍正十年（一七三二）《奉縣封禁坑場碑》記載了平樂府富川縣與湖南永州府江華縣禁止開採礦場：

爲棍徒盗洗礦砂壅害禾苗永行封禁事。照得礦坑久奉嚴禁，私採大干法紀。兹本二縣訪查不法棍在於黄牛垚、清水江二處山坑，胆敢違禁刨洗礦砂，以致砂石随水壅流，殃害禾苗。棍徒作奸，農民失業，殊堪痛恨。除現在密拿并已往不究外，合行出示刊石，永禁爲此示，諭兩縣民及附近坑墑居民人等知悉，嗣示之淩，無得私行刨挖，倘有不法棍徒仍蹈前轍，許尔附近千長、寨老、月甲人等立拿解赴，本二縣按律究擬，盡法重處。各宜凛遵！毋違，特示！

雖然地方官府封禁礦場的目的，在於防範『棍徒作奸，農民失業』，但山區資源開發吸引了大量外來人口的涌入，一定程度上推動了清代富川縣的經濟發展與社會變遷。

三、地方交通與門樓建築

在晚唐李渤、魚孟威疏浚靈渠以前，瀟賀古道應是自湖南南部進入嶺南、抵達廣州的主要路線之一；晚唐以降，瀟賀古道的地位急劇下落，這一路線變爲地方性交通，但瀟賀古道依然帶動了沿線地區的經濟、社會、文化等方面的發展。

位於三省交界地帶的富川縣處於這一交通路線的要衝位置，一座座矗立在山野間的風雨橋就是明證。據有關部門統計，中華人民共和國成立後，富川縣仍有各類風雨橋一〇八座，至今幸存二七座，都被列入第七批全國重點文物保護單位。風雨橋下通常刻立了一些碑刻，記載歷代捐款、出料、出力者的姓名，見證鄉民共同建造或修繕風雨橋的歷史。

朝東鎮油沐村黄沙河上的迴瀾風雨橋，現存明清時期石碑共十二塊，值得注意的是題名碑記中所蘊含的信息，如在崇禎十四年（一六四一）正月刻立的《鼎建迴瀾石橋題名碑記》中，捐款者不僅僅來自富川一縣，也有來自湖南永明縣（今江永縣）、梧州府懷集縣；他們身份多元，包括鄉宦、監生、庠生、耆老、信吏、齋士、僧人、平民等，不少女性也積極參與捐款。同年七月刻立的《金石壮志》（《重建迴瀾石橋碑記》），由『勅命督理印馬屯田、巡按直隸應天山東河南潼関衛所等處地方監察御史、加陞太僕寺少卿』邑人何廷樞撰文，記載了重修風雨橋經過，《勝跨連虹》《樂捨芳題》《山川一握》三塊石碑則記録了大量捐款者姓名，平樂知府、富川知縣、典史、醫官以及湖南永州府枇杷所千户等居然也參與捐款。迴瀾風雨橋的鼎建及重修，突出體現了廣西與湖南二省交界地帶地方社會的互動。

除了風雨橋，還有不少捐建拱橋、石板橋、橋亭以及修路的石刻，如朝東鎮福溪村的《新建福溪面前橋摽名記》《重修小畔路記》《改建石橋記》《福溪坊砌理前街記》《修路題名記》《改建大砈橋碑記》《重修錦橋謹題名記》，秀水村的《宣教房砌兩岸路記》《建復登瀛橋記》《重建江東橋石碧記》，龍歸村的《重建興梁題名垂記》，崗中村的《重修集賢橋碑記》，城北鎮鳳溪村的《口建橋亭之記》《重修石橋碑記》，麥嶺鎮黄侯泉村的《新修大路碑記》，葛坡鎮深坡街的《千秋記》《續街記》，上清塘村的《上清塘新修路碑記》，縣城内的《重修中室前路碑記》，等等。以上這些石刻僅是富川縣現存交通石刻的一小部分，但正是這些由官民等多元人群共同建造的交通設施，構築了瀟賀古道交通路線及富川縣内外的交通網絡。

值得注意的是，乾隆二十九年（一七六四）《鎮貝村均徭役告示碑》反映了清前中期富川縣至平樂府城的官員往來、公文傳遞路線，它還揭示了清代富川縣交通沿線夫役分攤的問題。自清初以來，『自該縣抵源至恭邑所属之龍虎関赴郡、赴省，及由龍虎関回縣，向係抵源、石古源、南源、新田猺民應雇；又由龍虎関回麥嶺夫役，從前原雇宝劍等寨民夫，嗣因龍虎関相距宝劍寺寨遥遠，徃雇需時，多有未便，隨就近捹雇石古源寺猺人，相沿已久』，抵源、石古源、南源、新田四源民衆不僅承擔著由富川抵源至恭城龍虎關赴郡、赴省及由龍虎關回富川縣的夫役，還承擔著龍虎關至麥嶺的夫役。而實際上龍虎關至麥嶺及麥嶺至富川縣城的夫役，均應由賓劍寨等承擔，因此二地民衆由此發生訴訟，經官府調解，才適當緩解了四源民衆的夫役負擔。

富川的門樓建築何時出現，目前已難以追溯。本石刻集共收録了二二塊門樓碑記，以朝東鎮油沐村胡家門樓最早，時間在萬曆四十五年（一六一七）十二月二十九日。入清後，富川縣内門樓碑記大量增加，本石刻集收録的碑記皆在嘉慶後。多塊石刻中記載了門樓的多重功能，城北鎮龜石嶺村和睦門樓道光十三年（一八三三）季冬月刻立的石碑記載曰：『尝謂培補宅場，非門樓無以爲功；有事公議，舍門楼無以束身，則門楼之設，不惟具一村之壯觀，亦且有利於人事。』朝東鎮油沐村大門樓光緒十年（一八八四）仲夏月刻立的《重修門樓碑記》載曰：『余村先達於中路鼎立門楼，一以作闗鍵，一以壯觀瞻，洵善舉也。』朝東鎮油沐村委崗中村民國十一年（一九二二）桂月刻立的《崗中村重建門樓記》稱：『建立門楼，以作閔鍵，以培風水，一門衍慶，四壁光輝，前績昭垂，後昆丕顯。』綜合而言，門樓的實用功能有二：一爲村落内部的『闗鍵』，發揮一定的防禦功能；一爲村落的公共空間，成爲村民議事的公共場所。門樓的文化功能亦有二：一爲培神宅場，可培植一村風水；一爲村落的文化地標。富川的門樓反映了村落内部格局的變遷，它與交通格局、聚落人口、鄉村宗族建設等息息相關，也體現了鄉村社會的内在秩序。在當下鄉村振興戰略背景下，富川的門樓文化值得進一步發掘。

四、地方文教治理

在帝制中國時期，除了政治軍事控制途徑，歷代政府還通過神道設教、科举、教育等教化舉措，逐漸吸收地方力量進入王朝體制，改變地方社會面貌，增强地方社會的國家認同意識。富川縣處於早期華夏文明進入嶺南地區的前沿地帶，郡縣制度的推行、瀟賀古道的通達等，都积极推動着這一地區的文明化進程。

這一進程突出體現在地方文教事業上，乾隆《富川縣志》卷二《風土志》總論道：『富水僻處嶺表，實邇衡、湘；《舊志》謂『聲教在八桂之先，人物萃三江之秀』，非溢美也。宋明以來，科甲蟬聯，衣冠文物，幾埒中州……自我朝百餘年來，仁漸義摩，禮陶樂淑，文教覃敷，無間幽遐，而猺獞亦蒸蒸向化焉。』富川縣有據可查的第一所書院是朝東鎮秀水村的江東書院，建於南宋嘉定十四年（一二二一），此後秀水村科第連綿、人才輩出。至明清時期，除了官辦的縣學，地方官員還創辦了富江書院，尤其是道光十三年（一八三三）平樂知府唐鑒、富川縣訓導朱德鈌等在『東五源』（龍窩源、平石源、沙母源、三蓳源、倒水源）捐建的五源書院、蒙泉義學，『黨有庠、塾有師，不以猺習而甘自暴棄，是能出幽谷而喬木也，蒙以養之詩書，化其質性礼讓』

《倒水源添設蒙泉義學記》），期望『以詩書而化群蠻』。與此同時，地方士人也積極開辦書院、義學、私塾（書房），倡建賓興組織等，如福溪村乾隆三十六年（一七七一）的《學堂碑記》稱：『近沐皇清覃敷，文教化被山陬，凡屬童蒙，可不素教而預养之乎？』葛坡深坡街村例貢生蔣登雲於咸豐十年（一八六〇）捐資創建『恕堂書屋』，正因爲族中子弟貧富不齊、教育不能普及之故。

道光二十八年（一八四八），曾任富川知縣的羅成綸一語道出崇文重教的目的，『以冀富邑之人文蔚起』，『人文蔚起』一詞，本石刻集先後共出現了六次，分别在《重修馬王廟記》《廣種福田》《重建靈溪廟題名記》《重建興梁題名垂記》《創修迴瀾橋亭路記功》《移建文昌閣記》中。『人文蔚起』的頻繁使用，不僅代表着明清時期富川地方官員、文人的美好願望，也表現了富川的深厚文化底蘊與文化態勢，正如羅成綸《移建文昌閣記》碑文所言：『方今文教昌明，僻壤窮陬，絃歌殆遍，富雖邊陲僻處，夫非猶是文物聲名之地也？』

地方家族則是推動富川地方文教的重要力量，他們通過建設宗族，培植教育人才，積極參與科舉，以維持地方名望之不墜。現實的政治力量也投射至地方廟宇，他們共同參與修建祠廟寺觀，祭祀祖先或其他神祇，經營或争奪廟産經濟等，本石刻集也收録了不少這些内容的碑文。

富川現存石刻資源可謂相當豐富，本石刻集僅選取了其中一部分，以上簡要的介紹自然掛一漏萬，尚不足以全面揭示富川石刻歷史文化内涵與價值。限於時間與精力，還有很多調查的碑文未能及時收入本書，希望以後有機會繼續調查與整理，進一步挖掘富川瑶族自治縣歷史文化内涵，爲南方絲綢之路與瀟賀古道研究提供文獻支撑。

江田祥執筆

目录

一　潛德岩

潛德嵓

大宋元豐四年辛酉八月林通遠夫題

註　位於蓮山鎮蓮山中學東南側一〇〇米的讀書岩塘中的豹山潛德岩（俗稱隱山讀書岩）内，字径四〇厘米。參富川瑤族自治縣志編纂委員會編：《富川瑤族自治縣志》，廣西人民出版社一九九三年，第六〇五頁。

二　靈溪岩摩崖石刻

馮乘上乘顕坊信善林中桂
在祖業沾溪莊靈溪嵒記
設會囗在丹霆觀高真觀
崇福寺[靈]溪臺本[坊]觀音
寺設水陸齋三會芳籙齋四
會羅天醮四會七夕囗帝齋
三會中元五百羅漢齋三
會十八羅漢齋三會其餘
假祖父寺觀功德慶賀囗
囗薦亡等齋醮會不具録
大宋大觀庚寅重九日題

註　摩崖在福利鎮務溪村鴨母塘北面的本面山西南山脚的靈溪岩内，宋徽宗大觀庚寅年即大觀四年（一一一〇年）刻立。岩高六米，寬四・二米，進深二七米。在岩口左右兩壁離地面相對高度一・四米處，左邊鎸刻楷書『靈溪嵒』三字，字徑一五厘米，旁刻『崇寧四年』，字徑四厘米。右邊壁上鎸刻宋代宗教信仰的醮會、設齋等内容，字徑二・五厘米，下手刻『大觀庚寅』，參《富川瑶族自治縣志》，第六〇五頁。

三　董二十一娘墓誌摩崖

吾諱强癸卯之歲因渴想之間意尋山澤一口乃自迖大羅
峯上顧見此山於艮上突起發勢轉亥下皇蓮山為主作
震轉亥爲尨落在山嵓張穴利本音六合从庄至建炎
四年庚戌二月二十四日妻董二十一娘年㚖七十有八葬西穴丙
向為塚放丙水巽水洋湖大納折庚形如群虵疊　左右口
口風水皆和吾亦七十有八口一禺添應照衆詔後可立
碑以為永記　歲當辛亥紹興改元季冬[月]甲子朔立
……（後有三行，被鑿）

註　摩崖在新華鄉榜下村後山大羅峰下的獅子背山脚西南石壁上，宋高宗紹興辛亥年即紹興元年（一一三一年）刻立。摩崖離地面相對高度爲二・三米，石刻面積爲一・三五平方米。周圍陰刻曲枝紋花邊；墓誌文刻載墓主丈夫爲其尋找墓穴的經過，以及從風水地理出發選擇墓穴的理由，即『風水皆和』。文後刻『歲當辛亥紹興改元季冬』，皆用陰刻楷書，字徑二厘米。參《富川瑶族自治縣志》，第六〇五頁。

四　鼇溪佑聖岩新建真君閣題名記

鼇溪佑聖岩新建真君閣題名記（碑額）

鼇溪之涘有岩舊矣蕪穢不治過者惜焉因與其鄰比謀曰余欲闢斯岩而買山僦工囗非得二年囗不足以為之蓋祖興佐吾費而善士善囗悉忻然發橐無纖嗇態扵是夷險囗荒掃除囗穢而水石之清奇岩竇之幽邃囗　古而闡扵今者真不軒豁呈露囗天囗囗劃信可為　霊祇之所居也遂復建玆閣于岩之扃以為

霊應君之囗囗祠傑閣翚飛　威容虎視凡所以事　神之具甚設營道尉何君器來觀同囗以　佑聖岩扁之自今以始歲時之有囗囗札必禬扵斯以彌其裁以祈其福則是囗囗非特為遊觀者設而扵斯民之生聚誠不為無相也經始于慶元巳未之冬再朞而後考其成焉凡為費幾二百緡而叶力以囗之者其衆不敢專之以為巳力用志其大概而疏其姓名于下方若夫大書特書以紀溪山之竒勝則姑俟立言之君子嵒嘉泰改元冬十有二月庚辰迪功郎昭州立山簿尉毛處廉德清記

歐善慶　毛必萬　毛晏　蒋增堯　毛瓘　陳佛遠
毛囗壽　尹兼　何文起　尹通　王囗勝　熊紹隆
蒋囗喜　尹財起　吴囗俊　張福慶　蒋文聚　盧元壽
吴伯進　何善先　周知求　盧福　田富　石文亮
周從龍　首世昌　何如感　尹思　尹旺　姚勝
譚文昌　何善安　宋文彪　蒋勝　費光榮　劉信
廖師全　毛應龍　尹祥
尹祥保　何汝化　已上各捨錢叁伯文足
毛達囗　劉囗　何財進　尹囗　陳才宣　譚文興
毛仲俊　盧堅　蒋善應　蒋光榮　周思起　周佛威
張三囗　蒋師起　費光善　宋伯進　歐元喜　歐元達
毛進　歐善俊　歐善祥　陶世永　田才起　田二娘
毛興賢　周如鼇　盧伯賜　已上各捨錢伍伯文足
盧資　何文盛　何財嚮　龔時起　盧才旺　鐘伯進
何彭壽　周文亮　劉傑　蒋善俊　蒋思壽　田伯餘
毛仲宣　已上各捨錢柒伯文足
田世資　歐元亮　毛昌　何昌盛　周善應　毛六九郎
何應喜　田傑　朱德万
何寅　毛齊　已上各捨錢壹貫文足
歐善起　石福縁　張元正　何生　何功懋
毛貫　董昭　盧縁　已上各捨錢貳貫文足
朱友起　雷師感　蒋延慶　李子安　周友福　田鼎才

已上各捨錢貳貫伍伯文足

劉俊錢柒貫文足　周翔錢叁貫八伯足
盧純錢叁貫八伯文足　毛仲顯錢叁貫伍伯足
陶世祥錢叁貫伍伯文足　尹忠　錢叁貫伍佰足
唐財盛錢叁貫伍伯文五　周思恭錢叁貫足
周永忠錢叁貫伍伯文足　蔣文昌錢叁貫伍伯足
盧口大錢叁貫伍伯文足　周友福錢叁貫足
何孝資錢叁貫文足　盧光大捨拜石一面
毛太初　毛太和　何中立　毛咸　毛寳

已上各捨錢兩貫文省

毛欽捨錢伍貫文足　毛季義捨錢兩貫文足
毛伯恭捨錢拾貫文足　毛仲敬捨錢拾貫文省
迪功郎前昭州立山縣簿尉毛處廉捨錢乙拾伍貫文省

已上金資買到福基鼎新起造真君宝殿楼閣圓成衆設

榮籙會慶揚訖外都副幹會首 毛處廉 毛賨 伯恭 仲敬 季義 毛欽
劉俊　周翔　盧純　陶世祥　尹忠　雷師感　周永忠　歐善起　毛仲宣
毛仲顯　李子安　盧光大　周友福　盧緣　何應喜　歐元亮　周宗善　周宗紹
盧口盛　蔣延慶　何孝資　朱友起　毛皋　何生　何功懋　蔣文昌
再捨錢塑立真君妙相一部 鑄造洪鐘乙口　香炉一座永充供養上祝
皇帝万歲聖壽無疆次祈各家先祖生
天信人獲福化緣道士蔣榮真謹題

注　摩崖在朝東鎮秀水村北側小象鼻山北面真君岩洞内的左側岩壁上，宋寧宗嘉泰元年（一二〇一年）刻立。摩崖高八二厘米，寬六九厘米，額徑三厘米，上部分字體較大，字徑一・五厘米，下部分字體較小，字徑一厘米，有花邊，邊長四・五厘米。保存較好，字迹大體能够辨認。

龍溪佑聖巖新建真君閣捐題名記

五　江東書院之記

江東書院之記（碑額）

予所居湫隘每讀書則機紡之聲盈耳絶不静思得灑然空曠一宇為寄適之地盡糞除耳目俗譁以自放於道德之場以養吾心焉乃度地於江之東江東限以溪山地勢不廣且聚落店肆比比皆是惟於靈山之側四顧環視喬木脩竹光風四泛纖塵不驚冬日之陽夏日之陰幅巾逍遙挾冊其間頗為勝槩遂决意而築室焉經之營之將周歲而始克就緒堂之前治一小圃畹蔬蹊果花木雜植中鑿一池其圓如月復疏一溝於其右以泄水委蛇以達於江而注之海東籬之下有叢菊焉西有隙地種竹數箇望之蒼翠而深秀又有梅數本參立乎前後四時之中物之生意皆無盡藏真讀書樂地也於是合而名之曰江東書院區而别之中曰來薰滌塵襟也西曰拂雲聳清操也東曰待月遣逸興也北曰履齋即退而省其私之所也客有過予曰前輩有為雙槐堂有為桂山堂昔皆托物以命名也子之堂有奇花異木凡士之有志於功名者莫不藹此以寓意子何不以是名之予謝之曰昭昭者易晦隱隱者必彰苟不隆其實而欲暴其名君子耻之若子所喻非予之所敢知也來阜物之薰風堅拂雲之勁節賞月中之仙桂坐對聖賢欣然若有所得浩乎如有所克退而脩省其操履仰不愧俯不怍視履考祥天爵既修人爵從之矣斯堂之名固當因人而愈顯物豈能名之哉客曰唯既退予輒記其大略以告來者嘉定十四年辛巳夏五上澣履齋子毛基記後

□□十三年□□公□□□□□□□□□□陽軍□借□□□□□之□□□百拜立石

註　碑在朝東鎮秀水村宣教房（八房）門樓外，宋寧宗嘉定十四年（一二二一年）刻立，由族人毛基撰文。碑高一八二·五厘米，寬九七·五厘米，厚一一·五厘米，額徑一二厘米。現碑文表面風化嚴重，碑文格式仍可辨，碑文漫漶難辨。清雍正《平樂府志》卷一七《藝文志》、乾隆《富川縣志》卷一一《藝文志》、嘉慶《平樂府志》卷三四《藝文部一》、光緒《富川縣志》卷一一《藝文》等書均收録此文，兹据碑文拓片録文，參以乾隆《富川縣志》卷十一《藝文志》與雍正《平樂府志》卷一七《藝文志》。

六　新建福溪面前橋摽名記

新建福溪面前橋摽名記（碑額）

勸首何恒達妻唐氏正姑女氏香姑捨銀柒分五分
勸首周旻瑲妻何氏收姑男鳯升捨銀柒分五分
何恒聰妻陳氏未妹男孫侎捨銀伍分
周旻瑜妻陳氏護妹男鳯龍捨銀伍分
周應文妻何氏酉姑男世彭捨銀伍分
何庭浩妻蔣氏午妹男福華捨銀伍分
周旻秀妻吴氏宗妹父讓瑛捨銀伍分
周世斌妻何氏籙妹父旻瓘捨銀伍分
何本刊妻蔣氏兵妹男應昭捨銀伍分
何本光妻周氏福妹父昌盛捨銀伍分
何澄妻周氏池姑男廣爵捨銀伍分外捨一道為父恒春
何宗鳯姪福珍福玉捨銀陸錢
皇明正德拾伍年庚辰歲正月初捌丁酉日丙午時完成立

註　碑現存朝東鎮福溪村巷子内，明武宗正德十五年（一五二〇年）刻立。碑高七〇厘米，寬四八·五厘米，厚一四·五厘米。碑石保存較好，字迹清晰。

新建福溪前面橋標名記

勸首何恒達妻唐氏正姑女氏香姑捨銀柒錢五分
勸首周旻瑢妻何氏收姑男鳳井捨銀柒錢五分
何恒聰妻陳氏未妹男孫保捨銀伍錢
周旻瑜妻陳氏護妹男鳳龍捨銀伍錢
周應文妻何氏酉姑男世彭捨銀伍錢
何庭滿妻蔣氏午妹男福華捨銀伍錢
周旻秀妻吳氏宗妹父讓瑛捨銀伍錢
周世斌妻何氏籙妹父旻瓘捨銀伍錢
何本升妻蔣氏灸妹男應昭捨銀伍錢
何本光妻周氏福妹父昌盛捨銀伍錢
何澄妻周氏池姑男廣爵捨銀伍錢外捨一道爲人恒吉
何宗鳳姪福珍福玉捨銀壹錢

皇明正德拾伍年庚辰歲正月初捌丁酉日丙午時完成 立

七　福溪村勸緣頭首題名碑

第一塊

勸　何孔彬　銀弍≪五分　男　福禄　銀五分　弟　福善　銀五分　　何佛照　艮五分

緣　唐文政　銀弍≪五分　男　孔鰲　銀五分　父　永琦　銀五分　助　周旻秀　艮五分

頭　何恒瑞　銀弍≪五分　男　宗錫　銀五分　弟　恒端　銀弍≪　　蔣才鳳　艮五分

首　　　　　　　　　　　　　　　　　　　　　　　　　　　　緣　周世禄　艮五分

廣西八桂匠人陳子逵　子達　子繁　刊　　　　　　　　　　　何俊彪　艮五分

第二塊

勸　陳才禄　銀弍≪五分　男　應源　應潮　銀壹≪　父　陳俊文　銀五分　　恭城寨

緣　何海　銀弍≪五分　男　永寬　銀五分　父　何荣　銀五分　助　袁圚　送銀五分

頭　周旻芳　銀弍≪五分　男　鳳鳴　銀五分　父　周讓璜　銀五分　　潤上坊

首　周旻啓　銀弍≪五分　男　喜輝　喜寧　銀壹≪　弟　旻積　銀五分　緣　廖祖明　艮五分

旹　大　明　嘉　靖　伍　年　丙　戌　歲　次　六　月　庚　申　日　庚　辰　時　慶　揚　吉　利

註　碑鑲嵌在朝東鎮福溪村靈溪廟左側圍墻最内側墻壁上，明世宗嘉靖五年（一五二六年）刻立。碑均高一〇九厘米，寬一八厘米，額徑三·五厘米，正文字徑二·五厘米。碑石保存完好，字迹清晰。

緣頭首

何孔彬銀弍分五分男福祿銀[illegible]分弟福善銀五分

唐文政銀弍分五分男孔鸞銀[illegible]分父永琦銀五分

何恒瑞銀弍分五分男棠錫銀[illegible]分弟恒端銀弍分

廣西八桂匠人陳[illegible]造[illegible]鐫刻

勸緣頭首

陳木祿銀弍分五分男應源應瀚銀壹分父陳後文銀五分

何海銀弍分五分男永寬銀五分父何帶銀五分

周昰芳銀弍分五分男鳳鳴銀五分父周讓瑞銀五分

周昰啓銀弍分五分男善恒善寧銀壹分弟昰禎銀五分

皆大明嘉靖伍年丙戌歲次六月庚申日庚辰時[illegible]楊吉利

福溪坊信士每名献銀伍分

助緣信士

八　秀山村立户留記

晋記（碑額）

立記者所以記其祖宗之源流也自洪武始初祖公胡汝賢創立
基業藥葉相承子孫叨承仰賴先人迄今永久而不忘也迨至
正德嘉靖之初因寇盜生迓設立名山曰奇峯也以此爲之寨
命匠鳩工不日而成雄偉高峻四方有壁立之勢而寇盜
無侵擾之患是以子孫得以享無虞之樂矣歌與盛哉
茲惟悠遠弗徵故是而書之石以爲後人企慕之思
云耳　　計開祖公

洪武十四二十四年　　胡汝賢爲户
永樂元年十年二十年　　胡緣兒爲户
宣德七年　　胡保　爲户
正統七年　　胡賤奴爲户
景太三年天順六年成化八年　　胡卯倈爲户
成化十八年弘治五年十五年　　胡福斌爲户
正德八年嘉靖元年十一年　　胡淵　爲户
嘉靖二十一年三十一年四十一年　　胡京　爲户

註　碑現存古城鎮秀山村後山，當爲明世宗嘉靖四十一年（一五六二年）刻立。摩崖保存較好，字迹可辨。

九　重建傳芳堂題名記

重建傳芳堂題名記（碑額）

秀峯宣教宅八房每丁出銀叁錢献銀在外　督工毛應恕　毛德廣　文積　文㷶
壽官毛宗議　應時　德盛　庠生德澤献銀貳錢　德仰　文晃　文口
太學生宗彪献銀伍錢　應謙　德信献銀叁錢　德瑞　德駟　文璧　文久
耆老毛宗諄献銀貳錢　應嗣献銀陸錢　德恩献銀伍錢　德浩　德澄　文星　文鴛
醫官毛應鍾　應暘献銀伍錢　庠生德新献銀叁錢　德駪　德岳　文福　文美
通判毛應德献銀伍錢　應潄献銀叁兩　德驥　德元　德騋　文鼎　文楝
耆老毛應鋼　應鈞献銀弌錢　德振　德化　德蘊　文旂　文侻
毛應鉛　應錙　德徽献銀貳錢　庠生德明　德憲　文箕　文環
州判毛應科献銀叁錢　應鋥献銀貳錢　德統　庠生德能　德武　文佳　文興
承直郎應鳶　應金　德秀　德安　德效　文仲　文輔
毛應鉶　應静　德清献銀貳錢　德泰　德顔　文會　文梁
太學生應銘　應勛　舉人德禎献銀叁錢　庠生德卲　德照　文参　文楷
毛應欽献銀叁錢　應宿献銀壹两　德建献銀伍錢　德表　德瞻　文口　行慎
毛應鐺　應徽　德騂献銀伍錢　庠生德裕　德渊　文凡　行兆
毛應鍈献銀柒錢　應暹　德縉　德敬　德蔭　文遠
毛應鉅　應期献銀叁两　德騮　德洋　德崇　文峩
毛應凰献銀叁錢　應永　德和献銀叁錢　德直　德騁　文諫
毛應壽　應逵　德著献銀伍錢　德義　德順　文瑶

毛應銑献銀叁錢　應述　庠生德駥　德理　德驗　文瓚
毛應鳳献銀叁錢　應祥　庠生德長　德駟　德復　文言
毛應乾　德寬　德恕　德祥　文魁　文旌
毛應鐈　德宠献銀伍两　德峻献銀伍錢　德淳　庠生文体献銀叁錢　文棟
毛應鈇献銀貳錢　德厚献銀壹两　舉人德京献銀叁錢　德亨　文用　文儒
毛應滿　庠生德隆献銀叁錢　德範　德驎　舉人文選献銀叁錢　文喬献銀貳錢
毛應賢　庠生德彰献銀叁錢　庠生德坤　德礼　文口　文衡
毛應祝　德豊献銀叁錢　德貫献銀壹两伍錢　德承　庠生文明　文相
毛應道　德慱　德脩献銀貳錢　德仕　庠生文光　文臣　江西術士龍口
毛應寗　德昇献銀叁錢　德哲　德智　文禄　文爵　江西砌磚匠人口
毛應昂　德廣　毛氏淑善献銀玖錢　德本　文智　文卿　江西木匠張寘李
毛應銓献銀貳錢　德成献銀貳錢　毛氏妙相献銀叁錢　德朝　文彬　文斗　藍山縣石匠肖口

旹嘉靖二十六年歲次丁未十二月十三庚申日寅時中澣之吉豎造　頭首毛德宠毛德恩毛德驊毛應暘毛應鋥毛德建毛德著毛德口口拜立

註　碑立在朝東鎮秀水村毛氏宗祠左側墻壁外，明嘉靖二十六年（一五四七年）刻立。碑高一五三・五厘米，寬七八厘米，厚一六厘米，額徑五厘米，主文字徑一・五厘米。碑石保存完好，僅少數字無法辨識。

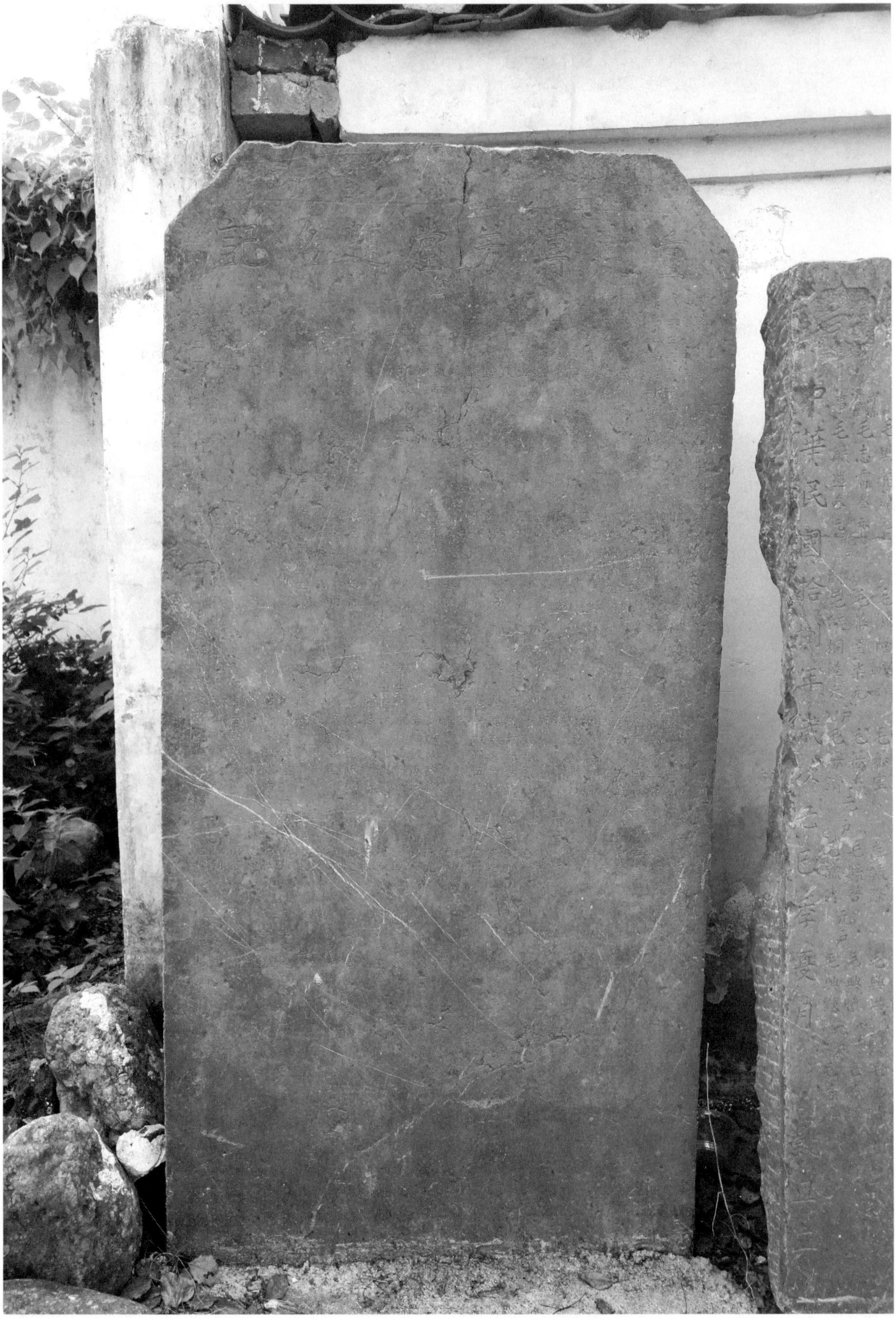

一〇 福溪坊信士捐物題名碑

福溪坊信士各獻銀四尒喜拾聖廟
一堂供檯一面永充供倈 具名于後

何佛養 妻 陳氏 男 萬康 女 荣姑
周喜成 妻 唐氏 男 萬真 女 信姑 銀姑
何孔昂 妻 蔣氏 男 天閏 女 明姑 母 張氏
何文憲 妻 曹氏 女 妙迎 父 何迴 母 周氏
何孔信 妻 周氏 男 父 何連 母 周氏
何文厚 妻 張氏 男 何益 父 祖積 母 周氏
何孔春 妻 周氏 女 迎珠 父 海聰 母 義氏
陳文夆 妻 何氏 女 引蓮 父 世柑 母 毛氏
何世愈 妻 鐘氏 女 蘭花
何孔機 妻 林氏 男 子明 女 緑珠

何德常 妻 胡氏 父 口口 母 周氏
陳秀松 妻 何氏 男 朝義 女 妙口
何復誠 妻 陳氏 男 何信 女 秀東
何文喜 妻 周氏 男 秀坤 秀英
何文焕 妻 林氏 男 子應 母陳氏 父復濵

何贝鰲　妻　周氏　男　子達　父　廣甯　母　蔣氏
何日新　妻　田氏　男　体口　女　秀緑　秀口
何文清　妻　陳氏　男　子隆　母　張氏
何袞　　妻　周氏　女　勝姑　父　社保　母　周氏
唐秀環　妻　周氏　父　遠湘　母　周氏
萬曆伍年拾貳月拾四日丙申口口立
主事師何以昂

註　碑在朝東鎮福溪村靈溪廟左側圍墻墻壁上，明萬曆五年（一五七七年）刻立。碑高三一厘米，寬九五厘米，無額，主文字徑二厘米。碑石有裂痕，字迹清晰。

一一　重建福溪洞橋路題名記（碑文三塊）

重建福溪洞橋路題名記（碑額）

第一塊

宝田坊見任永明縣巡檢陳玉環銀一𠆤五分
村老周喜鳳妻何氏孫龍珠龍渊捨銀二𠆤五分
助　双溪坊何体儀捨銀一𠆤五分　陳起寬五分
芙蓉坊信官陳天積捨銀一𠆤五分信生陳佳賔一𠆤
木籠村壽官周明瑾字玉琦男本信孫秀積三𠆤
緣　秀峯持斋信士毛德復妻周氏男文済文洪瀛三𠆤
勑封安人南京户部郎中毛德禎妻何氏银三𠆤
勸　何文厚妻張氏男何益父祖科銀八𠆤五分
何世愈妻鍾氏男恩照女妙蘭銀五𠆤二分
首　何文邦妻陳氏女妙蓮父何復洵銀五𠆤二分
何欝母周氏銀二𠆤二分

儒　林廷欝銀一𠆤　唐應鏞一𠆤　樑口信士周文海五分　何永詮五分
子　芦福洪銀一𠆤　芦文玠五分　鳥溧信士唐朋五分　勾籃周萬峯男子朝一𠆤
堂　林廷麗銀一𠆤　林仕佐五分　應塘坊蒋玉文五分　陽福紀五分
周世太銀一𠆤　何惟贤五分　七都信士唐進熙五分　何賎艮五分
双　何惟恂银一𠆤　何惟信五分　八都小溪李宗錫五分　永　高日新五分
溪　何自孶銀一𠆤　何惟恪五分　白溪坊鍾永釜艮五分　譚德高五分
坊　何惟葱銀一𠆤　何惟慎五分　鍾廷質艮五分　明　潘真玉五分
南源陂角何宗秀一𠆤　洞尾坊曹海清銀一𠆤　周海銀五分　周峯何海慈五分
信士毛枚銀五分　藍山縣李万明銀一𠆤　縣　何文俊五分　谷塘廖宗盛五分
庠生毛思明銀一𠆤　鄒豪昰銀一𠆤　何偒銀一𠆤　永明周積孟五分
周萬豪一𠆤　陳世登五分　白倉崑胡廷慶銀一𠆤　信士胡世濂五分　石菊張思賢五分
助　陳文峯一𠆤　何社助五分　寧遠縣陽玉瑆銀一𠆤　流源曹宗盛五分
何龍太一𠆤　何海鯤五分　陽山縣刘九思銀一𠆤　曹宗齡五分　光音寺僧慈尊艮五分
何文喜一𠆤　何孔敷男天富六十文富川縣陳天玉銀一𠆤　文昌閣僧吉利五分
緣　周佛成一𠆤　周麒龍男子貴六十文

第二塊

何朝德妻周氏男秀春女氏鳳迎銀乙兩
何孔寧妻周氏陽氏男天賤女[鉄]姑銀五尔
勸
周喜成妻唐氏男萬珍女信姑銀姑銀五尔
陳世輝妻周氏肖氏男文肇女玉弟銀八尔
周社寧妻陳氏妾王氏女旺弟銀五尔
何文錦妻陳氏男梓瑞銀五尔
蔣永福妻孟氏男秀明婦周氏銀五尔
何日冕妻陳氏男体湛女氏社姑銀七尔
何世文妻李氏男子福豪雄女美冬全銀伍尔半
周孔春妻陳氏男宅卿銀四尔七分
何佛养妻陳氏男萬康女荣姑銀四尔半
何景華妻蔣氏男子儒學女玉相錢銀四尔
首
陳福潮妻何氏男天相植女緑珠銀四尔
何文秀妻周氏銀四尔父德輝銀一尔
周福端妻陳氏男尚文連女秀香銀四尔
何文凰妻陳氏男子慶子愛銀四尔
陳文道妻何氏男子進女學姑銀四尔

陳應湖一尔 何應廣一尔
村
何孔清一尔 蔣才秀五分
何輝銀一尔 周福林五分
周文杰一尔 何德淳五分
周世高一尔 何本禄五分
陳宗鑑一尔 唐孔鰲五分
老
何孔華一尔 何永寬五分
唐遠湘一尔 何永標五分
何以清一尔 周鳳鳴五分
陳世雄一尔 何應明五分
陳福政一尔 何宗連五分
助
何以昂一尔 陳應明五分
何鳳琦一尔半何復斌五分
何秀[芳]一尔 何廣倫五分
何孔美孫子盛一尔五分
何朝科男秀端一尔五分
緣
何孔珏男登星一尔五分
何鳳揚一尔 陳[兵]扶一尔
周社安一尔 周福相一尔
村老何籙保一尔 何天喬五分

何應珠五分 何應相五分 何萬璀五分 何孔葱五分 何秀高五分
本
何德緑五分 何孔松五分 何文政五分 何孔玉五分 何孔珎五分
何復彪五分 何復豪五分 何孔口五分 何孔信五分 何孔儒五分
何世旺五分 何日新五分 何日元五分 何天喬五分 何文達五分
何喜元男天廣錢六十文 何社應五分 何天鳶男朋選錢六十文
何孔昂五分 何孔春五分 何永相五分 何天福四分 何天才五分
坊
周社鑑五分 周祖生五分 周孔富五分 周福鰲五分 周万荣五分
周孔才五分 周福諒五分 周祖勝五分 周祖昌五分 周欽求五分
周遠真五分 周孔達五分 周孔愷五分 周孔緒五分 周應珠五分
周孔葱五分 周海琦五分 周福珠五分 周孔余五分 周孔森五分
周海清五分 周萬科五分 周孔標五分 周柱光五分 周汝元五分
助
何孔琦五分 何萬玉五分 何吕約五分 何萬厚五分 何口錢五分
何福緣五分 何孔[呈]五分 何祖福五分 何世良五分 何景元五分
何孔昇五分 何以廷五分 何祖养五分 何世迎五分 何文煥五分
何天鶴五分 何景羊五分 何萬豪五分 何文憲五分 何世春五分
何復誠五分 何以寿五分 何萬滿五分 何文清五分 何子帳五分
緣
蔣永琦五分 蔣永輝五分 蔣永盛五分 蔣永秀五分 何世登五分
蔣永禄五分 蔣永旺五分 蔣永祜五分 蔣秀引五分 周宅荣五分
蔣永口五分 蔣永科五分 蔣永太五分
何彪二十文

第三塊

陳世斉妻張氏男陳文萬捨銀四尔七分

勸　何文啓妻林氏男子忠銀四尔三分

何宗縁妻鍾氏男子寬子亮銀四尔七分

周萬[滔]妻何氏男福貢福顔銀四尔

首　何日朝妻周氏男体禎体祥女秀艶銀五分

何孔瑜妻蔣氏女柳香義弟銀四尔

何日京妻盧氏男体賜銀五尔父福鰲

何宗蔭妻周氏男福坤福賜銀四尔六分

何孔勝妻周氏父本口母周氏銀四尔

周孔軒妻何氏父周福清銀四尔二分

何天積妻陳氏弟天清母周氏銀四尔七分

何世植男子天銀一尔　何文俊五分　何喜朋五分　何文秀五分　何文裔五分

本　何孔秀男天頃孫何靖一百文　陳[華]孫五分　陳世荣五分　陳福太五分　陳喜清五分　陳祖口五分

何𠀤隆男何魁乙尔五分　陳福敏五分　陳世敦五分　陳世佩五分　陳朝茂五分　陳箓元二分

何富標男[何]烈烹乙尔五分　唐遠濂五分　唐福葱五分　唐鳳鴻五分　唐相息五分　小畔坊

何鳳軒男文豁銀一尔　唐福明五分　唐姑孫五分　唐秀環五分　陳文浩五分　奉海螺五分

坊　何廌滿男德承銀一尔　岃　周宗太一尔　蒋宗済五分　平鼎坊　宝田坊　奉楊輝五分

何文鳳男子欽銀一尔三分　嵛　周明月一尔　蒋文信五分　蒋喜聰五分　周本仁五分　奉海朝五分

何朝福男杜昌銀一尔　周海洪一尔　蒋朝森五分　蒋文子五分　周福旺五分　奉福豪五分

助　何宗富男萬福銀一尔　坊　周子仁一尔　董皇張祖勝五分　蒋聖衛五分　周福成五分　奉積環五分

何天鴻一尔何世道一尔　龍　鍾福勳一尔　董母何廷貴五分　蒋孔盛五分　周本威五分　奉楊通五分

何文瑲一尔陳福祉一尔　𡚒　鍾世賢一尔　鍾廷芳五分　岃嵛坊　奉讓全五分

緣　何復恩一尔何日東一尔　坊　鍾福高一尔　鍾廷春五分　李本豪五分　何萬朝五分

何天口一尔何朝客一尔　李海文五分　李福聰五分　鍾時盛五分　周秀輔五分

何德常一尔何孔明一尔男天强　石菊張玺一尔董母何國信五分　油草陳仕恩五十文

本邑石匠陳廌竜五分

玉琦刊

皇明萬曆拾年歲次壬午二月初六日乙未辰時良利竪立　鄉教何孔謙筆

註　碑在朝東鎮福溪村，明萬曆十年（一五八二年）刻立。四方碑。

題名勸首記
本坊助緣
皇明萬曆拾年歲次壬午二月初六日乙未寅時良利竪立

福溪洞勸首
村老助緣
本坊助緣

重建勸首
助緣
助緣

一二　重建福溪石墻門記（碑文兩塊）

重建福溪石墻門記（碑額）

第一塊

何子輔妻蔣氏男大孫父德承母陳氏公應滿媽陳氏銀肆錢弟子弼伍分

募　陳文浩妻唐氏男子新子連婦何氏孫行采銀肆錢孫女妙言

陳朝倫妻周氏男宅應婦何氏女紅針父福正母鍾氏銀肆錢

周龍里妻林氏男尚科尚乾婦何氏女玉蘭父社鑑母何氏銀肆錢九分

緣　何子豪妻陳氏妾毛氏男大本女滿秀父世文母李氏銀肆錢九分

何文礼妻唐氏男子兆子億　　父天鶴母曹氏銀肆錢

周祖舜妻何氏男子邴婦何氏女漊女父世釗母何氏銀肆錢九分

勸　周宅代妻何氏男尚元父孔達母何氏銀肆錢

陳文肇妻何氏男行閱婦何氏父世輝銀肆錢

何天賤妻周氏男何旺何禎男婦周氏女美秀父孔寧母周氏銀肆錢

首　陳文舉妻何氏妾黃氏男大安大晏大宴女引蓮父世雄母鍾氏續母毛氏首氏銀肆錢

何福政妻鍾氏男尚兆女玉清姪尚安銀肆錢

永明陽滿銀伍分

本　周　萬榮　宅滿

萬豪　各　国用　宅詔

孔軒　宅禎　周　尚忠

坊　周　福鰲　銀　天相　各

子禎　周　其龍

何　天清　福坤　銀

天才　伍　何　朋選　伍

助　永厚　朋輝

永懷　孔諒

緣　永享　分　何　天貴　分

何　子寬　福雄

第二塊

何天鳶增三錢如愽仕口　蔣永祥　周孔才　銀　周孔懷　銀　何萬春　東舖高本勝小甲楊鳳輝共銀乙尒
周福滔二尒　秀明　各　孔春　乙　孔宣　伍　萬東
村　何宗富男萬福二尒　何一詠　周宅俸　錢　何社助　分　蔣永熙　各　秀文　各　秀善　各　秀魁　各
秀元男一詩孫仁郁尒二　世佐　尚連　孔勝　永祐　秀仲　秀栄　秀榜
祖貴男何從二尒　何日東　捨　本坊僧真心銀壹錢　永秀　捨　秀輔　捨　秀林　捨　秀武　捨
老　何文厚男大益乙尒分五　朝客　何應满　陳秀松　銀　周佛成　汝元　子仁　福玉
鳳琦乙尒　陳世敦男祖孫　銀　孔林　銀　世斉　祖勝　銀　欽求　銀　子全　銀　福貢　銀
陳世雄乙尒　何朝科男秀端　孔竒　何文凰　孔富　龍珠　孔猪　福顔
蔣永福乙尒　朝德男秀春　壹　何本富　伍　日元　伍　周孔餘　伍　龍穩　伍　萬登　伍　福創　伍
助　蔣永輝乙尒　文啓男子忠　叔養　唐迎鳳　汝瑞　大夫　萬禎　孔炅
何世文乙尒　何文統男祖應保　日新　分　迎虎　分　孔廷　分　登榜　分　尚文　分　孔嚴　分
縁　陳年孫乙尒　子欽男汝洪　錢　鄧亮　龍長　登夆　福珠

萬曆二十九年歲次辛丑七月十五日吉良竖立馬蹄匠人毛珏刊

註　碑在朝東鎮福溪村西面一門樓旁，明神宗萬曆二十九年（一六〇一年）刻立。四方碑，碑身高一七八・五厘米，長五三・五厘米，寬三七厘米；碑帽高三五厘米，長八六厘米，寬六六・五厘米。碑石保存較好，字迹較清晰。

石牆門記
村老助緣

重建福溪
募緣勸首

一三　吴道子觀音畫像

唐吴道子作

萬曆甲辰季春朔邑人汪若氷刻石

註　碑現存富川縣城慈雲寺瑞光塔下，鑲嵌在圍墻墻壁下，明萬曆三十二年（一六〇四年）刻立。碑高一九五・五厘米，寬九五厘米，碑文字徑四・五厘米。碑石保存較好，畫像刻痕清晰。

唐吴道子作
萬曆甲辰季春朔邑人汪若氷刻石

一四　鳳溪村建橋亭之記

□建橋亭之記（碑額）

□□翟明□二尓
□□翟□□二尓
翟建鳳弍尓
猺老翟朝明弍尓
陳国勝二尓
吴仕美二尓
□□□二尓
□□□二尓
□□□□□
□□□□□
□□□□□
□□□□□
□□□□□
□□□□□
大□□□□二尓

梁國清一尓
岑文貴一尓
羅道养一尓
陳祖旺一尓
岑應運一尓
陳道春□□
唐国泰□□
唐国吕□尓
唐国紹一尓
唐国□一尓
岑□□一尓
岑月□一尓
□□□□□
王□忠□□
□□□□□
□□□□□
□□□□□

唐國□□□
□□□□□
岑文□五分
岑文□五分
翟豐富五分
翟□□五分
□□□五分
□□□五分
羅□□五分
□□□五分
陳財泰五分
□□□五分
□□□五分
□□□五分
□□□五分
□□□五分
刘□荣五分

刘秀全五分
李邦口五分
羅交口口口
李邦口五分
羅文口五分

萬曆三十伍年十一月二十五日子時立口口刊

註 碑在城北鎮鳳溪村朝陽風雨橋，明神宗萬曆三十五年（一六〇七年）刻立。碑高八四厘米，寬六〇厘米，厚一八·五厘米。碑石保存現狀不佳，右上角有缺失，表面磨損嚴重，大部分字迹模糊難辨。

一五　鳳溪村新見橋亭碑記

新見橋亭記（碑額）

會首　陳朝伍四分
頭首　蔣国朝分半
吳仕滿一分
陳玉淇一分
蔣世口一分
翟朝深一分
陳口相一分
羅子時乙分半
口口滿一分
翟廷口一分
陳明真一分
口口口一分
翟朝吕一分
口荣口分半
翟朝進一分

左口口一分
黃口英一分
翟口沖一分
冼文才一分
麥友宋一分
麥国口一分
黃積才一分
黃積貴一分
翟朝文一分
口口口一分
翟昇口一分
蘇奇真一分
口子成一分
翟朝武一分
程邦口一分
莫朝士一分
翟朝和一分
蔣口口口口

口口口五分
羅口口五分
口口口五分
黃茂口五分
口文和五分
口口口五分
口口口五分
口口口五分
口口口五分
翟口口五分
陳子口五分
翟口口五分
口口口五分
口口口五分
全德遁五分
全德週五分
羅文口五分
口公口五分

口口口口口
黃口光五分
麥口口五分
吳口清五分
羅口口五分
翟口朝五分
口口誠五分
口亨口五分
廖運口五分

翟口口五分

何口惟一分

口朝受一分

翟邦貴一分

萬曆三十六年三月拾五日藍山石匠陳富

註　碑在城北鎮鳳溪村朝陽風雨橋上，明神宗萬曆三十六年（一六〇八年）刻立。碑高七三厘米，寬五八厘米。碑石保存現狀不佳，表面磨蝕嚴重，字迹較難辨認。

一六　福溪坊砌理前街記

福溪坊砌理前街記（碑額）

都勸首　何天頃妻唐氏男何（靖玠）秉孫忠（宰宇宏崔）　三両（分柒）　何天成　天烈　何詵　何誌　已

何天賎妻周氏男何（旺昕）何珠　一両（分三）　何德堯　天貴　天弼　天瑞

何永厚妻周氏妾柳氏　一両（分二）　何永槐　永安　朋輝　朋佐

何口選妻周氏男忠在孫（如博）　一兩（分二）　何朋順　朋宷　何永　何所

何口東妻周氏男世雄孫　乙両（分乙）　何萬春四分　周尚鐘　子攸

周汝瑞妻何氏男子（賢才）清明　乙兩（分二）　周龍理四分　子裔　子華　大息　上

周孔廷妻何氏莫氏男登俊　艮二両　周登榜五分　登政　登仕　登戝

勸　周祖舜妻何氏男子仰孫（嘉賔）　艮二両　周大夫　大寛　子仁　子付

周欽求妻何氏男子栄子恩　艮一両　周祖森　登舉　登任　登望　各

周龍淵妻何氏男尚生尚迨　艮両六　周龍珠　龍稳　龍佐　大德

周宅照妻張氏男尚成尚隆　艮一両　周國用　宅　代宅　珍　尚忠　尚信　尚仕

蔣秀俯（妻何妾肖）氏男一恩一思　一両（分三）　蔣秀義　秀容　秀顔　二鴟　周時亨

蔣秀善妻（周張）氏男一（芳宷）一（礼加）　一両（分二）　蔣秀明　周　孔宣（明宣共九分）　萬邦　宅满　尚珽

何孔儒（妻蔣妾李）氏男子承子象　艮一両　何孔亮　子質　天强　子積　銀

何文統妻蔣氏男祖保祖應　艮一両　何口口　秀彪　天富　天鶚　秀峯

何子欽妻周氏男張良成友　艮一両　口口京　子加　子祝　子彦

何子儀妻張氏男祖盛祖嵩　艮一両　何子愛　子厚　子瑲　子發

首
何紹宗妻陳氏男仲仁義仲悌裕　艮一両　何体尚　体顏　体進　子敏　叄
何萬福妻周氏妾毛氏女翠華　艮一両　何汝文　汝震　汝吉　子性
何德表妻周氏男楼穩楼正　艮一両　何德礼　子明　子朋　子暘
何体祥妻周氏男國信國材　艮一両　何体護　体禛　体祉
何公保妻周氏男仲曜仲暉　一両八分　何天元　日夕　体为　錢
何秀春妻周氏男才富　艮一両　何秀高　秀清　秀端
何体聯妻陳氏男國士國寶　一両　庠生何体定　体錫　國長
何大益妻周氏男一治一洪　艮一両　何体賜

德溥
永明蒋積元男　德温淑　仝刊
德沛

庠生周尚才書丹　蒋月利　一仝

大明萬曆三十六年歲次戊申季冬之吉立

註　碑在朝東鎮福溪村馬王廟左側圍墻上，明神宗萬曆三十六年（一六〇八年）刻立。碑高一五四厘米，寬九四厘米，額徑七厘米，正文字徑二厘米，碑石保存較好，字迹清晰。

福溪坊砌理前街記
勸首

一七　靈溪廟牌坊記

靈溪廟牌坊記（碑額）

福溪坊信士□捨牌坊一面献于廟堂永垂供傣福有所歸列名謹題

何子寬　陳□□　陳大安　陳行仕

周其義　□福□　□子端　周福春

陳福豪　□福興　陳大紹　周尚保

周尚高　陳宅□　何子□　何秀陽

唐祖秀　□□遠　周楼眷　周天賎

陳喜寧　唐天和　□□新　陳文肇

陳朝穩　陳子連　□□盛　唐子鵜

周子貴　何尚兆　陳子益

何尚安　陳子霽　唐祖福

周福昂　何子受　周尚新

陳文萬　唐代紹　唐秀創

陳子新　周祖祥　周子芳　助緣何福賜

周孔灵　唐祖成　何正犬　述書周福昂

陳社表　陳文躰　周福全　馬蹄匠人毛福刊

旹大明萬曆肆拾三年歲次乙卯十二月十九日吉良立

註　碑現存朝東鎮福溪村靈溪廟左邊巷子内，明神宗萬曆四十三年（一六一五年）刻立。碑高八九厘米，寬五〇·五厘米，額徑六·五厘米，正文字徑二厘米。碑石保存一般，刻痕較淺，較多字已無法辨識。

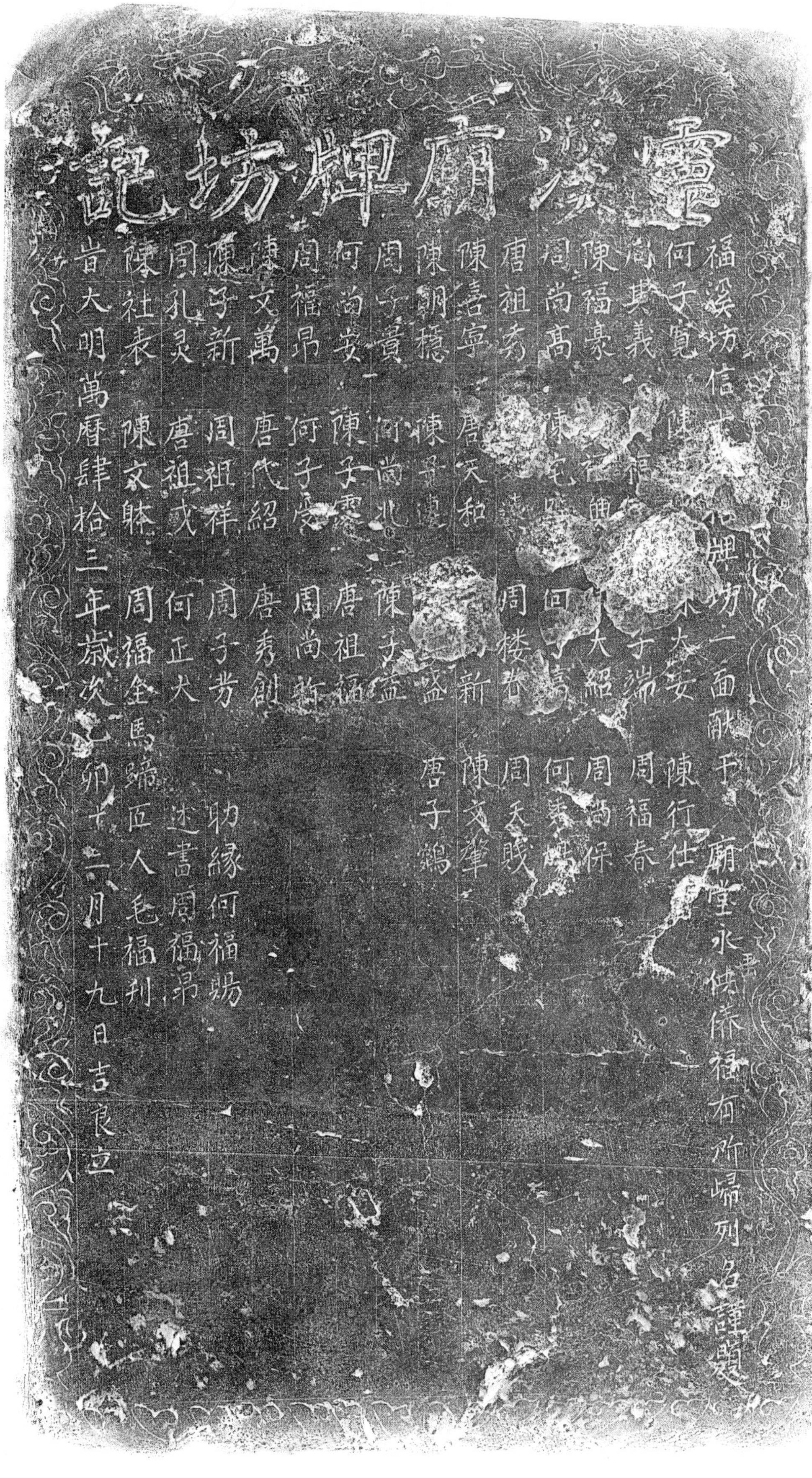
靈溪廟牌坊記
福溪坊信士……化牌坊一面献于廟堂永供祈福有所歸列名謹題
何子寬 陳□ 大妥 陳行仕
尚其義 陳□ 子端 周福春
陳福豪 陳□典 大紹 周尚保
周尚高 陳宅□ 何子高 何若□
唐祖秀 周楼卷 周天賤
陳喜亭 唐天和 □盛新 陳文華
陳朝穩 陳子達 唐子鵠
周子貴 何尚兆 陳子益
何尚安 陳子霽 唐祖福
周福昂 何子受 周尚新 助緣何福賜
陳文萬 唐代紹 唐秀創 述書周福昂
陳子新 周祖祥 周子芳
周孔旻 唐祖戎 何正大
陳社表 陳文躰 周福全 馬端匠人毛福刊
皆大明萬曆肆拾三年歲次乙卯十二月十九日吉良立

一八　真君岩法輪轉駐記

匠人何子魁刊

法輪轉駐記（碑額）

平安寺剏自宋淳祐間族人氏為政我

明萬曆乙酉歲巡檢王廷俊脩復市民間田若干

畝以佐香火有券有勒不三紀而寺無完宇金

姿玉相露處風雨中一二善知識方議更新又

束于形家天時地利之説不果居無何性壽上

人自南嶽来頗知漆園柱下訣併日而食隆冬

盛暑不爐不扇寄鉢太尉祠祭入脩祀事進而

與之言因請給孤園余授諸寺上人曰口更口

諸寺西真君巖上人曰如是如是遂剪荆莽于

内跏趺數日見谽谺空洞如倚盖然深可百步

許盡頭及左右壁石乳所凝如獅如象如掛衲

比丘金蓮玉笋錯出無㟧無竇頂結一線直達

洞口巖之外秀溪潺湲鰲崗迤邐一塵不到萬

境皆空真可當如来卓錫處上人廼募弱子鳴

朝捐貲若干于萬曆乙卯春迎一切寶盖法輪

于巖内佛中三官十王左右刻茄藍諸法相次

之又運寺之残瓴斷甓建東西方丈于洞口諸

法相泥之金之彩之天光焕𤊟則上人之經資

也丁巳五月事竣上人将有武陵之遊余嘉其
志故為之記
大明萬曆肆拾伍年丁巳五月吉旦
秀峯栖真子毛章彦書
計開　寺田土名司前香花田壹坵柒工
税貳畝叁分叁厘
東至何德敬田西至毛文和田
南至毛鳴阁田北至毛行想田

註　摩崖在朝東鎮秀水村北側小象鼻山北面真君岩洞内的左側岩壁上，明神宗萬曆四十五年（一六一七年）刻立。摩崖高五〇厘米，寬八二厘米，額徑與正文字徑均爲一·五厘米。摩崖保存較好，少數字迹難以辨識。

一九　竪造門樓并砌路碑記

皇明萬曆
四十五年
丁巳歲十
二月二十
九日辰時
竪造門楼
一座并砌
路一條刊
記俾後有
考
應嵩
應静
宗林
萬積
萬福
胡廷坤
廷魁
上週
烈士

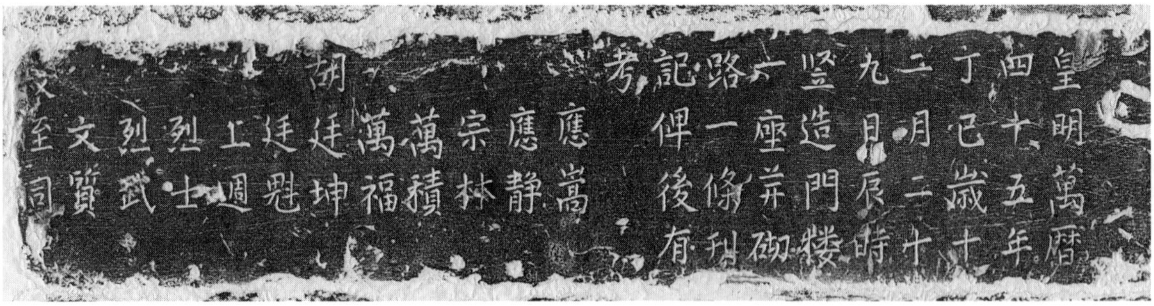

烈武

文質

叔侄同記

註 碑現存朝東鎮油沐村胡家門樓右側墻壁上，明神宗萬曆四十五年（一六一七年）刻立。碑高一三厘米，寬六〇·五厘米，正文字徑一·五厘米。碑石保存完好，字迹清晰。

二〇　真君岩捐資題名記

捐貲姓氏

舉人何可仁捨塑

無量壽佛一尊

毛文池一錢　　毛行定一錢

毛忠孔五分　　陳福利五分

計開本岩　　　陳福全五分

古鐘一口石香炉三座已上

魚磬貳件　　鼎鍋三口磁器

八十僧性壽親所置

峕

大明萬曆四拾五年冬至後穀旦立

僧徒海德智 五分 住持

如朴子書

註　摩崖在朝東鎮秀水村北側小象鼻山北面真君岩洞内，明神宗萬曆四十五年（一六一七年）刻立。

二一　重修馬王廟記

重脩馬王廟記（碑額）

夫廟何為而立也以棲神也故祀神鉅典從來攸生祝禱有壇[場]之築春穐口祖庙是修美意相沿久矣歲在辛酉適宗族婚叒扵祀事之餘目擊斯廟剏建年多檁桷俱朽堂階尽圮惟兹原泉混混山色悠悠維石巖巖乔木郁郁地勝固依然也且臨泝观化清風徐来庭口芊芊漢雲淡淡景致又何口也迺群然興曰是真佱境也望視而不修可乎於是口口口口口其宇需磚而甃其地苐見明堂夾口焕然一新蕩蕩平平居[然]口象功既告成口口口口口予喟肰曰大哉諸公之功也继前人之美貽後世之口是脩尤愈于創也從兹口口口口口神明妥侑馨香感祐禎禄駢臻鍾山川之精英人文蔚起傚[門]磚之芳躅口口口口口口口祈無疆之庥一以誌不朽之業云　廩生周尚才時英甫頓首拜撰并書

各
口孔森　周子華　周尚選　周尚挺
蔣秀鼎　蔣一嘉　周尚登　何世雄　周廷鳳
[周]世英　周登俊　周尚生　周尚成　周昌極

銀
口才傅　周子荣　周尚節　周尚求　周年進
周大德　周登望　周家戴　周廷奄　周廷護
周清明　周尚經　周家隆　周家耀　蔣其勛

叁
周金任　周尚元　周喜慶　周廷富　周家豪
周龍佐　周子都　倡周尚厚　周喜元　蔣其勣
周子仰　周尚乾　首周尚第　周尚符　周昌祚

錢
蔣月餘　蔣月利　楊月星　楊玉蓮　楊玉京

庙祝何法正艮乙糸

旹

大明天啓元年十二月念五日立　　油田匠氏蔣積元男口溥刊

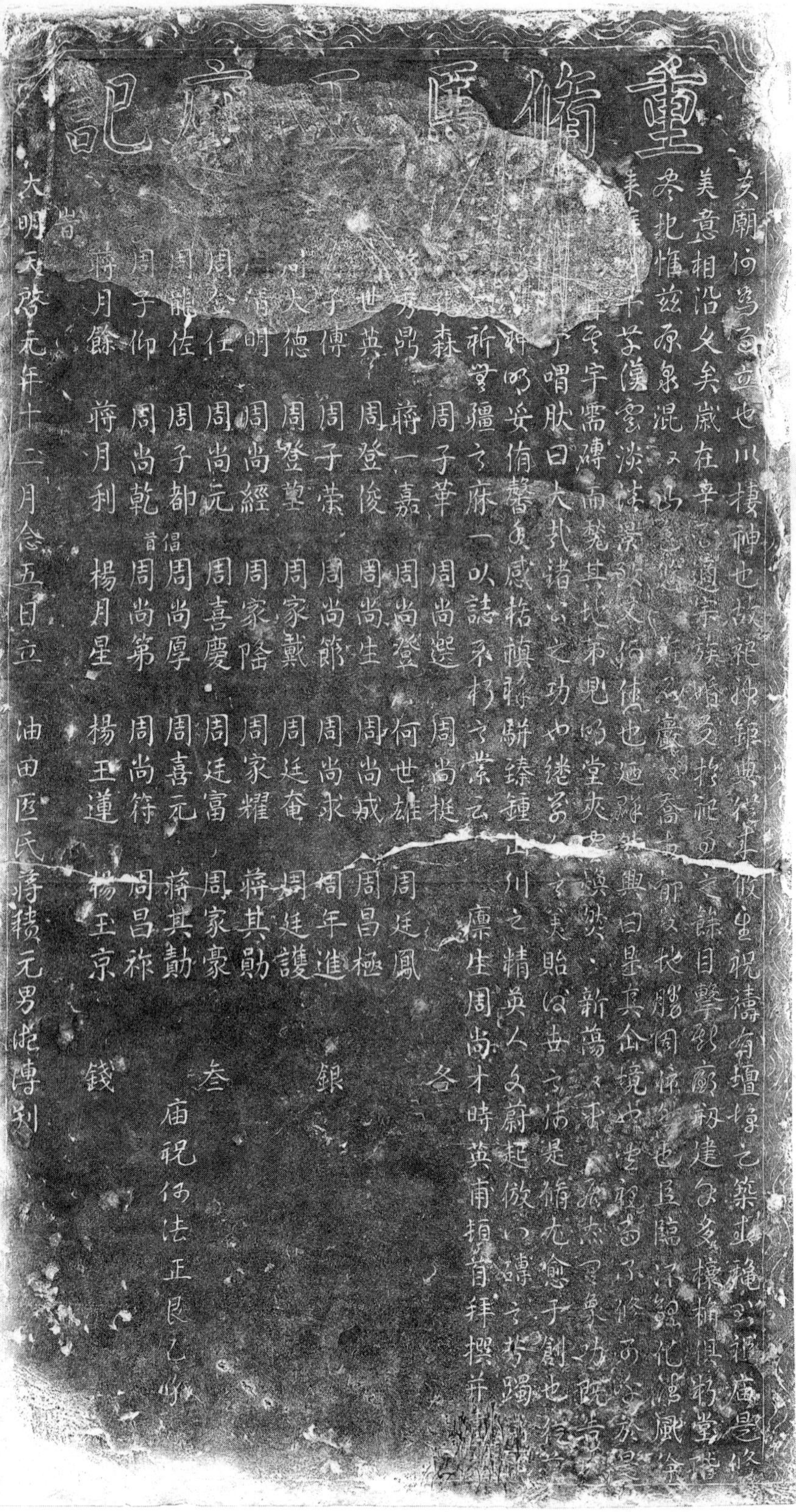

註　碑現存朝東鎮福溪村馬王廟，明熹宗天啟元年（一六二一年）刻立。碑高一二八厘米，寬七一厘米，額徑七厘米，正文字徑二・五厘米。碑石上部表層有脱落，中下部有一條裂隙。

二二一　真君岩重修平安寺碑记

平安寨寨下市古建平安寺　佛殿匠工之巧梵宇修復之隆鑿鑿可據不虞不数紀而頹圮萬曆四十五年歳在丁巳乃移佛相于寺西真君岩幽静爽塏真古西竺不朽宅也余于天啟三年癸亥季冬家居之暇相原度口議将寺地墾為寺田今住持斋子許明海募化衆信計費工價拾餘兩鳩工開闢擴大江边壕基陞石佛殿于山之麓砌石馬頭于江之干效魏馬老翻車以灌之約田有八工庶免国課之徵足供伊蒲之饌落成于天啟四年甲子春王永興香花圳之寺田共垂無窮矣

萬曆壬子舉人平安居士何可仁識

勸首　列記姓氏于左　儒士毛呈漢書

耆人	何可仁	貳両	千户	汪自期	二分	毛行定	五分
江華信官	楊君望	五銭	信官	何誠	二分	毛行口	五分
廩生	毛鳴廷	四銭	庠生	毛中鳳	一分	毛行貢	五分
耆人	毛文荣	三銭		毛中錦	一分	毛行想	五分
舉人	毛約孟	三銭		毛來儀	一分	毛行德	五分
增生	毛約舉	一銭		毛中麟	一分	毛忠禄	五分
庠生	毛鳴閣	一銭		毛行灝	五分	毛忠孔	五分
庠生	毛中儁	二分		毛忠祥	八分	何廷師	五分

毛思致 一分　儒士 毛約達 五分　毛忠輔 五分
毛文池 一分　毛文歡 五分　毛行乾 五分
庠生 毛約惠 一錢　庠生 毛行芳 五分　毛文異 三分
庠生 毛鳴朝 一分　毛行亩 五分　毛行登 三
毛鳴鎏 一錢　毛行口 五分　李　緣 一分
毛鳴燕 一分　毛太成 二分　何元口 五分
毛文油 一分　毛文烓 五分　李福盛 五分
毛呈祥 一分　毛行君 五分　李廷官 五分
毛文河 一分　毛行崇 五分　李福木 五分
毛文騰 一分　毛行達 五分　陳大相 五分
毛文袖 一分　毛行時 五分　李福良 三分
毛行悌 二錢　毛行絃 五分　李福太 五分
毛行翰 一分　毛行衢 五分　朱廷富 五分
毛行孚 一分　毛行焕 五分　毛當來 三分

大明天啟四年甲子春至吉旦立

註　摩崖在朝東鎮秀水村北側小象鼻山北面真君岩洞内的左岩壁上，明熹宗天啟四年（一六二四年）刻立。摩崖高七〇厘米，寬一一二厘米，無額，主文字徑二厘米。摩崖保存較好，字迹較爲清晰。

二三　重修高田寺碑記

重脩高田寺碑記（碑額）

重脩富川縣高田寺記

中憲大夫雲南等處提刑按察司副使邑人汪若氷撰文

文林郎貴州石阡府推官邑人周烈武篆額

奉宜大夫廣東萬州知州邑人毛一公書丹

按邑誌白霞為白雲山世傳漢羽人張道陵曾脩道于此丹竈石臼存焉下産丙丁艾其葉頗異盖福地云寺名高田創自我明成化乙巳與在城報恩寺同一宗門不啻輔車相倚僧普静有徒二致信住持報恩寺致存住持高田寺而存泒下曰祖蔭曰惠珍曰大倫曰祥琇曰道慶以及廣懋衣鉢相傳不乏寺宇脩于嘉靖辛酉再脩于萬曆庚戌有田二十二畆立寺户于一六都第六甲邇者報恩寺中絶廣懋護印城居而高田之産水漵蹇迁遂侵于豪右山門亦就傾圮夫田以飯僧無田將無僧無僧則鍾磬寂寥一方古刹之謂何也于是兢垢履畆質于官得歸侵田田乃募金庀材大興工役殿門廓舍次第具舉鼎建法堂于殿前經始于天啓丙寅臘月落成于崇禎戊辰三月凡再閲歳而工畢費可若干緡以徒明鑑承報恩明陽守高田盖琳宮增飾工用倍于前脩而鑑陽分管二寺㞕然普静信存之家範也廣懋之區畫苦心如是哉是竣乞余言以紀歳月余謂佛者西竺之一法也東漢始入中國至唐昌黎氏辭而闢之不遺餘力然逓訕逓伸如撥浮萍然夫不能闢則姑存之聽其徒之繕脩固理勢之必然者也乃説者謂佛教助王化之不及而分吾儒之勞若然則不相害而相成道之所不廢也侑之誠是也盖慈悲清净得惻隱峻潔之緒餘其息縁足以出世而大覺接引至舉宇宙之顛連無告者收拾而容與之靡棄夫收拾窮民先王不忍人之心政所必與也為此説者其議論甚大其識見甚超也盖至是而釋子之功稍稍着人耳目而害道之名亦漸以湔除兹一言也豈非救佛氏之慈航也乎

國朝自京師下逮郡邑限披剃而不黜僧徒毋亦採前説而裁酌之彼道陵氏者依棲上饒尚得世施符水又何疑于闡颺宗旨也者僧綱道紀并列互存

聖代之仁如天無不覆規模宏遠已然則高田寺之脩也制之所不靳也廣懋此舉洵不泯哉因為之記田租糧稅附勒碑陰

皇明崇禎元年歲次戊辰孟冬月之吉 日立

註 碑現存縣城慈雲寺庭院左側圍墻墻壁上，明思宗崇禎元年（一六二八年）刻立。碑高一七〇・五厘米，寬七〇厘米，額徑七厘米，正文字徑三厘米。碑石保存一般，不少字已無法辨識，據乾隆《富川縣志》卷一一《藝文志》補。

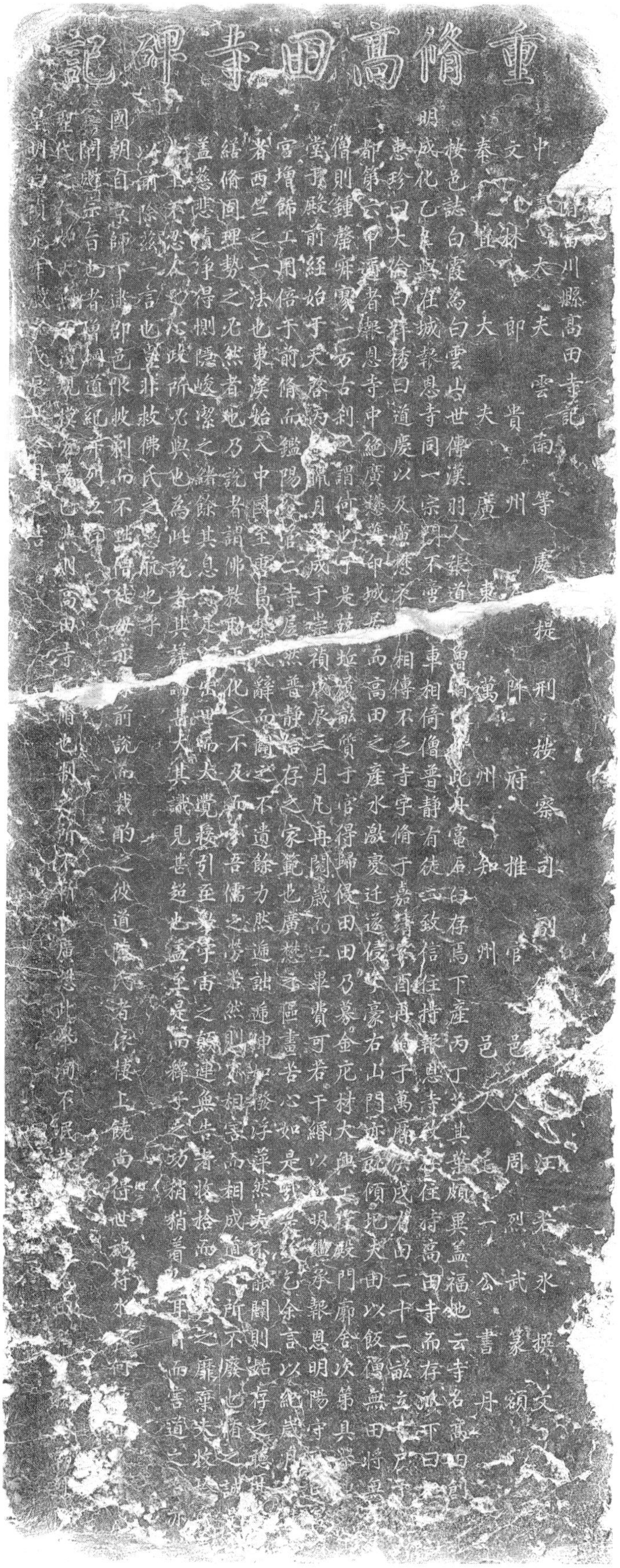

二四　馬王廟置田題名碑記

馬王廟置田題名記（碑額）

傳曰神所憑依將在德矣又曰敬德之聚也繇斯以談則事鬼神之道敬而已矣敬則深盛之豐潔牲牷之肥腯以至口明之承祀凢凝結一念者何莫非敬也口　本廟周尚乾文運父尚厚文口父等募化置田其真致敬以養神者乎所謂明德斯馨豈外是與神靈憑依其在是矣順是而年豐而物皇國之福也神之賜也総也一敬所聚云爾　周尚治　　廪生函兰周尚才年撰并書　　蒋一惟

周尚乾男昌兆口　銀柒尒　周登仕　各　何　誼　各　何汝篤　各　何汝文　各　蒋一儒　各

何世雄男呈口　銀五尒　何祖盛　叁　周子恩　周尚口　乙　蒋秀荣　周尚達

周登舉孫口口　銀四尒　何國寶　尒　何正大　何其敏　尒　何秀春　何世英

周登任男尚口　銀四尒　何祖禎　已　周子口　貳　口口口　伍　蒋秀鼎　蒋貴萬　銀

蒋貴求妻周氏　銀四尒　何子諫　周口口　口口口　分　周尚經　銀　何大廉

周其義男子英　銀四尒　周龍長　上　周口口　口口口　各　何天龍　何鳳標

何體芳男國聳　銀四尒　蒋秀明　周子口　口口口　乙　何体祥　周家風　乙

周登俊男啟書昌　銀四尒　何　邃　各　蒋一口　口口口　尒　周大惟　周家躍

何　體男其謨　銀四尒　何汝震　周龍珠　各　口聖口　乙尒半　周喜慶　乙　周家顔　尒

周尚第男昌圓固　銀四尒　蒋秀善　貳　蒋一恩　乙　周登榜　各　何仲曜　周楼旺

周尚厚男昌祖褅　銀五尒　周子荣　何一詩　尒　何子寛　乙　周尚選

周孔餘　何天騖　各叁　蒋一健　尒　何子誠　五　周登政　尒　周子裔

周龍理　陳文肇　尒　何子茂　陳行信　分　周登望　尒半　何汝吉　尒

一　開田壹坵土名平頂洞計禾肆拾杷税貳分係買廖仕選猺田税本户完納每年帮貼叁分錢照時價

一　開田壹坵土名櫟別洞計禾　拾把税分半係買蔣秀武田其税户内上納每歲帮貼錢照例[獻]于

本廟永爲焚香之需謹識　　　本邑油田匠蔣德溥克時父刊

旹　大明崇禎十二年歲次己卯孟春上浣之吉立碑永垂不朽　　　焚香人林[邦]堯銀壹分

註　碑現存朝東鎮福溪村馬王廟，明思宗崇禎十二年（一六三九年）刻立。碑高一四一·五厘米，寬七三厘米，額徑七厘米，正文字徑二厘米。碑石保存不佳，中間部分有裂縫和磨損，很多字迹已難以辨識。

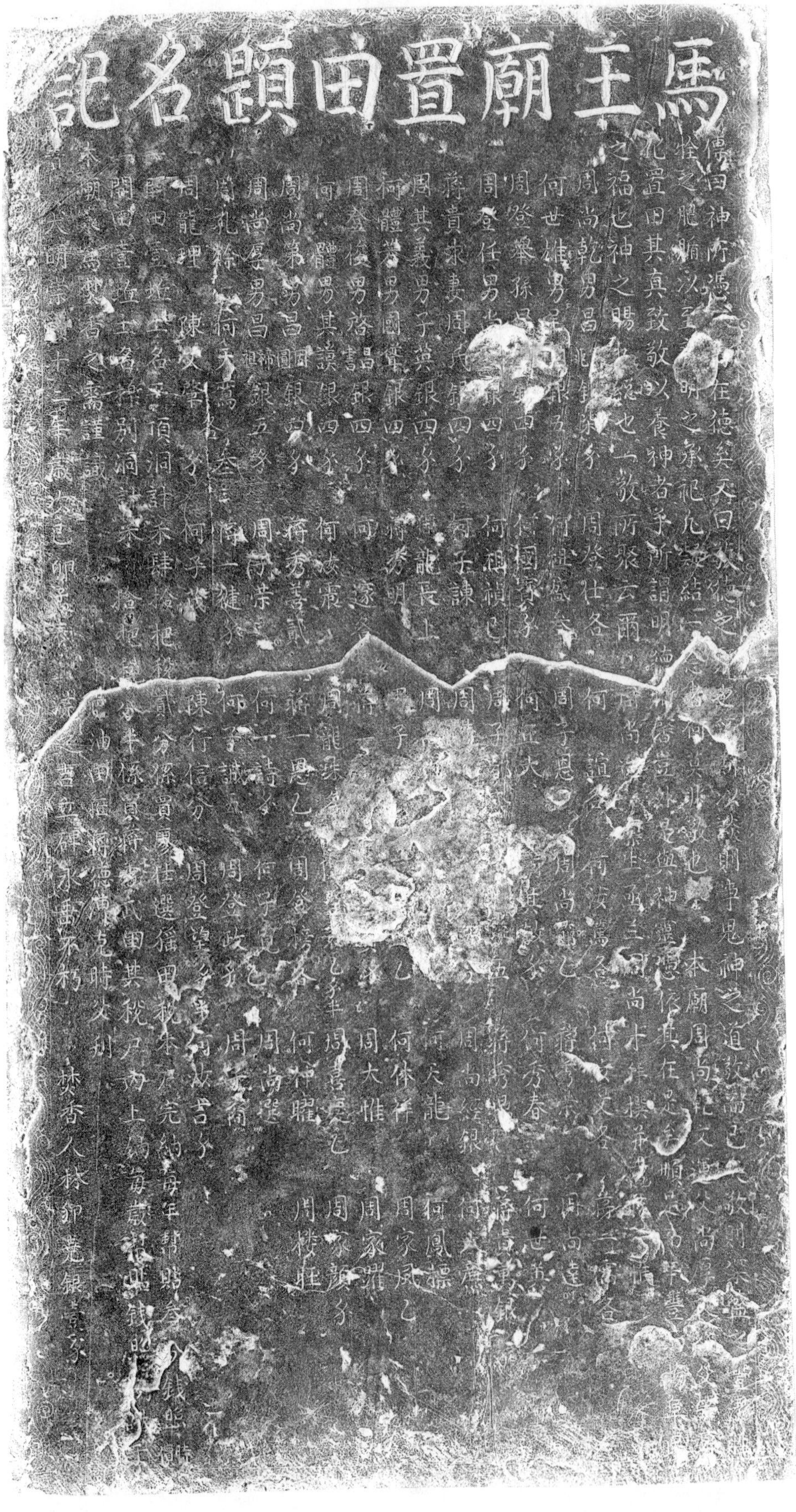
馬王廟置田題名記

二五　鼎建迴瀾石橋題名碑記

迴瀾橋記（碑額）

鼎建迴瀾石橋題名記　永東何高榜三百　永明何定權　周文宇　平罗蔣国臣　周氏春女三百文

鄉宦何廷樞施錢叁拾千文正　周秀紳一千一百文　周尚科三百五十　周弘長三百　蔣惟訪　唐国春　楊德化　各

周弘恩捐錢壹拾肆千文　周元濟六百文　桃川甘元極　唐世稔　各　林邦儒各　已　莫積安　楊永談　百

監生何圖復捨錢貳拾壹千文　何廷卿五百文　雷尚用四百　唐世盖　二　蔣惟議二　楊文龍　已　李国志　五

周憲文施錢玖千叁百文　永明鄧華宇五百文　胡世澤　已　唐世錫　百　蔣龍顔百　義宅訓　源莫希滿二百

募　老耆蔣顕垟捐錢捌千玖百文　周氏廉珠五百　周秀熊　唐國詩　五　周一相　上　義宅統　口石上品

胡上良捨錢捌千壹百文　周氏翠廉五百　蔣吉詳　夏大㒷　嶌董張大綱　蔣朝言　上　奉秀礼

何文新施錢柒千玖百文　助周氏桂女五百　山豪何圖南　上　毛伯倫　井下李世高　唐世詔　周弘穩五百

周大德捐錢柒千伍百文　周氏成弟五百　周宋䙮　義子禄　已　何氏秀紅　都何時詔　李国諭　各

緣　蔣孟儀捨錢陸千壹百文　李本德五百文　胡尚華　都七李際昇　陳尚伶　上潤廖文彩　各　廖文東

周弘惠施錢伍千伍百文　永明周思宇五百文　胡尚肇　各　周弘譜　何大德　黄勝文三百　廖文璡　一

周弘沛捨錢伍千肆百文　陳荣登五百文　胡積祐　周弘舜　上　陳仕文　三九岑峙穩　趙尚輝

周篤忠捐錢伍千肆百文　何大寿四百文　周元壹　周宏羨　周文新　各　陳登福　助　蔣一文　百

會　周秀州施錢伍千壹百文　緣周弘思四百文　蔣萬古　助　陳喜本　蔣世㒷　周天相　林汝志

周萬都捐錢叁千捌百文　周元淑四百文　何才懋　張月相　各　何本星　唐国茂　周秀佐

生庠何與儔施錢肆千壹百文　陳萬宝四百文　周創喜　周文禄三百　蔣顧行　二　周萬森　二　周弘璲　文

任尚新捨錢伍千伍百文　信周萬賜四百文　吏信鍾　仲　三　周天龍　何大吉　鍾永平　周仁貴

首　李文科捐錢肆千壹百文　周少懷四百文　林廷詢　蔣一峯　二　蔣顧求　胡廷魁　周尚新

何本作施錢叁千捌百文　周秀規四百文　林邦懋　林国祁　何尚㳽　百　蒋萬化　百　李庖鳶

蒋本信捐錢貳千捌百文　士周春創四百文　莫朝虎　百　蒋月文　何子惠　蒋国成

陳尚賦捨錢叁千貳百文　周　年四百文　唐汝瑞　士斋胡萬積　百　唐加護二百五　何天賎

何大莭施錢貳千貳百文　本莫積桂四百文　楊萬盛　陳尚可三百五　唐国㳽　文　鍾用詩　文

周弘莭捐錢貳千貳百文　縣毛大作四百文　楊竒才　文　何一詩百五　杨朝卿百四　李一諫

懷集縣羅月江助錢壹千一百文　報德庵僧朱佟龔壹千四百文　觀音閣僧陳天喜法号定圓一千文

旹崇禎十四年歲次辛巳正月穀旦立　何寿童三百文　善果寺僧惠德二百文　惠光二百文

註　位於朝東鎮油沐村附近的迴瀾風雨橋內，明思宗崇禎十四年（一六四一年）刻立。碑高一七八厘米，寬九八厘米，額徑均爲一五厘米，正文字徑二厘米。碑石保存較好，字迹可辨。

迴瀾橋記

鼎建迴瀾石橋題名記

鄉官何廷樞施錢叁拾千文　周秀紳

周弘恩捐錢壹拾肆千文　周元濟六百文

監生何圖復捨錢貳拾壹千文　何廷卿五百文

周思文施錢玖千叁百文　鄧華宇五百文

耆老蔣顯祥捐錢捌千□百文　周氏康珠五百

胡上良捨錢捌千壹百文　周氏翠慶五百

何文新施錢柒千玖百文　周氏桂英五百

周大德捐錢柒千伍百文　周氏成弟五百

蔣孟儀捨錢陸千壹百文　李本德五百文

周弘惠施錢伍千伍百文　周思宇五百文

周弘沛捨錢伍千肆百文　陳崇登五百文

周篤忠捐錢伍千肆百文　何大壽四百文

周秀州施錢伍千壹百文　周弘思四百文

周萬都捐錢叁千捌百文　周元淑四百文

何與儔施錢肆千壹百文　陳萬宝四百文

伍尚新捨錢伍千伍百文　周萬賜四百文

李文科捐錢肆千壹百文　周少懷四百文

何本作施錢叁千捌百文　周秀規四百文

蔣本信捐錢貳千捌百文　周春創四百文

陳尚賦捨錢叁千貳百文　周年□四百文

何大敢施錢貳千貳百文　莫積桂四百文

周弘鄉捐錢貳千貳百文　毛癸午四百文

羅月江助錢壹千一百文　報德庵僧朱攸龔壹千四百文

皇崇禎十四年歲次辛巳正月穀旦立

二六　重建迴瀾石橋碑記（碑文四塊）

第一塊

金石壮志（碑額）

重建迴瀾石橋序

邑以南環山而居濴鬱而菁莽者木籠也綰轂達於江楚雖奥區亦通衢云前一小溪駛發不常每值霪潦則不可方舟行人惔阻久矣鄉之善知識及饒資積者咸謀為石橋以垂永久乃初則已落成矣而忽與波逝再則將報竣矣而不覺陸沉於是諸首事者且戒且惧而告於余曰豈造物者忌橋耶抑橋亦因人而重者耶將罷諸將築詣余曰唯唯否否有終古之橋亘天而靡極者鵲梁是也有須臾之橋偶觸而不復設者蟓渡是也有功令之橋因歲因月而責成者徒杠輿梁是也有福澤之橋神通神感而靈應者蔡端明之洛陽是也此亦執有成毀形而動與與陸俱沉之凛鞭不必石而甓者自坚鋳不必牛而撼者自息匠不必公輸而運者自巧何功何能何去何來何利何鈍語云水到者渠成瓜熟者蒂落初未嘗有人我見而時抱與波俱逝之思併不碑不必豐蔀而芳者自遠而不聞神媧之補天精衛之填海乎豈不自量而徒與天争缺圓與海衡浅深亦曰至誠至德通於帝極而已矣今人審能如是將見何處無鵲梁亦塵間之勝會也何人非蟓渡亦不世之陰德也非有功令之迫而可以襄王路之平非有福澤之求而可以卜食報之大諸君淂無言乎于是首事者躍而言曰吾輩其何愛髮膚窃計之指獨屈則难拍氣再鼓則易衰深虞施者之日以倦耳余又曰人之好善誰不如我昔龍子施旃旜於五刧龎公沉七寳於洞庭彼其人豈有倦焉故佛典以檀波蜜為最勝檀者布施者也不住相者也夫世財布施則内心慳吝亦随布施識者苐知营締為有漏之因而不知消滯即無上之果要以此心無礙則事理一如事理一如則布施亦一如庸詎知施者非施自布者非布自助缘随喜非自助自随而必以木籠之村三元之壢山谿之水鞏石之橋而着一色衆况橋之為物將拯一世之沉淪而登之彼岸然後已矣獨此口口相語心心相喻之時而能三千大千以用布施何異使褰裳者濡首者顛連而汨没者出苦海

而遊樂土乎即此一念便是如來圓滿藏經有以筏喻者法尚應捨何況非法此之謂也誠作如是觀則余握
管時諸善信與同握管余摘辞時諸善信與同摘辞靈源混合烏有自它固知執此以往直呼谷爾詎云持鉢
耶于橋乎何有諸首事者乃各暢初心罔敢弗毖甫越歲而工遂成坦夷坚鞏利滲往來永無波逝陸沉之患
更相造余曰橋成矣向微子大夫言橋幾不有今日乃知其果以人重初非造物所忌也更乞数言以誌成事
余曰復何言哉曩所謂至誠至德可通帝極天下事固無难今橋其明徵矣諸首事勤劳精進各善信楽施無
倦成兹補天填海之績于一再成敗之後是天实待人于今日而協應若兹詎謂非至誠所通乎若一切果報
因縁則諸共事所不萌念而听之自然者奚更以言為僉曰如是如是請即以昔言記厥成橋可並垂奕禩矣
凢預于斯橋者咸可並垂奕禩矣爰勒諸石　　信官何廷实助⺀三百文　廖一虛　　周弘輝一百
丙子孝廉汪若澍助錢壹千文　何光宇　各　李文仁　何國儀　何廷鏡　已上各　生庠何光彰　各
孺子堂士信唐国保壹千五百文　生庠何侯鄴　三　谷　廖文亶　廖文進　何一躰　助⺀五　何玉廉　二
朝東信士何廷楝助⺀七百文　何光炤　　塘　何可夅　何國意　　百文　生庠何良佐　百
賜進士第文林郎陝西道両奉　蒋一乾　百　石家經一千文　　周萬康一百
勅命督理印馬屯田巡按直隸應天山東河南潼関衞所等處地方監[察]御史加陞太僕寺少卿邑人
何廷樞運之甫謹撰　　泉石丈人何文新書丹
旹崇禎拾有肆年辛巳秋七月穀旦立　　灵川霊田匠人李清宇刊

金石壯志

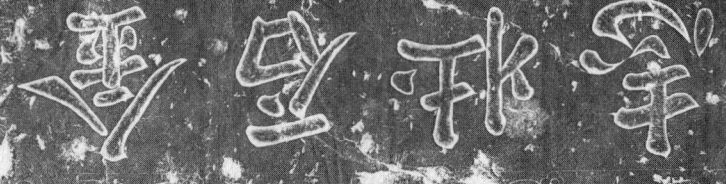

第二塊

勝跨連虹（碑額）

本縣正堂[唐]夢鷗助工伍両　何子良七百文　陳子美百四　黄陳仲孝　何子欽　各　何子富　高義来謝　各
本縣正堂黄世燿助工伍両　何天鳶六百文　何祖元百四　宝陳一行　周其義　二　何大玉　義永詔
豪山郷官何廷相一千文　唐氏新妹五百　唐子受　井下李世全　已　何天[眷]　百　何秀立　各　義宅曾　二　陳　少
秀峯郷官毛約孟助一千文　生庠何　記六百文　囗周尚囗　何子應　何子彬　五　何大濂　義宅釼　曹本坤
龍歸郷官何本竒助一千文　蒋秀明五百文　生毛一鴞　已　何尚兆　何体聨　十　何汝震　陂義永謂　百　曹本宗
枇杷千户高起麟一千百五文　周氏鵬姑百五文　何仲耀百四　何子遂　蒋一正　文　周子攸　助　何子厚　陳徳禂　已
丙子經元林闇修捐一千文　陳聖表五百文　何子教　何仲輝　上　何体省　周登旺　何汝吉　周朝中
癸酉文元何畐易助一千文　周氏玉蘭百五文　何孔儒　何天龍　何孔美　何才積　周国新　周朝宝
豪山监生何畐驥助弍千文　何子讃五百文　何大濟　上　何若囗　何汝湘　已　何忠能　二　僧常秀　各　何大程
流泉信士曹世武一千百七文　周氏蒲女百五文　生庠何体定　何祖昌　周子傅　何大訪　周尚乾　周加耀
信士周廷瑞二千文　何世潘六百文　何子承　陳行思　各　何子象　何大本　何才傑　一　蒋一加
永明陳其球一千文　林徳勝五百文　何大遇百四　何太熙　何国聘　上　何才進　百　何朋照　蒋貴萬　[上]
信官毛一臯一千百五文　張月應五百文　何高斗　士斋張月華　何国聳百三　何子徳　何　念　百　何体尚
東　信吏何其俊一千百五文　林梓佟五百文　庠何大宗　鍾守諒　何朋点　何　玠　何关[足]　何子朋
水　信吏何其偉助一千文　朝何　瑞五百文　鍾　杰　鍾囗念　助　何朋秉　各　何汝篤　文　何一承　囗　陳祖孫
財富信吏首國道助一千文　何至慈五百文　生林懋囗　各　何大彦　何忠在　周清明　何正太　陳文滿
長春信吏莫富聚助一千文　東何至顔五百文　張大謨　鍾永都　何忠宰　何天勝　何加詠　十　何天昊　各
二[足]信吏唐啓太捐一千文　秀毛忠龍七百文　何大蘊　何大修　生庠何登岸　助　曹宗傑百三　鍾用智　何徳俵
福溪信士何其沛助一千文　峯毛伯喬五百文　庠陳世科　助　鍾時金　何克聖　曹世滿　東朝何光俊　文　義世玠

朝　信士何光傑一千一百文　陳行絢五百文　何大顯　何至明　毛家寿　流泉曹大卿　永明雷尚用　義大邦

東　信官何　誠助一千文　何祖盛五百文　生鍾應震　鍾用傳　三　鍾振寬一百五　周秀現　莫大芳　麥義大平

縣監生蒲秉樞捨一千文　蒲萬善五百文　張自焕　何大文　鍾萬財一百五　陳朝禄　各　林仲評　曹明海　一

永　廩生陳六言捐一千文　東布何天珉五百文　錦堂尾何克義　周秀奇　李本湖　二九源陳登寿　林国良　任世通

東廩生蒲秉樺助一千文　庠生楊凌霄五百文　上馬盧讓弘　三　周秀志　百　鍾用魁　二　蔣積坤　助　周仲滿　朱萬恩

十三都信士周元祁助一千文　何世禎五百文　盧炳如　東塘何廷鳳　鍾廷隆　谷塘盤尚遜　李德照　朱萬濂

明　信士周思哲捨一千文　何一登五百文　何才坤　管国享　鍾大政　百　房鳳諒　二　李應月　義大儀

馬耆民何一招助一千文　何月讀五百文　何孔肇　百　陽国福　文　鍾用義　牛岩孔國章　彪塘唐仲惠　曾尚恩

信吏何一善捐一千文　何正逢五百文　何國太　何漢倫　鍾　作　文　孔国雄　百　周進荣　嶺義宅求　百

縣信士毛忠登助一千文　周氏美女五百文　何仲邦　文　楊凌斗　鍾守福　華豊駱時邦　毛伯佐　朱宅良

蹄耆民楊日鳴助一千文　周永所四百文　楊穆兴　何可連　曹国静　陽大富　文　陳国照　朱尚進

勝跨連虹

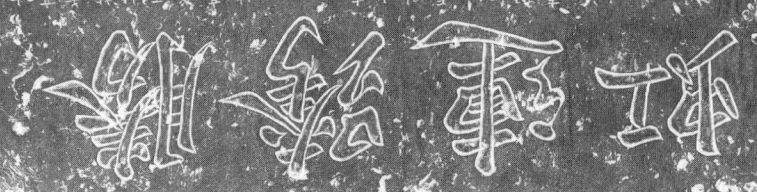

第三塊

樂捨芳題（碑額）

周子厚施銭四千文 周仁口千一文 周秀程六百文 李喜華 周本進 蔣尚豪 周秀合各 蔣一桂
周天成施銭三千文 老耆陳朝選一千文 胡玉賓四百文 陳祖福 何永嘉 何萬緑 蔣顧言 蔣福禄
周篤莭二千二百文 何本評一千文 李文紳五百文 周貴珎 蔣尚科 周秀熊 周弘榜百 陳孔顔
士斋周秀昌二千一百文 胡世郢一千文 周元荣五百文 陳仕忠已 周仁清已 蔣孟声已 周大約 周弘慤已
周憲孟二千一百文 周子美一千文 周萬遺五百文 胡玉迁 蔣秀龍 何仲朔 胡世亨五 福周弘耀
周弘綱一千七百文 周萬濂千二文 蔣一衛五百文 蔣尚佑 周弘訓 陳朝迁 陳尚音已 何世湧
本 周弘[兆]一千七百文 周秀可一千文 陳本吉五百文 胡愈汪 陳佛象 蔣上椂 周朝宝 何日霄
周秀鏡一千六百文 胡愈洪一千文 蔣弘鳳五百文 周秀懷上 周秀積上 李尚玄上 陳国器 何 萬上
周弘恤一千六百文 周弘祥一千文 蔣萬存五百文 胡廷志 陳其昌 蔣廷舉 周秀焕 何子瑞
周秀禮一千五百文 蔣惟隹一千文 李文廣五百文 周尚益 周秀毬 周弘慈 周文意上 周昌極
周憲吕一千五百文 周朝信一千文 蔣孟才五百文 李尚語 蔣吉讓 陳尚俊 周弘敏 溪陳大器
李文憲一千五百文 周萬道千一文 周元從五百文 陳一存各 周秀良各 蔣彦侯助 何大鳳 周福寛各
坊 周弘毅一千五百文 李文夆千一文 周秀袟五百文 陳大詠 蔣国憲 陳尚賢 周秀求 何子輔
周大銅一千五百文 胡烈武八百文 李效忠五百文 周萬質 周朝昰 蔣萬在 周秀宣各 何子弼
蔣世朝一千四百文 周秀翫八百文 周萬餘五百文 蔣朝太 蔣朝卿 陳汝洪 周秀歸 陳子成
老耆胡玉星一千四百文 何才莭七百文 蔣吉詠五百文 周秀安銭 周元宝銭 陳可太銭 蔣惟昆 何子盛助
周篤貞一千四百文 胡烈輔七百文 周秀寧五百文 周大銘 蔣国濂 李上禮 周秀枝 助何仲悌
周憲仲一千四百文 周朝國七百文 胡啓開五百文 蔣朝忠 周秀益 蔣可令 蔣世平助 何世全
信 胡文護一千四百文 何本全七百文 周弘第五百文 周宋祚 蔣顧德 陳朝享 周弘珮 周昌熙

周篤蜚一千四百文　胡行素七百文　陳尚舉五百文　陳一典二　周秀清二　何才夫二　胡高選　何邦尭一
胡烈仕一千三百文　何文富六百文　周弘寬五百文　周元利　陳其粦　李尚詳　周公保　何正太五百
周秀羅一千三百文　周弘吉六百文　李文資五百文　陳弘卓　周元吉　周元會　蔣惟謙一　蔣貴萬
胡尚文一千三百文　陳朝顕六百文　何才大四百文　周秀室　陳其象　李大迥　周秀桂　何佐權
蔣惟佟一千三百文　陳社進五百文　周弘信四百文　蔣惟達百　周秀滿百　陳惟善百　蔣尚記　縁何其訥百
老耆胡廷佐一千四百文　周子仁五百文　何本漢四百文　周弘謐　周秀炤　周萬珠　蔣尚縚　蔣一恩
蔣朝貝一千三百文　胡萬福五百文　蔣一衡四百文　陳大謨　周弘倫　陳尚承　陳国創百　周上迨
士
周弘註一千二百文　周廷登五百文　周大鏡四百文　李效齊　何萬春　何大鳶　陳汝昰　何朋彩
何才惠一千二百文　蔣國忠五百文　李明登四百文　陳尚久文　周尚尭文　周弘忠文　陳国用　周登任文
周少科一千二百文　周宗福五百文　周秀詠四百文　周少祚　何才志　陳荣作　陳加榜　何大森
周上盖一千一百文　周德清五百文　李尚儉四百文　陳大詳　胡積寬　蔣可金　陳文星文　周登仕
峯秀毛福緣一千一百文　周秀厚五百文　周尚羨四百文　蔣尚生　何尚弼　周大維　陳一萬　何大積

樂捨芳題

第四塊

山川一握（碑額）

本縣典史李　茂式千文　唐萬荣　各　莫萬連　周一郁　唐萬坤　蒋子楽　程一虛　各
医官李　琠一千文　首忠玉　四　首宗享　已　周一區　各　唐　驥　各　首朝仕　何玉瑚
監生何廷臣五百文　唐萬儀　百　首宗志　周一鄖　唐萬倫　唐萬生　各　黄道先　百
七都庠生李浩然八百文　程一譜　已　首宗全　周元金　唐貴龍　唐国祚　鍾鳴岐
豪　廩生何圖甲五百文　黄萬院　石朱文春　上　周元舉　助　唐積秀　助　唐国宗　唐昌宗　五
山　庠生何圖文五百文　首国富　朱文仁　周元鎮　周一輝　唐世滿　二　唐守恕
永　信士蒲作承五百文　首国珠　上　朱文智　周元政　程偉烈　唐世鎖　毛祖兆
明　信士何文源五百文　男何德遜　朱鳴光　各　蒋文周　仌百四　唐時訓　仌　李應清　義釼卿　各
耆民唐加諭七百文　秀毛忠錦　朱鳴常　蒋文用　楊世詔　李一乾　百　義廷美
八　信官唐有道五百文　峯毛忠彝　各　朱鳴掌　蒋積玉　楊一舉　李天振　百五　義朝邦
信官唐有相五百文　生庠毛忠起　源蘇宅完　三　蒋文忠百四　二　毛世聰　二　李一星　楊廷烈　一
都　信官唐積用三百文　毛忠滿　林大呉　蒋文善　程一議　李積秀　文　首世敦
信官毛尚喬五百文　唐　杰　助　林大仁　義文治　陳祖福　廖文亶　義永孟
助　信吏周一仰五百文　何氏寧弟　男唐萬俊　百四　程一讃　百　黄宗富　百　廖文大　唐　熊　百
信吏何廷迪五百文　唐　鴻　耆民李玉斌　五百　程一綾　范積荣　廖志富　各
緑　信士周一彜五百文　毛積焕　三　周海金　何萬穏　何本祈　李大氷　廖孔貴
信士周元佟五百文　毛積元　李天求　文　毛国荣　文　黄国猷　文　任隆彩　廖大魁　各百五
信士蒋仕券五百文　毛積暹　廖文厚　廖文佐　廖禹卿　李大亮　助　廖大惠
本　信士蒋龍顯五百文　奉金佐　百　李廷新　各　奉天耀　各　李高禹　各　奉守振　廖尚延

坊　信士蔣龍顧五百文　奉天進　奉金龍　李大紹　奉守道　奉天朝　廖德護　各

下　信士李大正六百文　奉国寧　李大東　二　奉天求　二　李世林　二　奉守利　百　盤世登

信士任尚科一千文　李盛萌　文　奉盛芳　李高禺　奉守礼　任尚耀　盤世新　一

設　信士奉守仁一千文　李高萬　李世植　百　奉天成　百　李加荣　百　楊　太　廖應明

信士任尚厚五百文　奉守應　富川何　童　能昌宅　徐忠良　蔣國孝　五　奉守綱　百

註　碑在朝東鎮油草村附近的迴瀾風雨橋内，明思宗崇禎十四年（一六四一年）刻立。

第一塊碑高一八一厘米，寬一〇二厘米，碑額徑一四厘米，正文字徑二厘米；

第二塊碑高一八一厘米，寬一〇〇厘米；

第三塊碑高一七五厘米，寬九九厘米；

第四塊碑高一四三・五厘米，寬八四厘米，碑額徑一〇厘米，正文字徑二厘米。

四塊碑石保存完好，字迹清晰。

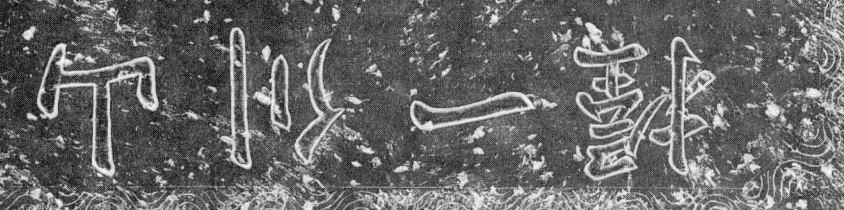

二七　邑侯黃公生祠記

邑侯黃公生祠記（碑額）

粵稽昭代典制凡功在民社者例得列俎豆以崇隆報故棠憩所逮蔽芾之謡興峴碑不磨口口
之懷切洵夫弘于樹者深于慕者也洪惟豪
侯德業文章称一代之宗正自嶠嶺發祥不嫌荆棘之棲公車驟下輒大試牛刀凢張弛興廢一一殫
力拮据口課農桑而龔黃績奏𠑽學校而樸棫化成起瘡痏於口澍悍强暴於威稜此誠斯民之
福星矣他如卻苞苴絶私交剔蠹弊清逋負尤人所難能也且而值腥夷播乱流寇猖獗
侯爲之奮威武增營壘厎操練慎関防尋而醜類銷妖塵净四境安堵矣無何有福溪坊者自卜宅来
有幹有年家詩書户禮樂值今不幸叛猺煽熖奸宄效尤内有一二無賴糾合兇頑謀為不軌
侯聞之而飲水在念蛟剸戽斷芟殲不待於時幸而群妖事敗或獲擒或授馘若鼎魚就沸穴兔阽危
嗣是鯨浪波寧黔黎枕息夜無吠犬路不拾遺試看彼密樾深菁驚春鍤者誰遺歴更質諸黃童
白叟問秋嘗春實繁徒故知弘於樹者深於慕者也自是公舉一倡輿情悉恊遂爰卜夫勝地急
用搆夫
名祠民各不愛財力惟
侯是愛經之營之不日成之不閱月而工告成巍巍乎頭角崚嶒恢恢乎堂階軒爽誠千古一勝事也
時涉其祠止水常澄會遡源窮流之報幽禽時語悟與物同春之懷對高巒感斗山之駿望倚老
幹觸百影之覆蔭恍見盛德于羮墻儼瞻芳模于筵几
侯之德與祠俱新
侯之功與境不老幸何如之　贊曰　褰裳祠下感
侯深琴韻更調不憚辛露湛四郊懷日暖水儼兩袖凛風清鴻帰牧地賢臣績棠滿花封報主心綸綍

不圖推薦速板轅空恨失蘇天　　治生何本奇頓首拜撰

侯諱世耀號疑圖廣東惠州府海豐縣舉人　　治下門生周尚才薰沐書

旹大明崇禎拾伍年歲次壬午仲吕之月上浣之吉　　通福溪坊士民仝勒立

註　碑現存朝東鎮福溪村馬王廟，明思宗崇禎十五年（一六四二年）刻立。碑高一四一·五厘米，寬八〇厘米，厚一五厘米，額徑七厘米，正文字徑二厘米。碑石保存一般，風化較嚴重，不少字已無法辨識。

邑侯黄公生祠記

二八　鼎建迴瀾橋石欄杆碑記

功竝洛陽（碑額）

鼎建迴瀾橋石欄杆記

余嘗讀周書之秦誓曰我聞吉人為善惟日不足盖誠謂有德之輩心與善契為善之心若不暇給焉今迴瀾橋之諸施捨輩初心壯志堅若金石不以三圯而隳其功譬之為浮屠者有不合其尖則不止可謂慕善甚深矣孰意樂善之誠不一而足復於虹橋上團製其欄杆以壯麗之秦誓所述之古語殆為此輩頌也矣雖然善之分量無窮為善之心與之俱無窮則旌善之徵必亦與之俱弗替第首事問記于余余實管窺無能別作贊辭謹以古人之頌吉人者頌此輩耳爰鐫石端以垂永口

周憲文捨錢伍千陸百文　（溪福）何其沛式千文　周篤貞千一　胡廷志　周弘毅　蔣萬存　周元瀛伍百文

胡上星施錢伍千伍百文　周廷瑞一千五百文　胡廷佐　周弘註　（溪福）何祖昌　已　周少懷　各　蔣孟声伍百文

都　何文新捐錢肆千捌百文　隨　蔣一衞一千五百文　周秀厚　已　蔣惟佳　已　周萬良　周元継　周弘口伍百文

周弘恩捨錢肆千捌百文　陳朝選一千五百文　胡萬福　周仁思　（都八）義元笪　上　周秀枝　蔣上儀伍百文

蔣顕垟施錢肆千叁百文　蔣朝卿一千五百文　周秀鏡　上　蔣一衡　上　胡世郢　蔣萬在　施　陳慶宗伍百文

緣　周大德捨錢肆千捌百文　陳本吉一千文　陳大詠　（溪福）何子茂　周萬森　樂　周大遲　蔣萬古伍百文

李文科捐錢肆千貳百文　喜　胡烈仕一千文　周秀紳　各　周朝國　各　李文德　周元淑　蔣廷諫三百文

周秀州施錢肆千伍百文　李效忠二千文　何才志　陳萬保　周元會　助　胡惟義　錢　陳尚賢三百文

勸　胡上良捨錢肆千陸百文　（峯秀）蔣首宗一千文　周德清　錢　周弘寬　施　胡積寬　周宋祚

周弘沛捐錢肆千捌百文　陳加禄一千文　胡文護　蔣尚縚　蔣日待　錢　周弘遷　（德報）庵僧宝月五百文

周弘惠施錢肆千壹百文　芳　胡烈武一千文　周弘吉　伍　胡尚文　錢　周創喜　蔣彥侯　伍

首　蔣孟儀捨錢肆千陸百文　周篤莭一千文　李文紳　蔣弘鳳　陳大詳　伍　周篤志

周篤忠捐錢叁千陸百文　蔣吉誠一千文　周秀可　百　周元益　伍　蔣可金　蔣元論　雷大用一百文

設下 任尚新施錢壹千文　周元濟一千文　胡文宣　胡世澤　周元壹　百　周弘梓　百

生信 何與儔捨錢壹千文　題　曹氏花女一千　周憲呂　文　周弘兆　百　李上礼　陳慶宣

蔣孟才捐錢貳千伍百文　母桐蔣氏成姑一千　周秀懷　胡行素　周少科　文　蔣仲鼎

等 何本作施錢貳千文　何氏妙歲千一　周氏翠廉　陳大謨　文　蔣萬化　周篤棐　文

陳尚賦捨錢壹千柒百文　周氏月桂千一　郭城蔡氏酉姑　蔣惟達　周秀室　蔣永孫

大明隆武二年丙戌歲夏五月　穀旦　立　龍歸居士何與儔寅三氏撰　油田匠氏蔣万利日林刊

註　碑在朝東鎮油草村附近的迴瀾風雨橋内，南明隆武二年即清順治三年（一六四六年）刻立。碑高一七七厘米，寬九九厘米，碑額徑一四厘米，正文字徑二厘米。碑石保存完好，字迹清晰。

二一九　重修靈溪廟碑記

重修靈溪（碑額）

粵稽典制先王建國他務未遑必先立廟降至郡縣囗囗窮鄉下里凡有功民社者皆得立廟以祭焉名雖各殊其理則
一廟之由來久矣本境　靈溪廟建自前明宏治[十]囗年崇奉　都督感應大王馬諱楚予覽邑志王籍青州宋季
年十[五]脩文武才曾登甲第元時猺叛授都督由湖廣囗富川囗兵勦平遂隱山麓為神歷朝靈顯不能詳述熙朝順治
四年四猺猖獗戕害良民若無陰兵靖賊埜無孑遺咸豐五年至九年逆匪数千入境凡鄰村廟宇梵刹民房多被蹂躪
後囗囗境内安常如故是王之靈其昭昭可知矣鄉人士報答無由乙丑夏飲鄉人酒見聖容失彩廟貌塵封皆曰吾廟
囗嘉慶丙寅重修迄今六十年矣盍修之以奉崇德報功之囗於是繪新聖容增飾廟貌置欄杆以為外障具儀仗以壯
神威第神坪狹隘每賽神倏戲人多苦遏有塘二口左边價買右边樂施俱皆覆土成坪但見規模形勢視昔更覚堂皇
庶幾神樂憑依聲靈益顯也通計用銅錢一百千有奇各户平凑囗百文餘皆本境樂捐共勸勝事夫村坊廟宇惟修理
得宜斯神安人樂獲福無疆今經營曲致如此則將來人文之炳盛[生]齒之繁昌可預卜矣豈不休哉功成首事何福京
陳錫允徵誌於予予辭曰余年近古稀質魯未學其何能為且村有文囗豈可舍美玉而取碔砆乎京與允曰作記不尚
辭筆惟求切實此誌非公不可予辭不獲已因執管見誌其顛末辭不雅[馴]观者其共諒焉可也將衆信芳名暨先房兄
增生常文所作賛辞並勒于石

奉　敕南征氣勢雄　强兵數萬入蛮鄉　五申有法七深服　三合無乖八畔降
帷幄運籌囗[不]爽　疆埸決勝武維揚　功成身退升遐日　冊命加封　馬大王

皇清同治六年歲次丁卯中秋節六品頂戴候選分府西園何廷翰頓首拜譔　堂姪孫郡庠生人雄書

都緣　何福京　捐乄弍千四百文　村老助緣　何福明　各　周英梧　各　蔣華創　各　陳開秀　各　周俊文　各
陳錫允 何福縉　各捐乄弍千弍百文　蔣延璉　捐乄七百文　陳開壽　捐　何經維　何福臨　囗囗正　周振礼

勸

蔣延年　捐么乙千弍百文　何廷翰　捐么八百文　蔣延嗣　何其正　捐　何福琪　捐　何口口　捐　周英口　捐

口口舉　捐錢乙千八百文　何其富　捐么八百文　何經定　么　何鳳榮　何文才　何其盛　周常雁

蔣華口　各　何鳳來　各　周常詠　各捐　何經榮　乙　陳錫逊　么　陳開榮　陳開第　蔣延燭　么

何福口　捐　何廷琓　周英保　么五　何文曲　千　何經順　六　蔣華盛　么　蔣先達　么　周氏翠燕

何鳳口　口　陳錫教　捐　何經明　百文　（員功）陳廷政　何文陞　陳錫道　蔣延修　盧氏口口　四

何萬鐘　何伯爽　么　何名運　各　陳廷治　文　何萬世　百　何經萬　二　何其榮　四　陳氏引口

周英口　弍　周日平　何其口　何口保　各　陳廷口　文　周常口　（零陵）李世平　何氏美鳳　百

周英口　百　蔣延禎　六　何其鼎　捐　何口珍　捐　何氏口口　錢　陳錫榜　百　（永明）楊樹先　百　周氏月妃

何文口　口口口　百　周福口　么　何經義　么　蔣華口　各　周振光　何氏瑞層　何氏坤鳶　文

何廷口　文　何口愛　文　何其偉　四　何經術　八　何刘口　何文成　周氏接梅　周氏桂蔥　各捐么

周福浩　百　何其吉　百　周英武　捐　陳錫标　文　周氏月嬋　文　陳氏美舉　乙百文

註　碑現存朝東鎮福溪村靈溪廟左邊巷子内，清世祖順治六年（一六四九年）刻立。碑高一二九厘米，寬七〇厘米，額徑一〇厘米，正文字徑二厘米。此碑應有兩塊碑石，此爲第一塊碑石，有數條裂隙，碑額部分有缺損。

三〇 知米摩崖石刻

知米　永曆七年九月江夏朱盛濃題

選石裁詩偶落名為他幽谷少同聲倘能飛至西湖上更有三生一段情

嶙峋羅列勝天門滿眼青蒼翠滴痕偶繼昌黎千仞興筆鋒墨沉達昆侖削壁梯

雲好賦詩幾行醉墨仗青藜山深不

許凡夫見只許清風明月知漫説

雲根袖裏收層層懸壑少

人遊直攀絶頂空霄漢定有瀟湘一派秋

永曆癸巳秋江夏朱盛濃題並書

註　摩崖位於新華鄉井頭灣村竹仔坳的石壁上，南明永曆七年即清順治十年（一六五三年）刻立。石壁距地面高約五〇米，石壁高四米，寬五米，『知米』即刊刻其上。石刻分兩幅，右方是『知米』二字，大書、橫排楷書，字徑高一米，寬一・一二米，陰刻，署『永曆四年九月江夏朱盛濃題』；左刻小序一則并七絶四首，草書，陰刻，字徑一〇厘米，署『永曆癸巳秋江夏朱盛濃題並書』。

三一 文廟聖贊碑記

復聖顔子贊

聖道早聞天資獨粹約礼博文不遷不貳一善服膺萬德來萃心齋坐忘其樂一致
礼樂四代治法兼脩用舍行藏王佐之器

宗聖曾子贊

洙泗之傳魯以得之一貫曰唯聖學在兹明德新民止善為期格致誠正均平以推
至德要道百行所基纂成統緒修明訓辭

述聖子思子贊

於穆天命道之大原静養動察庸德庸言以育萬物以贊乾坤九經三重大法是存
篤恭慎獨成德之門卷之藏密擴之無垠

亞聖孟子贊

哲人既萎楊墨昌熾子輿闢之曰仁曰義性善獨闡知言養氣道稱堯舜學屏功利
煌煌七篇并垂六藝孔學攸傳禹功作配

康熙二十八年奉頒

註 碑現存古縣城文廟大成殿左側墻壁旁，清聖祖康熙二十八年（一六八九年）刻立。碑高一五八·五厘米，寬七六·五厘米，厚一六厘米，正文字徑三·五厘米。碑石保存完好，字迹清晰。

復聖顏子贊

聖道早聞天資獨粹約礼博文不遷不貳一善服膺萬德來萃心齋坐忘其樂一致

礼樂四代治法兼備用舍行藏王佐之器

宗聖曾子贊

洙泗之傳魯以得之一貫曰唯聖學在茲明德新民止善為期格致誠正均平以推

至德要道百行所基纂成統緒修明訓辭

述聖子思子贊

於穆天命道之大原靜養動察庸德庸言以育萬物以贊乾坤九經三重大法是存

篤恭慎獨成德之門卷之藏密擴之無垠

亞聖孟子贊

哲人既萎楊墨昌熾子輿闢之曰仁曰義性善獨闡知言養氣道稱堯舜學屏功利

煌煌七篇并垂六藝孔學攸傳禹功作配

康熙二十八年奉頒

三二　福溪村修廟施田碑記

侑廟施田記（碑額）

康熙拾叁年歲在乙卯口口之初乃重侑靈溪廟針向仍舊命匠鳩工不日告竣顧規模雖云美備口
而香火未繼是亦虔誠有未馨者於是衆首事拾余名笑口口金會成勝事置田三坵永供廟使口口
屬余以記余謂昔者范氏好施置田濟衆千百世下須揚勿衰兹之以供廟使盖亦踵范氏之遺意乎
也然范氏济口口口顕吾輩施之襄藏可知一念所至亦與聖賢同功矣故誌之以銘曰碧山蒼蒼
江水泱泱施田之德山高水長

何口上　以　庠生何明揚撰

周昌口口周尚厚　陳加映　上　何弘宗殿　柱乙根
何大英男明口殿柱乙根　已　何光霁　何朝鮮
何其謨　柱根乙　何口才　上　何其信　各　何朝荣　仝捨殿　柱根乙
勸周惟屏　柱根乙　各　何其口　各　何大口
陳邦倫　柱根乙　周昌國　銀　蔣其炤　銀　計開置田土名開例于左
何口雄　柱根乙　周加清　何興善　一買唐姓田土名畔洞田乙坵禾拾伍把税
蔣其縉　銀　周子寧　叁　何毓包　叁　口口口税口四兩叁分領回了納
何德隆　何如德　分　周尚之　一買唐姓田土名庭神水口田乙段禾捌把
蔣一問　何可清　何朝荣　錢　税口口口口口肆分伍口領回了納
何忠一　叁　何朝俊　柱根乙　已　何汝二　上　一買周姓田土名下口塘禾乙把税乙分式
周加宝　周廷椿　柱根乙　上　何惟元　各　厘口口口口口五分領回了納
首周文試　何汝相　銀　口弘施　銀

周尚汶　口　何可渭　四　何光俊 乙⺊
何口口　陳口口　分　周可能 四分　油田匠人蒋贊甫刊

何弘宗書

康熙叁拾年辛未歲肆月望日吉良立

註　碑現存朝東鎮福溪村靈溪廟左邊巷子內，清聖祖康熙三十年（一六九一年）刻立。碑高一一六・五厘米，寬六二厘米，額徑六・五厘米，正文字徑二・五厘米。碑石部分地方有剝落，難以辨認。

修葺橋路碑記

修葺橋路記（碑額）

蓋天地人者三才也人雖藉天地而生天地亦資人而成故天不滿於西北女媧氏出而補之也不盈於東南夏禹王從而率
之然則人之命於兩間者其功亦懋矣哉本境世居兹土好善者有人樂施者有人往往於山所缺陷之處幾幾乎脩葺無遺矣
然好善樂施之嘆代不乏人詎迨今日而忍視其傾頽乎是以前有鞏橋不知幾費經營而告竣矣近因風雨飄口口桷口口
經歷者每虞其岌岌也有勸首周元佐如心少陛少標寺顧謂衆曰前人有是志後人可不繼之乎於是倡者一和口百口買
採石命匠甃砌巍巍乎其有成功也猶未已也吉人爲善惟日不足更於庵面前之塗口土路之陸一經雨澤則如膏如口往
來者恒欲其坦坦也於是衆寺修口庵面前爲福維整治黄土焉今幸矣經之營之不日成口矣則向之虞其岌岌者今無患其
顛淪矣向之欲其坦坦者今已就其坻平矣雖未侔女媧之口口夏王之功亦不愧夫參天兩地之倫也功成首事属文於余
余訝之曰余髫年遊庠經史未慱博見若管窺聊記其盛爰勒諸石功以垂悠久云

都　周元佐　何盛標　胡惟舍　蔣初肇　周元謙　周少峯　蔣學遊　李瓊（口治）
緣　周如心　勸　周元倚　李太慶　陳行極　周元漢　蔣志椿　周少鳶　周士抵
周士竒　陳章桉　周少樞　蔣希懷　周如舜　陳弘星　蔣天鳳　周元智
陳慶寧　周如積　周弘企　蔣元課　周元旺　周元榜　蔣日喜　周士達
李日明　蔣明徽　周少隆　陳善護　陳弘雲　蔣應麐　胡礼福　周上新
蔣仲吳　周少脩　蔣上吉　周如賓　周少祓　周弘慎　陳富賜　蔣天禅
勸　胡永仁　周少顯　陳口全　周士惔　周如標　陳弘昗　蔣裕科　周富煦
周士振　首　何光享　何勝求　周元倘　周明珠　歐陽捷　周如玉　（李氏）弟花
周如旦　周少環　蔣學述　周少隍　蔣弘達　周少林　周士捧　周日艷　蔣日全
蔣希口　周際衛　周如神　周士松　胡任栩　陳富豪　周元諦　陳富祈　陳富郁

陳加有　結　周少陛　周弘傑　周元茂　陳善讃　胡上昊　蒋學口　胡顕明　周少活
蒋智誼　緣　周少標　陳文茂　周少全　蒋日誇　蒋明昂　蒋日口　胡志功　周元誼
周元魁　　　　　　　蒋孟聲　陳加裕　胡志賢　何勝惺　口富忠　胡顕正
周元口　信　周弘偺　口正倫　蒋弘顕　周宗文　周宗口　李弘信　口口俊
周元漢　士　周元淑　周少智　胡志簡　周少陲　周元口　蒋啟滚　陳行桂
周如体　　　陳加口　周少孟　何勝情　周如啼　陳富家　蒋如圭　周少耀
周士排　　　周元済　周少珠　陳慶宰　周士梅　胡礼初　陳行棋　周少陽
周士巽　　　周弘宿　周士權　周少陸　周元科　蒋可倫　胡礼祈　何正團
首　周仲仁　蒋天裕　周元貮　蒋應麟　周元喜　蒋希玖　胡任保　胡沖口
周如茂　　　李口誌　口荣歸　陳富部　周元淳　周元生　蒋智口　報德庵僧口口助銀一尒正

庠生周正熙謹撰銀壹尒周元倚書銀一尒　周士達刊

旹康熙辛未年仲冬月穀旦立

註　碑在朝東鎮廻瀾風雨橋旁的田埂上，清聖祖康熙三十年（一六九一年）刻立。碑高一六七厘米，寬九五厘米，額徑一〇厘米，主文字徑二厘米，保存環境不佳，不少字迹已無法辨識。

三四　深坡街千秋記

千秋記（碑額）

葛陂坊宅名深陂街吾高曾所聚族於斯者也康熙壬申冬予與翠叔杏請諸父老曰吾祖宗出山東仕籍外省派之所分有三支焉在江華名花街在賀縣名水東街吾宅葛陂名深陂街當日之因義命名是有耴于街焉胡為吾宅僅下房有街而上中二房缺也父老為予言曰天下之莭莭生枝蔓引蕃昌者葛是也斯地來有華盖玉枕為送下有連珠掛榜為環后擁則伏虎旗山前遶則三水浮印吾高曾建宅於是亦欲其世世相傳如葛之蔓引蕃昌者然故取名于葛而陂有龟潭路用石砌則又名為深陂街也而街之房有而房缺者則以上中下三房分居之故下房屬長長不离祖居故其街全上中二房則新居故其街缺耳雖自累傳以來亦有欲紹先志继為全街者乃又苦其工費浩煩力焉未逮尔曹誠有志于是使上中二房亦置有街焉寧惟是壯徃來之大觀利人物之出入且有以栽培風水毓秀鍾灵魁鄉登甲口昔之盛所必然也予顧翠叔曰嘻審若是厥事誠美厥工誠难也盖工之难不難于工而难于石假工不厭煩而石之不灵其若之何詎意口有是志天樂成之予與翠叔會諸通族議舁此舉而事合衆心無不樂為于焉僉立為首者十一及修造上門會首者四亦永思其石之艰口知命工采石而鍾山之石若書篇然殆天若遺以成厥美者以故衆不費力匠不費工經始于壬申垂成于癸酉平如底環如帶果有以有便徃來果有以栽培風水而予于是秋鄉試幸叨入彀不與父老之言有相印合者耶將見環繞有街自肇人文之輩出修補有道必鍾口口口精灵則以之紹前人之志者在是實居宅之名者在是且以之毓秀鍾灵廸將其后者亦在是是用勒石以記焉

勸光學艮壹尒分五　光萃各　光莭　光魁百乙　蔣誠　蔣棒　蔣詠　蔣植
光笙　堪輿光廷艮伍錢　盛山各　崑山各　光裕各　鳳聰各　日新各　多良各　進保各
蔣櫻各艮弍尒　中蕢叁錢　蔣杉帛艮　蔣檽百乙　光孟　姑引　蔣櫟　開雲　夏貴
蔣樹　開仍弍尒伍分　蔣楨壹　蔣桂艮　光寰　正仔　蔣材　蔣槐艮　引旺艮
蔣杰艮壹尒分五　蔣柏各　開祚尒　蔣楊　光奕艮　蔣杭艮　蔣樟艮　石生　神養
蔣杏各　應玉艮弍錢　開祉伍　蔣楙　光元　蔣相　蔣械　多文五　保仔五
都縁中菊艮伍錢　重修光權各艮壹　中荷分　蔣榞壹　光極　泰春　白健　蔣棋　春進

多成　開勲尓伍分　蒋謵　各　開來　蒋楝　伍　蒋欐　伍　唐大祥伍　继礼　分　袭吉　分

多傑各艮壹尓　光笙　光泰　艮　多俊　蒋檀　蒋榦　季春　何社保艮壹尓　囗養艮壹尓

中蓮壹尓五分　頭首蒋杏　光位　壹　中芝　尓　蒋樸　鳳翔　蒋囗　楊回生　木隴

首中英艮壹尓　光英妻林氏各艮　光樞　尓　唐廷儀　滿山　分　蒋橙　分　蒋楷　分　良俫各艮伍分　石匠周舉凢刊

癸酉鄉科蒋中菊撰書　昭春妻唐氏壹尓　中葵　本寺僧干全艮弍尓徒古熙艮壹尓徒孫妙瑋瑋艮壹尓五分揔甚福艮五分信善子蒋創成艮壹尓

康熙叁拾肆年歲次乙亥正月上元穀旦立

註　碑在葛坡鎮深坡街村東北凉亭内的墻壁上，清聖祖康熙三十四年（一六九五年）刻立。碑高一四八・五厘米，寬七七・五厘米。碑石保存完好，字迹清晰。

千秋記
康熙叁拾肆年歲次乙亥正月上元穀旦立

三五　觀音閣廣種福田碑記

廣種福田（碑額）

佛之爲教不與俗同所有無奈而有世法之説故常住募貲鳩崇讖會□
不也焉世或緣是爲祝君親地雖迄人其人猶不至盡其類者毋亦可□
太平清晏頌祝之勸耶邑之觀音閣印然于古浮屠下當富江之衝砥□
中流迫近城廓經聲佛號摩盪川岳之靈蔚起人文蕩滌邪穢固其所□
則昔之建是閣者豈苐傳燈之設也後之爲忠孝勸者大佈其常業以□
頌焉此之不可不志也僧所謂自了者竭募余以置常住此可爲傳衣鉢
者勸也不可以不誌也豈但昭揭片壚以垂不朽與其佈施姓氏畆坵□
僧所募置用列於碑　貢生周德滋撰
信士生蕭蘭馨馥　爲母熊氏施到土名大龍井松柏窝塘水田壹分租禾壹□
陸百斤共大小拾壹坵白浪車田壹架祖禾壹仟陸百斤共大小九坵小水牛角田四坵工客田一坵□
　鍋塘一口四年輪放一次共額民税貳拾肆畆柒分陸厘正
同見叔祖蕭美卿仁卿　　住持僧清懋師徒買到上九都七甲何常豊□
極御二户共祖遺土名禾倉岩观音閣頭車田一架價銀肆两租禾三□
把每把十二斤粮禾四十斤粮銀乙錢五分原額民税乙畆正户丁何□
第　廣平宣遠邃遠應熒共施銀乙两四錢正同見蕭仁卿地坊吴應□
中人吴邦枝周文宗李吉昌　　僧清懋徒净其净三净蒲净寰孫善謂□
　　　　　　　　　　　　　　佃人羅志然鄧鼎相永遠耕種
康熙伍拾陸年歲次丁酉拾月　　初四　　日立　　石匠白文璣

註　碑現存縣城慈雲寺内觀音寶殿右側墻壁上，清聖祖康熙五十六年（一七一七年）刻立。碑高九四・五厘米，寬六一厘米，額徑七厘米，正文字徑二厘米。碑石保存較好，下部少數字已無法辨識。

置種福田

佛之爲教不與借同所有無奈而有世法之説故當住募貲鳩崇識會
不也焉世或緣是爲祝君親地雖迤人其人猶不至盡其類者毋亦可
太平清晏頌祝之勸耶邑之觀音閣卬然于古浮屠下當富汗之衝砥
中流迫近城郭經聲佛號摩盪川岳之靈蔚起人文蕩滌邪穢固其所
則昔之建是閣者豈第傳燈之設也後之爲忠孝勸者大佈其常業以
須焉此之不可不志也僧所謂自了者竭募余以置常住此可爲傳衣
者勸也不可以不誌也豈但昭揭庇據以垂不朽與其佈施姓氏畝[illegible]
僧所募置用列於碑　貢生周德滋撰
信士生蕭蘭馥馨爲毋熊氏施到土名大龍井松柏窩塘水田壹分租禾壹
陸百斤共大小拾壹坵白浪車田壹架租禾壹仟陸百斤共大小九坵小水牛角田四坵工客田一
鍋塘一四四年輪放一次共額民税貳拾肆畝柒分陸厘正
同見叔祖蕭美卿仁卿住持僧清懋師徒買到上九都七里何常豐
極御二户共祖遺土名禾倉岩观音閣頭車田一架價銀肆兩租禾三
把每把十二斤粮禾四十斤粮銀乙錢五分原額民税乙畝正户丁何
第　廣平宣遠寰遠應發共施銀乙兩四錢正同見蕭仁鄉地坊吴應
中人吴邦枝周文宗李吉昌　僧清懋徒淨其淨三淨蒲淨宸孫善讃
佃人羅志然鄧鵬相永遠耕種
康熙伍拾陸年歲次丁酉拾月　初四　日立　石匠白文識

三六　重建靈溪廟題名記

重建靈溪廟題名記（碑額）

嘗謂神所憑依將在德矣夫人立庙設祭所以昭明德也塑繪聖像示如在也使天下之人齊明盛服以□
洋乎陟降上下其神之来格[衆]歆庇祐生灵介爾景福者往往不少矣是故吉士仁人□每□謹恪焉□□
鄉而宅之前卜立一庙千百世□阜物利人报應不爽祈風則風祈雨則雨故謂其名之曰靈溪是廟□□
保障也承長標之峻嶺接函谷之源溪釀川岳之灵祥焕□雅之英華諸山環抱势若星拱一乘潆洄□□
不啻之仙鄉何殊天台之洞府者也無何經营有年棟析榱崩欗傾柱腐昔之畫棟雕樑者今为朽□□□
花磚琉瓦者今為碎墁頽泥矣衆寺目擊斯廟不禁聚首而謀曰前人有不世之功後人豈無善継□□□
余人協力同心爰召工師求大木選良材□前堂之三間左右之両廊罄然革故鼎新無不□閣流□□□
維云維新而右座之前則缺一牌坊不足□□見瞻而顯神威是寺四十余人樂捐躬囊雕刻牌□□□□
目之騁懐顯神威之赫濯斯主㘸者樂肰生其寅□□将者莫不各盡其虔誠庶幾乎神妥人安□□□□
吳人文蔚起簪纓犹之勿替矣時或僊客騷人往而迎之仰其庙登其堂見其庙貌森然聖像赫□□□□
曰是真聖境也今幸有成庶几濯厥灵俾多福若是溪之不測不竭焉爰勒之石匪曰邀名實□□□□□

周至廸　各　何一鼎　各　何瓊滿　各　周□宣　各　何可珠　各

勸　周光祚　　何志鄺　　何開易　　□□環　　　　信士周召□

何有儷　捐　何朝珂　捐　周全吳　捐　蒋孳□　捐　何孳俊　捐　周□□

陳國裕　　周召讃　　何畐㮶　　蒋孳□　　何呈□　　□□師何□□

何仲明　銀　何呈瑞　銀　何弘猶（木二根）銀　何呈□　銀　陳國信　銀　木匠周名積

周召勳　　周弘靖　　何光瑛　　周昌□　　何慶勝　　術士何仲□

何呈璋　伍　周惟屏　伍　何自□　伍　何光峑　伍　何有富　伍　林□□

首　　何仲試　何信興　周翰麟　何呈袞　廟祝□□□

陳有紋　尒　陳鳳臨　尒　周□□　尒　蔣學㑺　尒　何□明　尒　藍□□

何□接　　何作玉　　□□□　　周召捷　　何忠謹

大清康熙伍十七年歲次戊戌十月□良□

註　碑現存朝東鎮福溪村靈溪廟左邊巷子內，清聖祖康熙庚寅年即康熙五十七年（一七一八年）刻立。碑高一一四·五厘米，寬七五·五厘米，額徑六厘米，正文字徑二厘米。碑石表面有水泥渣，另有數條裂隙，左下角缺失，不少字已難以辨認。

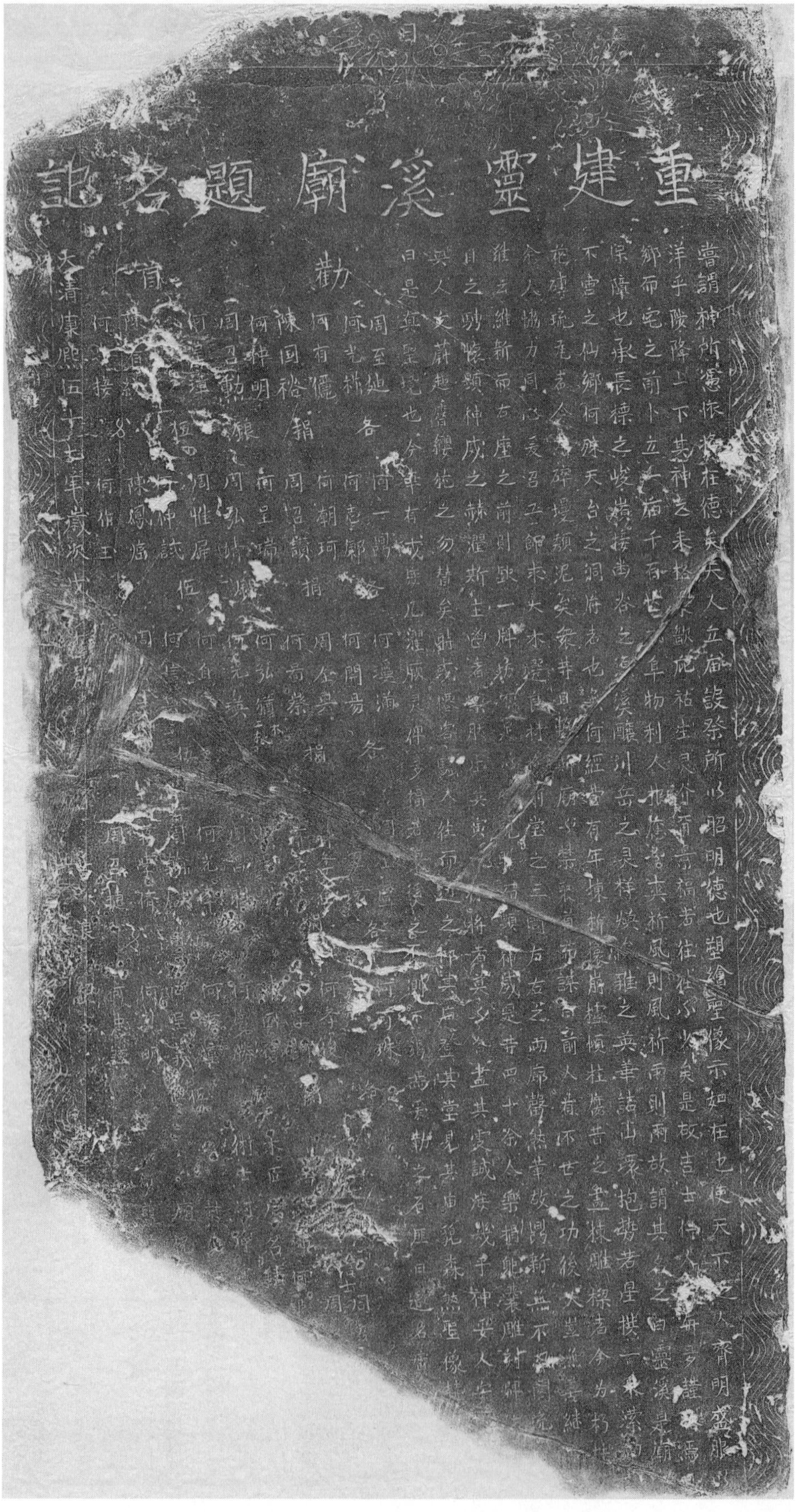
重建靈溪廟題名記

三七　奉縣封禁坑場碑

奉縣封禁坑壙碑（碑額）

湖廣永州府江華縣正堂鄭
廣西平樂府富川縣正堂劉　爲棍徒盜洗礦砂壅害
禾苗永行封禁事照得礦坑久奉嚴禁私採大干法紀
兹本二縣訪查不法棍在於黄牛垚清水江二處山坑
胆敢違禁刨洗礦砂以致砂石随水壅流殃害禾苗棍
徒作奸農民失業殊堪痛恨除現在密拿并已徃不究
外合行出示刊石永禁爲此示諭两縣民及附近坑壙
居民人等知悉嗣示之淺無得私行刨挖倘有不法棍
徒仍蹈前轍許尔附近千長寨老月甲人等立拿觧赴
本二縣按律究擬盡法重處各宜凛遵毋違特示

四　唐海啓　何道志
張　周明荣　唐福常
雍正拾年捌月廿三日示發倒水源　垻　唐明質　鯉鯤
等　尚日　唐光儒
芳侶　文瑞

註　碑現存縣城慈雲寺庭院左側墻壁上，清世宗雍正十年（一七三二年）刻立。碑高一二五・五厘米，寬六六・五厘米，額徑八厘米，正文字徑四厘米。碑石保存完好，字迹清晰。

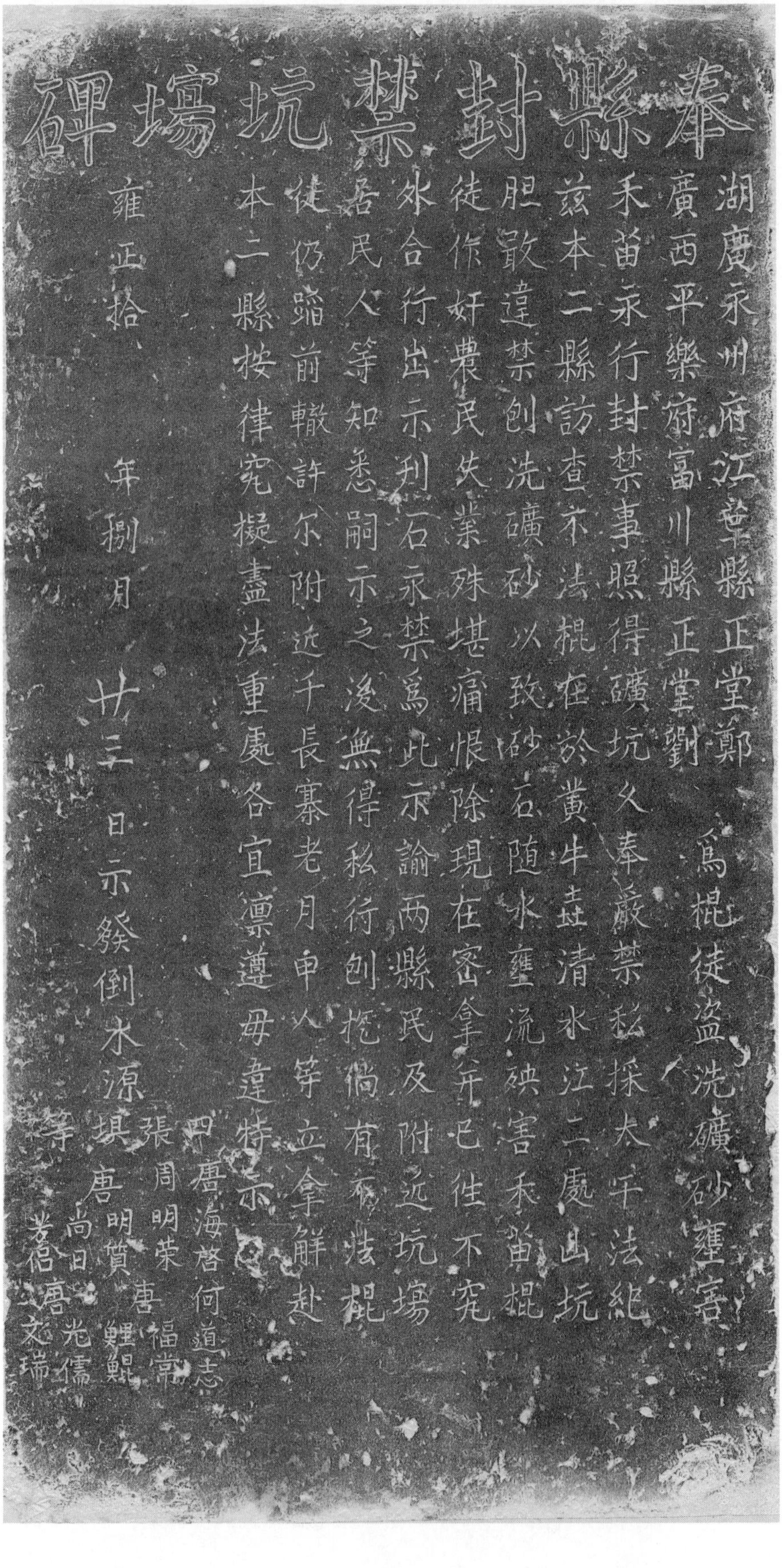

奉縣封禁坑塲碑

湖廣永州府江華縣正堂鄭
廣西平樂府富川縣正堂劉 爲棍徒盜洗礦砂壅害
禾苗永行封禁事照得礦坑久奉嚴禁私採大干法紀
茲本二縣訪查不法棍在於黄牛𡋯清水江二處山坑
肥歛違禁刨洗礦砂以致砂石隨水壅流殃害禾苗棍
徒作奸農民失業殊堪痛恨除現在密拏并已往不究
外合行出示刊石永禁爲此示諭兩縣民及附近坑塲
居民人等知悉嗣示之後無得私行刨挖倘有不法棍
徒仍蹈前轍許爾附近千長寨老月甲人等立拏解赴
本二縣按律究擬盡法重處各宜凜遵毋違特示

雍正拾　年捌月　廿三　日示發倒水源塤

四 唐海啓 何道志
張 周明榮 唐福常
唐明賀 唐鯉鯤
尚日 唐光儒
等 普倡 唐文瑞

三八　栗木崗鼎建迎水閣碑記

鼎建迎水閣碑記（碑額）

今夫迎者進也水者清也閣抵江流而益清吉聳地勢而崇進聚閣名迎水良有以也村名粟木崽寨云口
來久矣嘗創之隆景宜補之美致胡然而莫爲之前予歷其由偏横嶺地四圍田宅旧概耕管業不屬已口
难以爲悦至康熙四十五年家君遊覧至斯喜其地脉豊厚川澤深迴若有補作日後必然昌吳是以向口
曰富貴出於粮田有籍斯有門户奉　文開造尔寺何不乘時以立户乎夫而衆丁同有是心即将嶺地口
收税立為李嚴盛户曾几何時而田賦滿項户丁蕃隆于乾隆十年户老寺欲光前志垂裕後裔合衆發口
下江边係青龍餘氣建立閣臺以補崇蔭一倡百和経营定位針作午山子向是以請匠湊資募化一載口
成雕塑聖象佛容土主金装色彩殿座巍峩標詹玉暉豸嶺列於兩儀八卦昭諸前後妙符花月致分蓬口
吉甘露應斯閣而呈瑞人聚康寧豊泉叶斯閣以徵祥序不盡言碑不尽意援石以流芳云爾龍雲山增生周口

督　李章益兩二　結　羅章相兩二　宋荣德尒三　李啟有　歷祖立寨人罗運成 李全　公立户老人宋張傳 陳應湖 厐林材 庥何美　李廷甫 李明鳳 刘辰啓 罗明玉 厐德禎 莫廷諒　李應啟衆户寺口

刘音全一兩五尒　縁　岑法通兩二　嚴惟進尒一　章秦尒三　刘德明兩一　李應浩尒三　何應信　李啟惠　厐見玖尒二

主　范章寿兩二　總　嚴德所一兩五尒　首嚴見清尒一　李章連尒二　李大勝六尒　厐万通尒二　李日光　章枝　李朋惠尒三

翟意乾一兩五尒　管　李大明一兩五尒　宋茂仲尒四　信鼎尒五　陳應湖尒三　李應礼尒二　李啟林　宋越念尒一　刘見大

縁　李應淮兩一　醮　宋茂應兩一　陀意清尒三　刘得傳各　罗章德一两　應福尒二　厐德然　陀章礼尒二　莫德美

陀惟標尒三　主　季章林兩一　勝達尒二　李朋念良　李應深尒三　陳廣達尒三　刘德坤尒二　李章思　庥李所

勸　李德勝尒五　大明術嚴見序兩一　李見滿尒三　范照德一　李華尒二　李万富尒二　李見福尒一　陳維箱尒二　罗章啟

陳年科尒五　李見惠尒二　章孝尒三　刘辰啟両　罗啟夆尒二　茂科尒一　蔣林照尒二　何越恩尒二　李章達

羅連生尒三　勸　李章樹尒二　嚴見莊　陀信慶尒五　李應文尒二　范章保尒一　刘見秦尒三　應通　宋越華尒一

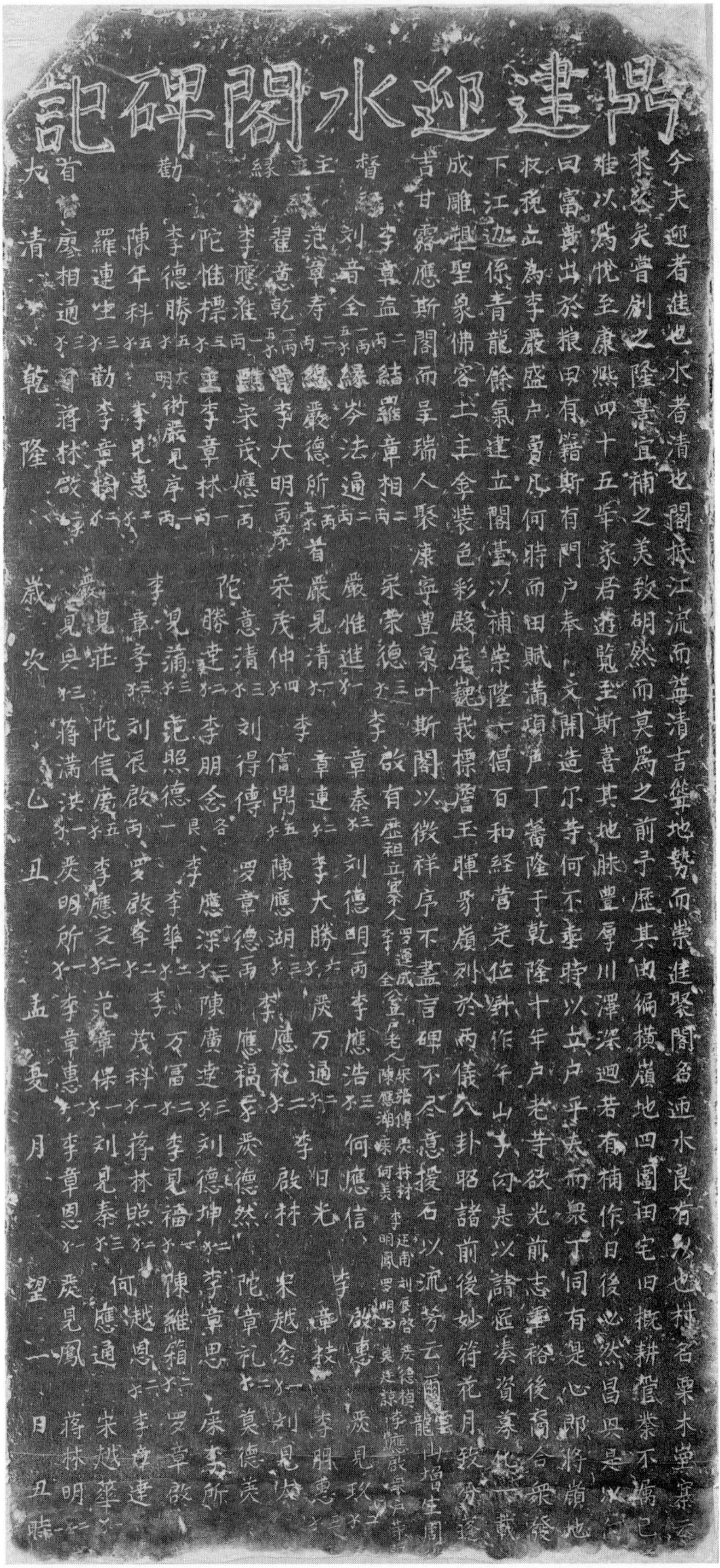

首　廖相通分三　首　蒋林啟分二　見与分三　蒋滿洪分一　炭明所分一　李章惠分一　李章恩分一　炭見鳳　蒋林明二分一

大清乾隆歲次乙丑孟夏月望一日丑時

註　碑在城北鎮栗木崗清江寺（迎水閣）内大門左側墻壁上，清高宗乾隆乙丑年即乾隆十年（一七四五年）刻立。碑高一四四厘米，寬六七厘米。碑石保存完好，字迹清晰。

三九　福溪村重建戲臺碑記

重建戲臺記（碑額）

聞之莫爲之前雖美弗彰莫爲之後雖盛弗傳宅之北古立二廟威靈赫濯惠愷旁流利物匡人永享太平之福雨暘時若恒歌大有之休藉非曲傳往事雅奏絃歌功德何以相酬神人何以胥悦原於　廟前建造戲臺所以作梨園而集優伶奏雅韻以答神庥但規模淺狹歌舞未舒衆等欲擴其舊址以壯觀瞻爰請堪輿針定坐辰向戌卜吉庚午之秋再立首事命匠鳩工大興木石革舊維新而且改立門墻以寛堂势綵畫聖像以顯神威将見雲臺博厚廟貌輝煌白雪陽春皆成雅調比閭聚族咸被恩膏洵乎福從德盛而名亦與功著矣故記之　增生何廷獻撰書　建臺匠人何自口丹青陳天藾銀四戔二分伍

增生何廷獻 銀一兩二錢伍　周召鰲 各　周至晌 艮六　周應隆 各　何龍珽 各　何贝迎 各艮

都 何啟熊 銀一兩一錢伍　周日兼　周日輝 戔二　何開相　何孔彬 艮　周日文 三錢

周名益 各　周至製 艮　周日光 分五　何有聯 艮　周日敬 四　何慶華 二分

陳國璉 艮　周至能　何名應 各艮　何慶積　何世武 錢　何龍英 五

蔣世華　何呈誌 六　何如昌 五戔　蔣啟行 四　何開仁 一　陳應注 三戔二

縁 何廷芳 六　周至禧　周至念 二分　何有旺　何呈祈 分　周日情 分五

周至陵　何廷閏 錢　何有映 五　鍾世全 戔　周至傑 五

何慶俵 錢　何宗荣　周至堂 各艮　周日芳　何慶宗 厘　左墻係周至誠日貴等

勸 何光宦　周其武 二　何能秀　何生曜 二　何自檣 三　所捨入園之路今由墻

何廷富 二　蔣世經　周至萬 四戔　何廷德　何開注 戔　上出入

陳天球 分　陳廷範 分　周名注 二分　何至祚 分　何光權 二

首　何慶玫　何慶詔　陳口誎　何登佐　周至敁　分

周召恩　伍　周至學　伍　周日致　伍　周至珠　伍　何自璋　五

註　碑鑲嵌在朝東鎮福溪村馬王廟左側圍墻上，刻碑時間在乾隆十五年（一七五〇年）。碑高一二六厘米，寬六八厘米，額徑九厘米，主文字徑二厘米。碑石保存一般。

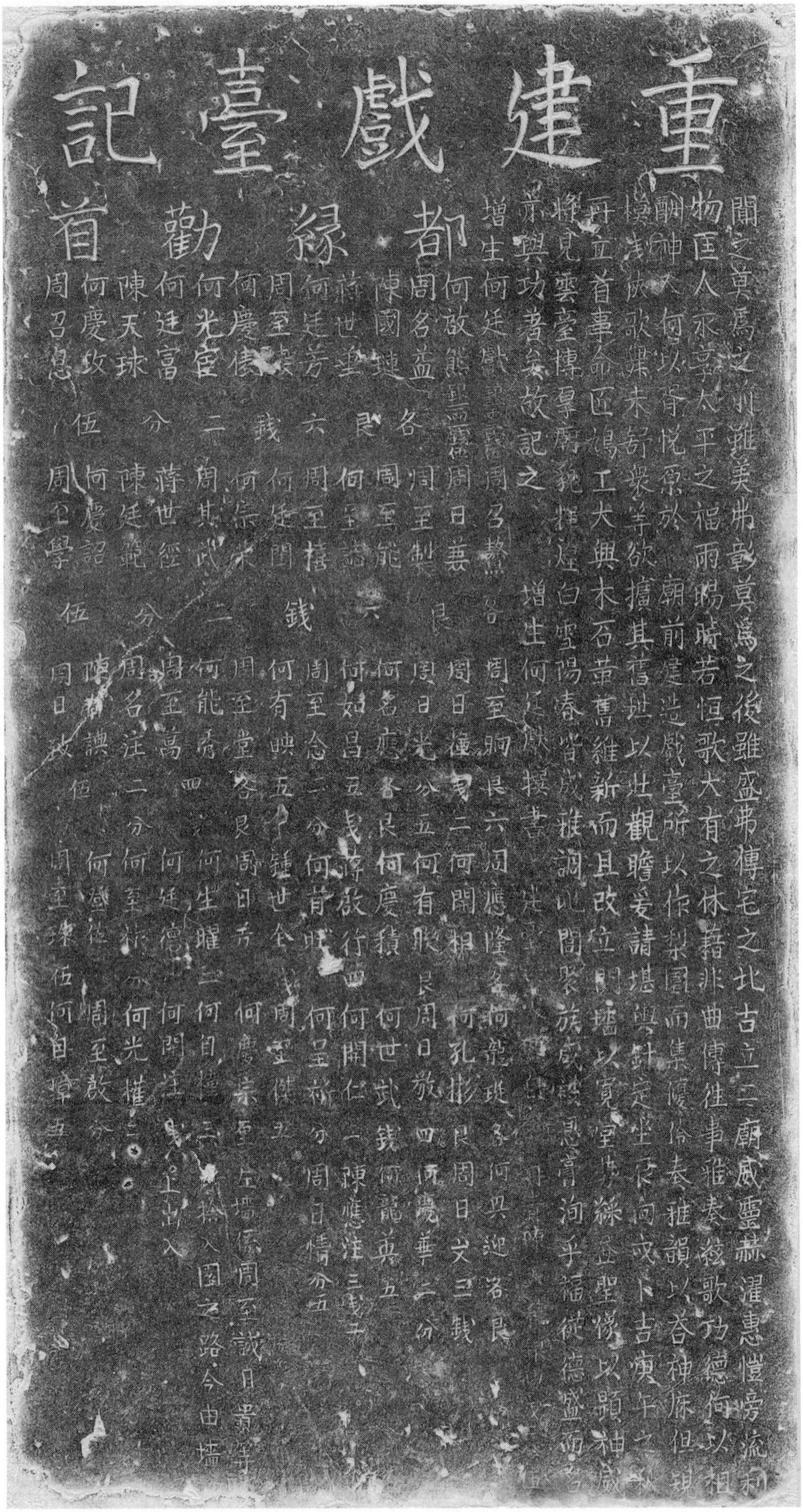

四〇　福溪村修路題名記

修路題名記（碑額）

宅之東古有二路一名曰大砸一名曰信木口凡耕夫樵牧以及往来商旅皆所共由者也顧是路口
知砌立何年践復何日迄于今土崩石裂舉步維艱衆等欲口失口之虞口具修葺之口口焉同心口
楽施囊金命匠口石百廢具舉夫而後口者平口者直微特跬步之餘足堪走蹈即車馬口口口口口
馳　驅矣是爲記　增生何廷獻撰書

何世口　口㐅　周至倫　六㐅　周至口　口㐅
周至禮　弍両　周至口　各艮八　周召名　各　何如楊　五㐅　何具遠　各　何廷亮　各　周至勝　各
都　蔣世傑　弍両　周召口　㐅五　周日勝　何光隆　五㐅　何宗滺　何世口　周至口
何廷亨　八㐅　何口啟　口口口　周日富　何本高　何昌耀　艮　何本元　周至口
增生何廷獻　各艮　周至善　各艮八　周至能　陳應口　何文焕　何有助　周至口
庠生周上進　六㐅　周至晌　㐅五　何有口　何慶口　各艮　蔣口口　四　何自能　周名益
何廷經　口㐅　何名念　七㐅　周日口　何慶玖　四㐅　周至口　何自口　蔣世全
蔣啟後　乙両　蔣世迪　六㐅五　周日口　周至用　何口口　四㐅　何孔珠
周日普　八㐅五　何開仕　四㐅五　周日皎　周日文　何光勲　楊天厚
緑　何文兆　廩生蔣世輝　九㐅　周日耀　周日完　何口口　口孔口
何登政　七　周至口　六　何具富　㐅五　何口口　何口口　蔣世英
周日隆　周日口　何生明　各　祀　何口口　㐅　何口口　蔣世満
何慶瑞　五㐅　何聯鳳　各　何光述　艮　何口口　各　周口口　毛至口
周至孝　八㐅　何世武　艮　何廷明　四　何名口　周光文
何龍挺　口五口　陳國椿　五　何廷口　㐅　周名口　何光口

勸　陳應棍　七尒七　周至口　何開傑　五　周福梼　何口口

周至震　五尒　陳有口　尒　何慶口　周至儀　陳應口

周其武　五六尒　蔣世瑞　五　何自厚　陳應口　陳口口

何宗荣　七尒　何萬軒　何廷口　各　周至儀　何口口

陳應玖　七尒　周至廷　各　周至禧　陳口琜　何口口

何慶智　何登仕　何口相　四　户　何登英　尒　周口口

何名思　各艮　何慶修　五　何登口　何登仿　何口口

首　蔣啟倫　兩　周至口　何㒰隆　尒　何慶華　何口口

蔣啟慶　七尒　何世口　尒　何瓊柱　五尒　何慶標　陳口口

周口口

註　碑在朝東鎮福溪村馬王廟豐澤殿右側墻壁上，刻碑時間在乾隆十六年（一七五一年）。碑高一〇六厘米，寬七三厘米，額徑七厘米，主文字徑二厘米。碑石保存一般，較多字已難以辨識。

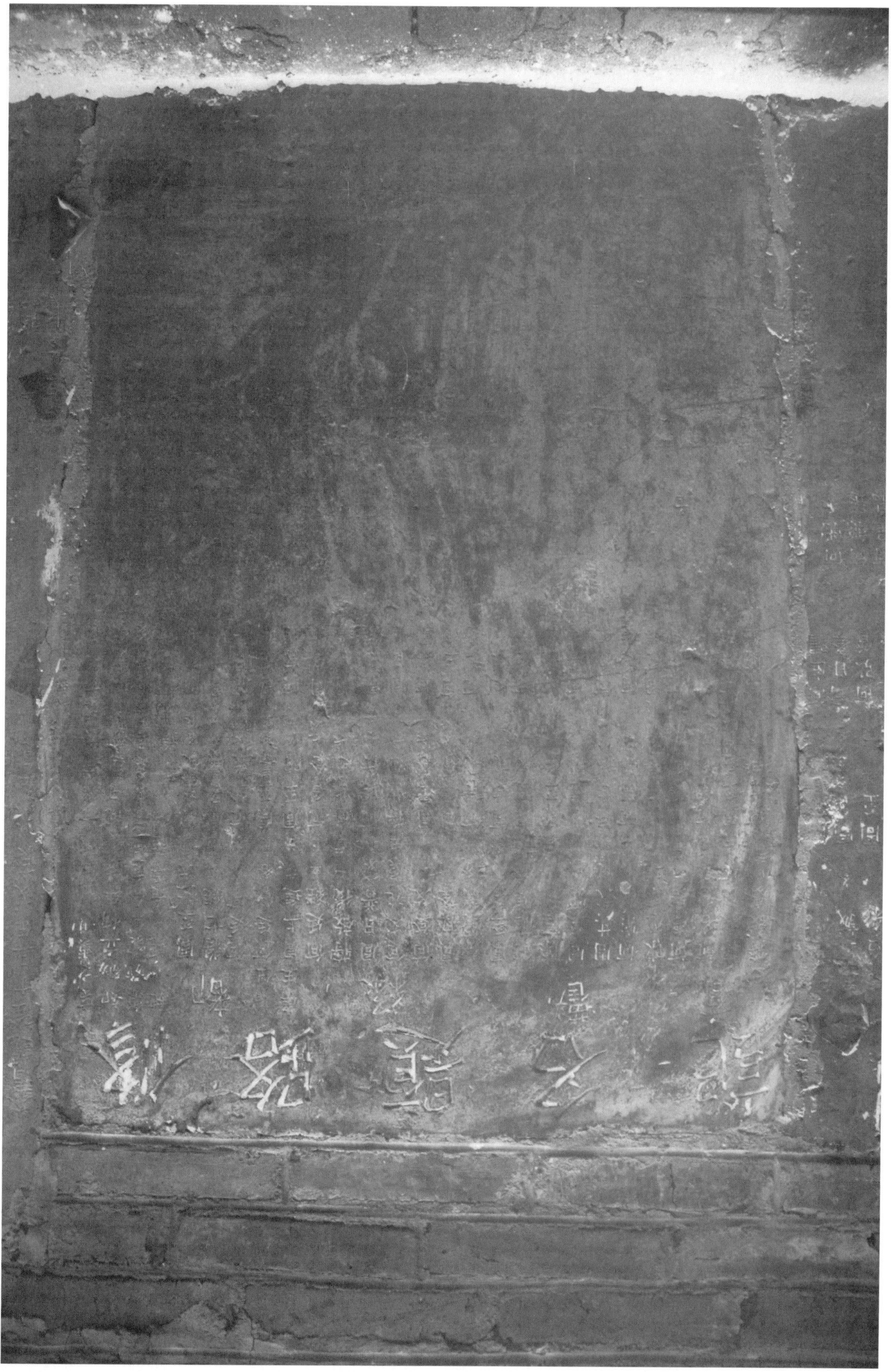

四一　靈溪廟施福田碑記

靈溪口施福田記（碑額）

且夫為口口口口口好施不辞寻故泰山之高不辞土壤江口之深不擇細流其理
一也本境口[靈]溪廟立有年所所恃以绵香火者惟福田福田寻則根本固而香
火自永然福田出于樂施施之寻寡而福田亦於是準焉自創建來施者不一然
急切难偹不無有待口衆首等謀置福田獻之　本廟為香火計預為根本計也
非敢言善施或亦绵固之一助云爾独是後之[际]今亦猶今之际昔後有具者
口起而增廣之不且寻寻益善乎是為記　　廩生何常吉撰書

勸　周至廸　何明珂
何光祚　周召讃
何有儷　何呈瑞　何畐察　蒋孝全　何孝俊
陳国裕　周弘靖　何弘猶　蒋孝禮　何呈謝
何仲明　周维屏　何光瑛　何呈龍　陳国信
周召勳　何仲試　何自聰　周昌旺　何慶勝
何呈璋　陳鳳臨　何信具　何光夆　何有富
首　陳有紋　何作玉　周昌茂　周翰麒　何呈義
何忠接　何瓊滿　陳大宗　蒋孝齊　何孔明
何一鼎　何開易　周全勳　周召捷　何忠瑾
何志郿　周全具　周至環　何可珠

計開口口于左
買何姓田口坵禾四
十把原税口訨正
焚香人帮補何長
富户了納

土名花盤墜
何廷亨獻茶口
[地]一段土名黑
棹屏

旹大清乾隆十七年歲次壬申拾一月十三日立

註　碑現存朝東鎮福溪村靈溪廟左邊巷子內，清高宗乾隆十七年（一七五二年）刻立。碑高一〇三厘米，寬五八・五厘米，額徑五厘米，正文字徑二厘米。碑石上部和右側有缺損，中間有凹陷，一些字已難以辨認。

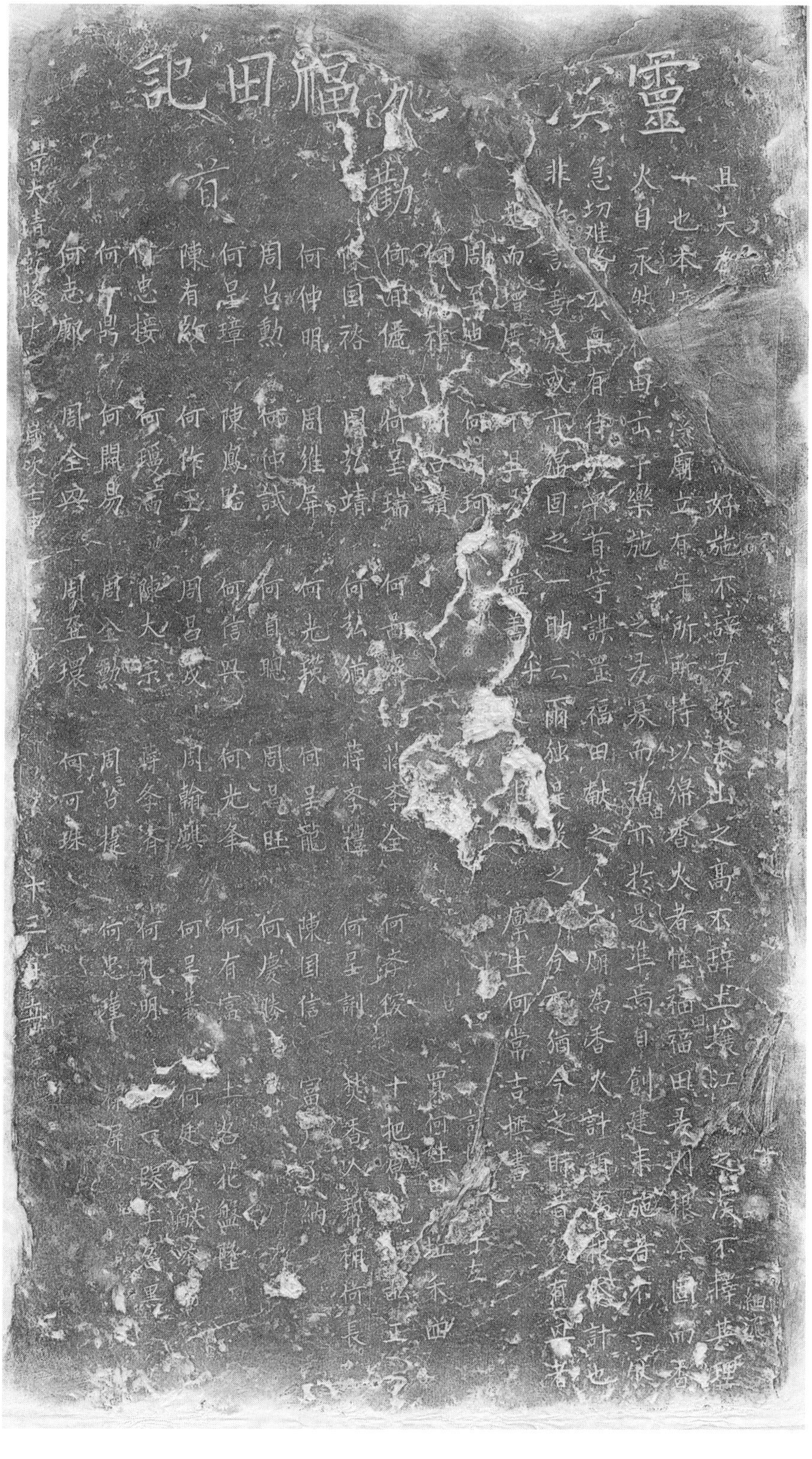

四二　鼎建七星行宫碑記

鼎建行（宫）（碑額）

自先朝古建七星行由来久矣切見歷年久遠風雨淋漓有傾頹之象是以邀衆共勸美舉择用乾隆甲
戌年八月十八日寅時重修鼎造兹已落成宜将姓字勒石永久以誌千古不朽云

耆老　翟德乾　六分　黄貞坤　各　翟惟洪　各　翟慶海　各　蒋啓罩　各　翟响乾　各　陳長宗　各　陳孖显　各
户　翟明之　五分　翟慶淮　陳相應　陳明[辶卷]　岑君之　岑相春　蒋玉之　尹荣華
長　陳荣科　三分　翟荣相　四　麥子成　三　黄連勝　麥洪惠　翟祥啓　陳相全　翟日明　一
排　陳相悳　三分　黄貞瑞　翟勝淮　黄貞乾　陳明轉　盧荣还　翟善保　麥显德
翟慶福　三分　翟惟義　分　翟陳念　分　李高乾　翟善乾　蒋啓惠　翟永念　岑荣文　分
刘意明　五分　翟勝達　三各　麥洪祥　各　蒋永進　岑啓还　翟祥淮　翟英宗　陳日𠙶　二分
甲　翟日選　五分　翟明種　五分　陳顕之　翟慶响　黄宗淮　蒋宗支　陳長林　翟日連　各
總　麥洪念　五分　翟應全　各　翟慶滿　二　盧滿德　翟明楽　盤宗太　翟享高　陳相廷
陳孔全　五分　陳孔志　翟荣珍　黎明𠙶　岑君選　翟長乾　翟享嵩　二　岑相進
陳相鼎　五分　岑正態　三　蒋永慶　岑君明　岑君通　翟惟孖　翟惟相　刘相遠
管　翟永恩　五分　翟佛成　麥洪書　黄貞嵩　翟还德　翟啓念　陳以信　翟善積
緣　黄貞態　七分　翟志几　分　蒋荣玉　分　陳勝章　陳相華　盧滿滔　徐日[火桀]　麥德成
蒋求連　六分　黄宗科　三分五卜　陳日照　麥洪𠙶　盤宗意　黄宗玉　岑相轉　麥德福
翟日惠　六分　黄宗魁　三分五卜　陳高孖　翟日賢　二　翟相黝　二　刘宗德　二　蒋時魁　翟惟還　一
翟慶典　六分　炭鳳坤　各　翟荣茂　炭相仍　陳荣啓　翟日惟　刘神托　陳長逢
炭相意　五分　翟慶種　陳高玉　五　翟惟乾　蒋永端　翟神登　刘神堤　分　翟日𠙶

翟神憙　五尓　翟昌賢　翟榮甫　蔣榮科　陳明七　陳德科　蔣友貴　各　麥德淮
岑相秦　五尓　翟滿孝　陳高宗　分　陳榮啓　麥海宗　毛騰昇　蔣永善　陳德美
蔣永高　五尓　陳孔鰲　岑仲可　各　陳德華　陳相貴　陳惟念　盤宗典　一　陳相遠
翟昌恩　五尓　翟蒲書　三　陳明念　翟神啓　陳相逢　麥德惟　翟惟珍　尓　蔣日悉
陳明科　五尓　黃連玉　麥科明　岑相礼　岑相惟　黃善惟　翟意浩　翟榮清
陈德乾　五尓　陳相福　麥洪信　二　麥洪志　刘意惠　蔣榮海　陳明照　五　陳瑞乾
陳相書　五尓　陳明逢　岑添念　翟耀乾　刘意愈　翟相浩　岑响通　分　陳相種
陳高榮　五尓　陳明后　陳明雀　程慶坤　岑相楽　翟惟清　陳孔惠　各　陳相球
陳相礼　三尓　岑相志　尓　翟明淮　蔣榮德　陳德惠　陳榮生　岑正秦　一　麥德宗
翟啓淮　三尓　陳相逵　三尓五卜　陳明連　尓　岑君口　尓　翟永悉　尓　岑啓毫　尓　翟明華　尓　翟永成　尓

註　碑在城北鎮鳳溪村戲臺對面的神亭内，亭内僅存這一方石碑，清高宗乾隆甲戌年即乾隆十九年（一七五四年）刻立。碑高一一二·五厘米，寬七五·二厘米，厚一九·五厘米。碑石保存完好，字迹清晰。

興建行

四三　秀水村宣教房砌兩岸路記

宣教房砌両岸路記（碑額）

族　庠生毛忠弘　首　毛信聞　首庠生毛朝儀
長　毛信龍　庠生毛　勳　毛朝惠
房　毛信燦　毛聖聘　毛朝璋
毛信釗　庠生毛聖企　毛朝良
庠生毛信勷　毛聖儒　毛朝光
毛信學　毛聖經　毛朝聯
毛聖荣　毛聖纘　庠生毛瑞龍
毛聖竒　毛聖茂　毛瑞驗
長　毛聖勲　庠生毛聖焕　毛瑞驊
毛聖智　事增生毛世瑄
事　毛聖譽　石匠湖南李义龍

共用工價銀壹百八十七両整俱係

傳芳堂衆支其両边路脚永遠不許内外人寺薫魚恐摸驚

有負前工

乾隆貳拾年乙亥歳　孟夏月

註　碑在朝東鎮秀水村宣教房門樓後，清高宗乾隆二十年（一七五五年）刻立。碑高一一三九厘米，寬七〇·五厘米，厚一七厘米，額徑一〇厘米，主文字徑二·五厘米。碑石保存完好，字迹清晰。

四四　蒙恩留記

蒙恩畱記（碑額）

爲勒石以杜後患事　上洞村唐姓原有冊載黎公山和

尚崀山塲歷來管業無異迨至乾隆十五年突遭朝水村何相孔

率伊族衆越佔唐姓黎公山蒙

聞　太爺審断遵依存卷至　乾隆二十四年何孔相等違断

復佔反告

蒙葉　太爺審断又蒙委捕廳羅　老爺親臨　争處立石分界

爲此遵断勒碑永杜後患　　　　　　高秀

具　　　　　　　高誠　族　永寿　显玉

孔璋　坊　田　高茂　高應　永海　永滔　明科

高科　永玉　明龍　永耀　明雄　静德　孔還　永財

静滔　静瑞　孔琮　孔文　永祥　永豪　允盛　永太

孔[瑜]　静仁　永璋　静安　士茂　永善　永龍　士科

永高　永鳳　高春　永漢　顕春　永達　孔雄　永茂

静玉　永燦　永凡　永盛　静耀　永貴　孔善　進科

高海　　　　　　進高　永秀　永現　孔盛

　　　　　　　　永鵬　永全　進豪　保應

乾隆二十四年四月初七日

註　碑現存葛坡鎮上洞大寨唐氏宗祠内，清高宗乾隆二十四年（一七五九年）刻立。碑高一二四厘米，寬七〇厘米，厚一一厘米。碑石中間有一條裂縫，字迹較清晰。

四五　朝東何氏分辦公務碑記

為分辦公務免致推諉事緣吾族何姓係出青齊自　勅封忠肅開國公諱英之第四子諱冕公於唐
末年間承廕来粤鎮守賀州見其山川秀麗風土宜人遂掛冠而擇於富邑之鉄炉湾家居焉後　移
　住東水其子孫四人曰文行忠信文公乃東水行忠二公分居東庄東澤信公分居朝東即今老屋
宅是也安居五百餘年盛衰不常前明正德十五年始祖顯榮茂三公移居秀　山仍　不改朝東之
名盖以其来自東也盛公移居豪山雖村庄各分原係同宗共祖故将歴代墳墓分房拜祭逐年掛掃
無異獨有時公時嫣燦公三墳漏分未有耑屬是以三房諸公議将前人所遺聽年田土名大路下田
四工今蒙　盛朝蠲免里役即以聽年之田租族房公辦掛掃自繼啓紹相沿三代但　田雖　歸
三公嫣之血食而聽年之名尚在未泯今因屢有公務人心不齊三房合議　嗣後照依當年收租掛
掃之房即當是年之地方庶幾藉听年之名而責有攸歸則地方公務　并　官府　經過俱係當年
地方辦理伺候不得推諉至于本村議立禁約有犯禁者照碑公罰毋得瞻狥情面父兄　　亦
不得勢阻倘有不測大事各房自當地方不得干連二房如有内外侵欺関係通村綱紀者仍照火烟
湊辦今三房拈鬮其子午卯酉年係荣房收租掛掃當地方辰戌丑未年係茂房收租掛掃當地方寅
申巳亥年係顯房收租掛掃當地方此係三房和氣共商拈鬮明白勒石永　垂至若盛房已徙豪山
顯榮茂三公秀山立宅盛公并無其分則與秀山所管地段毫無干涉第以都甲相共先年同當里役
其聽年之田先人原因當役而置故衆議聽年田租每年任盛房分請四分之一以存先人之制所有
本族分掛之墳雖許掛掃之人祔塟然自祖圍外係屬通族衆管不得私屬已地即有在衆地中播種

五谷並栽樹木者任從衆人揀擇風水開封安塟不得阻霸及混賣　外姓致起爭　端今将秀山

公議論禁約開列於左

一橘母源嶺逐年地方看管

一族内子姪不許賭博及　招外境客人開賭引誘子弟如違賭博公罰銀六錢招賭者罰銀一両

一大山係本族後龍山不許砍伐樹木如違公罰銀五分

一壩塲原以灌溉田畆不許私放捕魚并耕壩坊田不許偷放如違公罰銀三錢

一木園樹木田園菘菓一切生理不許窃取如違公罰銀三錢

乾隆二十八年癸未歲七月　　初一日衆立

註　碑在朝東鎮東山村文昌閣内，清高宗乾隆二十八年（一七六三年）刻立。碑高一三七厘米，寬七九・五厘米，無額，正文字徑一・五厘米。碑石保存完好，字迹清晰。

爲分[illegible]公[illegible]免致推諉事緣吾族何姓係出青齊自[illegible]敕封忠肅開國公諱[illegible]
末年間承蔭來粵鎮守賀州見其山明秀麗風土宜人遂掛[illegible]而擇[illegible]富邑之[illegible]家居焉後[illegible]
住東水其子孫四人曰文行忠信文公房陳衆行忠二公分居陳座東澤信公分居朝東即今老屋
是也安居五百餘年盛衰不常前明正德十五年始祖顯榮茂三公移居[illegible]山仍不改朝東之
名盛以其來自東也盛公移居豪山雖村座各分原係同宗時祖故將歷代墳塋分房拜祭遂年掛掃
無異獨有時公時媽燦公三墳[illegible]未有嘗屋[illegible]三房[illegible]公議將前人所遺嘗年田土[illegible]路下田
四[illegible]今嘗盛[illegible]免里役即以聽年之田祖族房公辦掛掃自繼登紹相沿三代俱[illegible]雖[illegible]歸
三公媽從無食而聽年之名嘗在本[illegible]今因屢有公務人心不齊三房合議嗣後照依當年收租掛
[illegible]之房即當是年之地方[illegible]藉所年之給而責有攸歸則地方公務并官府經過俱係當年
地方辦理伺候不得推諉至予本村議[illegible]禁約有犯禁者照律公罰毋得聽狥情面父兄[illegible]
不得勢阻倘有不測大事各房自當地方不得[illegible]連二房如有倚外侵欺閣族通村綱紀者仍照[illegible]
奏辦今三房拈鬮其子午卯酉年係榮房收租掛掃當地方辰戌丑未年係茂房收租掛掃當地方
寅巳亥年係顯房收租掛掃當地方此係三房和氣共商拈鬮明白勒石永垂至若盛房已從豪山[illegible]
顯嘗從三公分山立宅盛公并無其分則與秀山所嘗地段毫無干涉第[illegible]都甲相共先年同嘗里役
其聽年之日[illegible]人原因當役而置故衆議聽年田租每年俾盛房分請四分之一以存先人之制所有
本族分開之墳雖[illegible]掃之人祔葬然自祖圍外係屬通族衆嘗不得私屬已地[illegible]有在衆地中播種
五谷並栽樹木著任從[illegible]擇風水開封安葬不得阻霸及混賣外姓致起爭端今將秀山
公議論禁約開列於左
一[illegible]每源遂年地方看管
一族內子姪不許賭博及招外境客人開賭引誘子弟如違賭博公罰銀六錢招賭者罰銀一兩
一本山係本族後龍山不許砍伐樹木如違公罰銀五錢
一壩塘原以灌溉田畝不許私放捕魚并耕壩塘因不許偷放如違公罰銀三錢
一木園樹木[illegible]菓等物生理不許窃取如違罰銀三錢
乾隆五十八年癸丑歲七月初[illegible]日衆立

四六　鎮貝村均傜役告示碑

富川縣正堂加三級紀録五次萬　爲續叩恩憐迅賞飭正以均苦楽事乾隆二十九年八月初四日奉　本府正堂加三級紀録五次　宋憲牌乾隆二十九年六月初五日奉　布政使司淑　批本府詳称審着得富川縣猺人何啟貴等先後赴憲轅控均夫役一案縁富邑地處偏僻向未設有站夫亦無常夫可雇凢遇公需用歴係搿令地方猺人應雇按里給發銀文久有章程勒石遵守在案其自該縣抵源至恭邑所属之龍虎関赴郡赴省及由龍虎関回縣向係抵源石古源南源新田猺民應雇又由龍虎関回麥嶺夫役從前原雇宝劍等寨民夫嗣因龍虎関相距宝劍等寨遥遠徃雇需時多有未便隨就近搿雇石古源等猺人相沿已久又抵源石古源等旧尿撫猺徃徃出境滋事故於小水峡地方設立汛弁駐兵弹壓管轄馬山大源金釵鯉魚四汛所需兵米向令該四源猺人挑運至小汛自赴麥嶺該縣照例給發銀文嗣因挑運小水兵米係經由馬山等汛該汛弁飭開給米数令就便交割原尿恤民之意詎何啟貴等即藉口圖卸具詞赴府顧　控告批行該縣萬令查詳到府正在核詳間而何啟貴又復控赴

憲臺批府提卷確查又即行據萬令覆訊審無異查富邑民猺雜處俗与頑凢公事需夫原有成規該縣東北一路至恭邑之龍虎関歴係勝勇團夫送至抵源其自抵源至龍虎関及由龍虎関回縣夫役俱係抵源石鼓猺人應雇章程久定其間沿途虽有村寨特向不應雇其粮賦有別因無承應夫差未便紊乱至滋事端應如該縣所議仍循其旧惟自龍虎関回麥嶺夫役搿雇該源之夫接至秀峯地方仍搿宝劍等三寨夫送回麥嶺以節劳逸又馬山大源金釵鯉魚坳四汛兵米雖因就道途之便令就近交卸玆憑令抵源等夫役仍運至小水汛不得沿途交計而鯉魚坳汛亦毋庸挑運叩各兵照旧自赴支領以杜訟端均諸如議完結等情詳蒙

憲臺批示查富川一邑地處偏僻既無站夫因公需用派搿民猺原所不紊即何啟貴亦不辞役也今查所議自龍虎関回麥嶺雇源夫送秀峯即搿宝劍等寨夫送麥嶺似竟近情而自麥嶺出龍虎関及至縣尚未議及又自縣搿勝勇團夫送抵源用抵源等夫送出龍虎関其回縣則均用源夫是源夫多應勝勇團夫至抵源数十里矣飭再妥議另詳等因又奉　憲臺批據富川縣毛士元等告爲卸脱独累难當哀憫憐飭均役等事称蚁等宝劍牛岩黄石三寨造麥嶺府署又当西路送官夫役東路至縣各塘兵米爲龍归村三甲鍾啟英包伊近塘村寨不當併居中之鯉魚坳塘村寨亦不當独累蚁三寨與塘之石鼓抵源両村首尾供当有石鼓村何啟貴等見苦楽不均今歳二月赴　憲具控玆欲一併卸蚁三寨供当悲蚁三寨当東西両路夫役沿塘村寨不令朋当輪塘替換独受苦累懇請飭令均当縁由奉批附入何啟貴案併議復

奪奉批復查抵源等猺及宝劍等三寨民承應夫差由來已久沿塘各村向不当夫若一旦勒令分当遵各挾詞説紛紛争告而刁民效尤𠹌訟咸思卸役殆無底止实有碍难分当之勢所有何啟貴毛士元等呈請沿塘村寨分当夫役之處應不庸議至于麥嶺文員出龍虎関及至縣原係宝劍寨民徑送亦毋庸另議其自縣拵勝勇團夫送至抵源自抵源至龍虎関及回縣均用源夫誠為劳逸之均應請嗣後由龍虎関夫役令源猺送至抵源仍令勝勇團夫接送回縣以均劳逸至麥嶺文員由龍虎関旋署拵雇源猺伺接秀峯即拵宝劍民夫送回麥嶺並小水汛兵米令源猺交送小水毋庸分送各汛均照原詳辨理合併声明緣由奉批如詳飭取各遵依報查如該猺民因此番体恤復敢刁瀆即差拘教唆之人一併嚴處並飭該縣嗣后拵夫務实給雇價及守候粮不得縱容書役短派需用小工必臨期差喚日給銭米毋許常用伺署致妨農務均無故違此繳等因在案兹據石龍村黄日昇日章獅山李廣奇龍归村鍾啟英溢貝村蔣啟珍白面楊文宗魚子石菊沐龍羊岩具呈懇賞讞語勒石杜害永沐　鴻恩事等緣由到縣據此賞批准給断案勒石在案合行勒石為此抄案立碑永垂久遠一體遵照須至碑者

註　碑現存朝東鎮鎮貝村，清高宗乾隆二十九年（一七六四年）刻立。

富川縣正堂加三級紀錄五次萬　爲續叩恩情迅賞飭正以均苦樂事乾隆二十九年六月初四日奉　本府正堂加三級紀錄五
次宋　憲牌乾隆二十九年六月初五日奉　布政使司淑　批本府詳稱審看得富川縣猺人何啟貴等先後赴　憲轅控均大[illegible]
邑地處偏僻向未設有站夫亦無常夫可雇凡遇公需用悉係撥令地方猺人應雇按里給發銀文以有章程勒石遵守在案[illegible]自該縣[illegible]
至恭邑所屬之龍虎關起郡省及由龍虎關回縣向係抵源石古源南源新田猺民應雇又由龍虎關回麥嶺夫役從前原雇宝劍等[illegible]
夫嗣因龍虎關相距宝劍等寨遥遠往雇需時多有未便隨就近撥雇石古源等猺人相沿已久又抵源石古源等旧原撫猺往往出境[illegible]
故於小水峽地方設立汛弁駐兵彈壓管轄馬山大源金釵鯉魚四汛所需兵米向令該西源猺人挑運至小汛自赴支領該縣照例給[illegible]
文嗣因挑運小水兵米係經由馬山等汛該汛弁飭聞給米數令就便交割原係恤民之意詎何啟貴等即藉口圖卸具詞赴府稟告
行該縣萬令查詳到府正在核詳間而何啟貴又復控赴
憲臺批府提卷確查又即行據萬令覆訊審無異查富邑民猺雜處俗尚頑凡公事需夫原有成規該縣東北一路至恭邑之龍虎關歷係勝[illegible]
團夫送至抵源其自抵源至龍虎關及由龍虎關回縣夫役俱係抵源石鼓猺人應雇章程久定其間沿途雖有村寨特向不應雇其粮[illegible]
別因無承應夫差未便紊亂至滋事端應如該縣所議仍循其旧惟自龍虎關回麥嶺夫役撥雇該源之夫接至秀峯地方仍撥宝劍等三[illegible]
夫送回麥嶺以節勞逸又馬山大源金釵鯉魚四汛兵米雖因就道途之便令就近交卸亦憑令抵源等夫役仍運至小水汛不得沿途[illegible]
計而鯉魚坳汛亦毋庸挑運叩各兵照旧自赴支領以杜訟端均諸如議完結等情詳蒙
憲臺批示查富川一邑地處偏僻既無站夫因公需用派撥民猺原所不免即何啟貴亦不辭役也今查所議自龍虎關回麥嶺雇源夫送秀峯
即撥宝劍等寨夫送麥嶺似覺近情而自麥嶺出龍虎關及至縣尚未議及又自縣撥勝勇團夫送抵源用抵源等夫送出龍虎關其回縣[illegible]
均用源夫是源夫多應勝勇團夫至抵源數十里矣飭再妥議另詳等因又奉　憲臺批據富川縣毛士元等告爲卸脫独累难當哀憫[illegible]
均役等事稱蚁等宝劍牛岩黃石三寨遣麥嶺府署又当西路送官夫役東路至縣各塘兵米爲龍归村三甲鍾啟英包伊近塘村寨不當併
居中之鯉魚坳塘村寨亦不當独累蚁三寨與塘之石鼓抵源两村首尾供当有石鼓村何啟貴等見苦樂不均今歲二月赴　憲[illegible]亦欲
一併卸蚁三寨供当悲蚁三寨当東西两路夫役沿塘村寨不令朋当輪塘替換独受苦累懇請飭令均当緣由奉批附入何啟貴案併議復
奪奉批復查抵源等猺及宝劍等三寨民承應夫差由來已久沿塘各村向不当夫若一旦勒令分当遵各挾詞說紛紛爭告而刁民效尤興
訟咸思卸役殆無底止實有碍难分当之勢所有何啟貴毛士元等呈請沿塘村寨分当夫役之處應不准議至于麥嶺文員出龍虎關及至
縣原係宝劍寨民役送亦毋庸另議其自縣撥勝勇團夫送至抵源自抵源至龍虎關及回縣均用源夫誠爲勞逸之均應請嗣後由龍虎關
夫役令源猺送至抵源仍令勝勇團夫接送回縣以均勞逸至麥嶺文員由龍虎關旋署撥雇源猺伺接秀峯即撥宝劍民夫送回麥嶺並小
水汛兵米令源猺交送小水毋庸分送各汛均照原詳辦理合併声明緣由奉批如詳飭取各遵依繳查如該猺民因此番体恤復敢刁瀆即
差拘教唆之人一併嚴處並飭該縣嗣后撥夫務実給雇價及守候粮不得縱容書役短派需用小工必臨期着喚日給錢米毋許常用伺署
致妨農務均無故違此繳等因　在案茲據石龍村黃日昇日章獅山李廣奇龍归村鍾啟英瑩貞村蔣啟珍白面楊文宗黄子石翁沐龍羊岩
具呈懇賞諭諳勒石杜害永沐　鴻恩事等緣由到縣據此賞批准給斷案勒石在案合行勒石為此抄案立碑永垂久遠一體遵照
須至碑者

四七　福溪村名齊金石碑

名齊金石（碑額）

從来山川之融結存乎造化而風水之裁成在扵人爲故截長培短補缺障空其作用之浛人所當施而有益扵人者大矣予觀村居形勢前有朝峯聳峙後口人脉悠揚左則砂水縈廻吉星口擁瑞氣盤凝誠足稱卜居之最勝也者獨惜右梢空曠受朔風吹射而周蒋何居村之首適當其衝則欲閼籠固密必須大為幹旋乙亥春合族善謀列口竹木易数寒暑遂蔚然深秀喬竦葱蘢足當長城一面矣特思口木僅支十百年不可以久口則莫若以石歲在庚辰復僉石工築立圍墻東架鞏門以固鎖鑰然殆以人力而濟天工之不足者也然力微難以独夆功駿未易觀成謀諸合村遍募善信集財力以共勷厥美焉是後也倡始者三姓贊成者闔村計墻高五尺四十餘丈用石数千需銀二百余兩大抵所費三姓居十之七合居十之三踰四載功斯報竣焉此雖為培補計而亦未嘗非未雨绸缪之意也但基已始而未善其終功過半而未覩其全語曰莫為前美弗彰莫為後盛弗傳則夫幸前烈之可承而奮新猷之丕振盖重有望扵後之崛起者是為記

增生何廷獻撰

都縁周至俊三兩五　何生映　各　周至俵　各　周日連　各　周至滿（六ㄅ五卜）　何登佐（ㄅ二）

結縁蒋啟後四兩　能秀　至祿　日烓　良　蒋世華　七ㄅ　陳天環（五卜七）

勸　周至旺二兩六　日勝　至彬　何生祥（ㄅ八）　世基　六ㄅ　周日兼（ㄅ四）　周日主（ㄅ二）

至念二兩六　日富　良九ㄅ　至祷　良　日舉　各　周日芳　七ㄅ　何龍玉（三ㄅ七卜五）　慶玫　五

至平一兩五　召濡　祀　日茂　至懷　良　日廻　六ㄅ　周日進（ㄅ三）　登優（ㄅ三）

至昌一兩三　日貴　八　日盛　至哲　七　至榜（良各）　卌足　五　登盛（卜二）

至禧一兩三　日晈　有映　九　至用　分　日躋　分四　日祥　二分二卜五　至輝　五
日隆一兩陸　世洪　分　至倫七兩　至任　五　蔣啟遜　分六　何光芳　各　廷貴　分三各
周至相一兩一　生曜　各　日玉　至震　分　陳天錫　五分五　孔期　啟致
蔣啟綸一兩一　生明　至亮　至梧　各　蔣啟紀　艮　至祚　艮　陳天珽　艮
啟慶各　日極　艮　蔣啟義　分　至齊　卌滿　五　世禄　三　天玲
周福璋一艮　至能　至良　各　至余　艮　何常宙　分　日臨　何𠯋詗　三分
至製兩　日致　七　**户**　至興　艮　召明　名意　至口　分　有腆　二

首

至豪各　名注　福瑃　日政　七　至厚　分二　呈誦
日禎九艮　福賓　分　日增　八　至茂　應柱　卜七　登信
日紅二兩分　生庠周上進　五分　至全　分　日口　登儷　五　慶柱　分
日元　七分　何名應四

註　碑現存朝東鎮福溪村馬王廟，當爲乾隆二十九年（一七六四年）刻立。碑高一五〇厘米，寬九〇厘米，額徑一四厘米，正文字徑一・五厘米。碑左下部有一條裂隙，左部部分缺損。

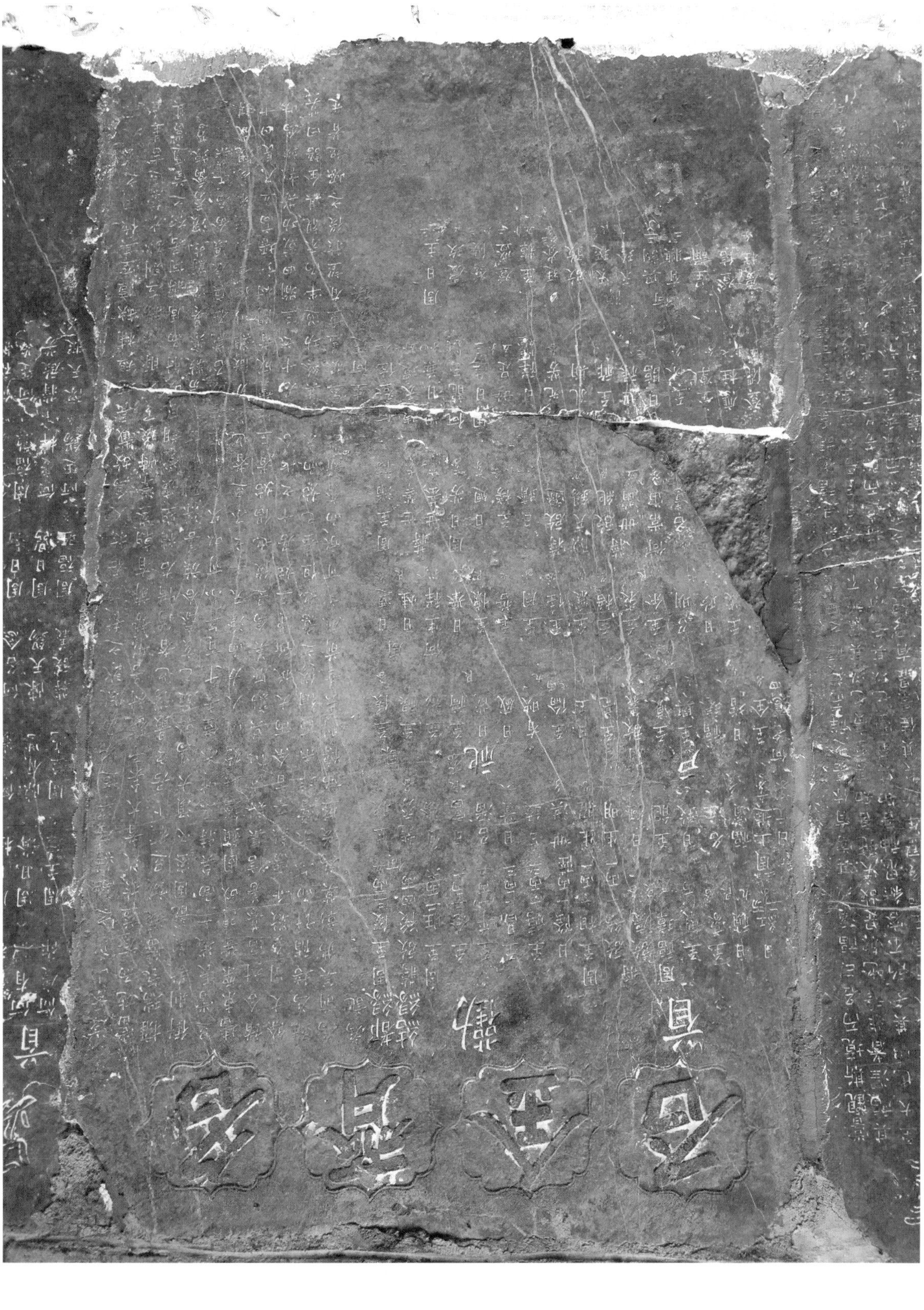

四八　栗木崗重修迎水閣碑記

重修碑記（碑額）

旹乾隆拾年歲次乙丑衆姓等鼎建迎水閣塑佛工成上面之四圍插板風雨頹
詹水漂淋於乾隆叁拾壹年丙戌正月十五日寅時衆發誠心重修每丁捐銀
錢今将本村姓名施捨開例如後景福之界所必然矣而昌后嗣者哉

頭　刘見秦　一百　醮　李見滿　各　主　李慶轉　各　朱大寅　四百　木匠周永珊　八十
　　李章恩　一百　　　李章秦　　　　　㞺見㒷　百　㞺見厚　各
　　宋月念　一百　　　㞺見荣　緣　　　李照顯　六　李韓鼎
　　羅引生　一百　　　李章達　接緣　　李信鼎　千六　李鼎　𠂔
　　李鳳念　一百　　　陀信慶　𠂔　術　㞺見序　一百四　李宗芳
　　陀年鼎　一百　主　李寅鼎　士　　　李章㚕　四十　李見念
　　蘐惟廣　一百　督　李啟友　　　　　宋月鼎　二百　鍾耀响　八
　　李慶还　一百　　　李見福　　　　　李萬貴　一百　㞺慶响
　　李慶玉　　　　　　罗章啟　百　　　刘音全　八十　王文德　十
　　蘐惟彬　一百　　　罗見生　　　　　李啟才　𠂔　蒋鳳生
　　曾明正　一百　　　李德荣　　　　　李德盛　六　刘高明
首　何成宗　一百　緣　㞺惟達　　　　　李見惠　十　李慶成　文
總　陳年科　一百六　主　宋月宗　六
管　范照惪　一百六　緣　范照秦

乾隆　丙戌年　孟春月　穀　旦

註　碑在城北鎮栗木崗清江寺（迎水閣）内大門右側墻壁上，清高宗乾隆丙戌年即乾隆三十一年（一七六六年）刻立。碑高一〇〇厘米，寬五八・五厘米。碑石保存完好，字迹清晰。

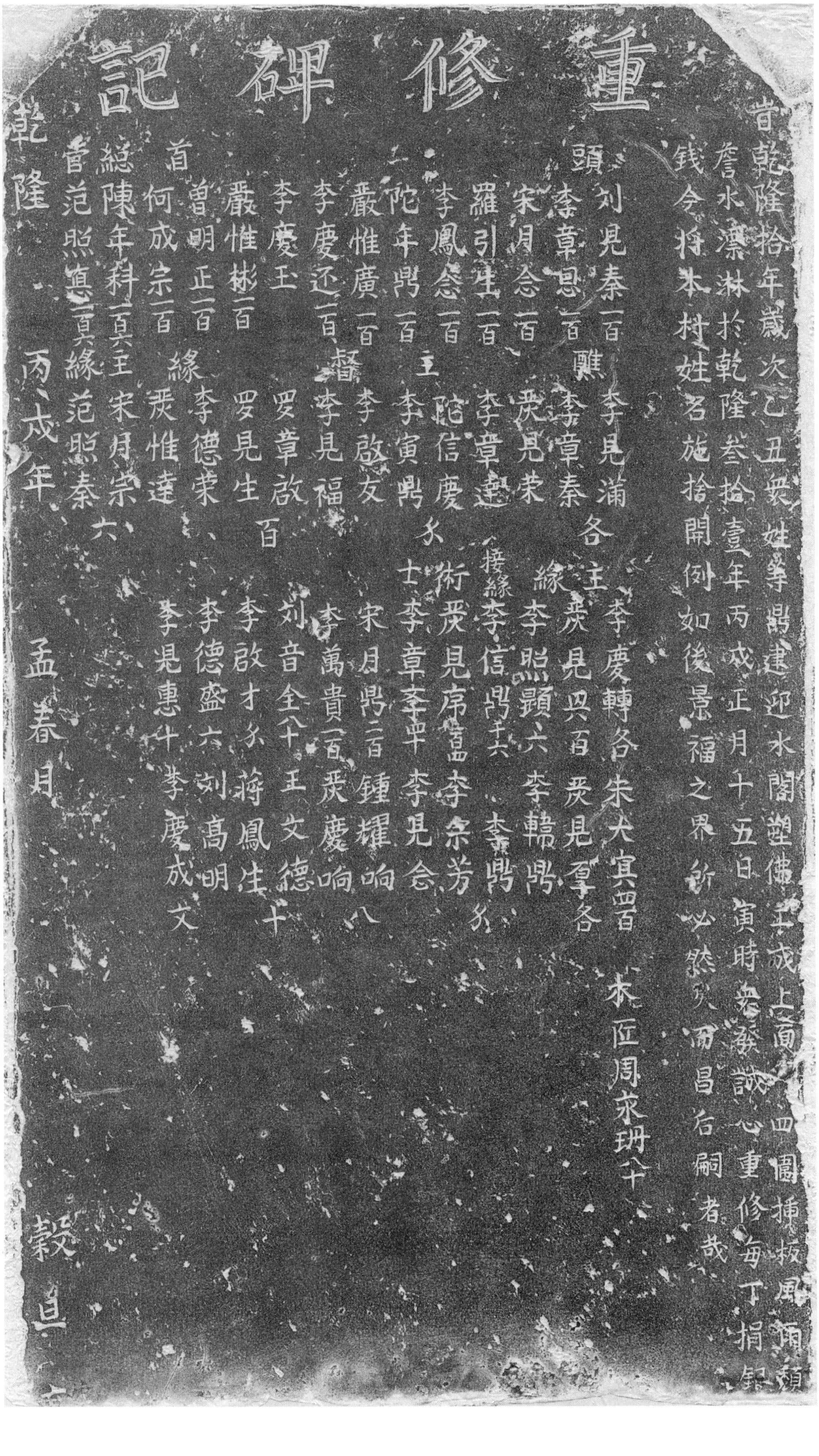
重修碑記
昔乾隆拾年歲次乙丑衆姓等鼎建迎水閣塑佛𡈼成上面四圍揷板風簷頹
詹水漂淋於乾隆叁拾壹年丙戌正月十五日寅時衆姓誠心重修每丁捐銀
钱今將本村姓名施捨開例如後景福之界所必然而昌後嗣者哉
木匠周永珊八十
乾隆丙戌年孟春月穀旦

四九　重修真君閣聖像記

鰲山之傍有岩焉名曰真
君佑聖岩幽雅清静一塵
不染天然勝境無殊西竺
洵秀峰一福地也其中聖
相由來已久非自今始因
世遠年湮陰雨湿潮向之
金姿玉相僅存十一于千
百耳時有叔祖聖發輩嘱
余曰昔枚公乘云福生有
基此福地者乃生福之基
也何不捐修焉余对曰侄
年四十有七承祧乏人口
因缘之果自宜栽種但口
衆功易夆独力难成于口
是詢謀叔侄共勸美舉口
余捐艮二十九兩匠人口
飯餐督辦塑裝惟叔侄口
二十人分給管理閣若口
聖相仍旧塑裝　関帝口

真人頭門堦級係今鼎囗
建昉自丁亥之季冬成于
戊子之仲秋幸而功竣即
蒙　恩祐後昆得人誠福
地之祥驗也謹記巔末勒
名於石以垂不朽

庠生　毛瑞龍撰併書

首　毛信理　朝荣　丹
聖發　朝成　青
聖宣（生庠）　朝慶　王
聖望　瑞鳳　国
聖化（生庠）　瑞驗　显
朝用　瑞荚（生庠）
朝公　瑞環
朝世　瑞材（生庠）
朝鼎　瑞薰
事　朝賜　鳳舞

大清乾隆三十三年歲
次戊子八月吉旦立

註　碑在朝東鎮秀水村北側小象鼻山北面真君岩洞内的左側崖壁上，清高宗乾隆三十三年（一七六八年）刻立。碑高一八厘米，寬一〇〇厘米，無額，主文字徑一·五厘米，摩崖保存較好，字迹清晰。

五〇　秀水村傳芳堂族規

傳芳堂族規條列（碑額）

一賦税　國之重務各宜急公奉上毋致遲延
一士農工商各有專業毋得游閒放蕩党結匪徒羣居聚飲盜窃牲畜違者呈官究治
一賭博有干律法各宜恪守毋得窩招外境博徒　引誘華齡子弟違者呈　官究治
一茶杉松等樹木不許竊伐及縱火焚燎犯者罰銀一兩
一樵採許取枯乾朽壞自生之類如有犯及樹藝之木者罰銀叁錢
一茅草各刈各收竊取者罰銀叁錢
一五穀成熟之日不得縱放童稚奴婢冒拾稃穗之名乘機竊取違者罰銀叁錢
一油子自寒露十日以後方許檢取其遺如在十日中取者罰銀叁錢
一夜晚自二更以後至五更初倘有急務必須明火揚聲如無聲火一經拿獲查出不論有贓無贓俱以盜論　祠堂重加責罰之後仍呈　官究治
一捉獲首報除本主外量犯之輕重給賞如知而互相隱匿者或經失主察出或他外知情具白即以應罰之数坐之
自刊碑約定尚有顕蹈其失者决不瞻循無容觀望凡我族屬俱要兢兢自守囗澆薄進淳龐端於此乎肇之基矣

族長毛信釗　房長 信勤 信鶴　聖聘 聖隆　聖迪 聖久

乾隆三十四年歲次己丑二月　　　　穀旦立

註　碑在朝東鎮秀水村毛氏宗祠大門左側墻壁上，清高宗乾隆三十四年（一七六九年）刻立。碑高一四五厘米，寬七四・五厘米，厚一三厘米，額徑七厘米，正文字徑二厘米。碑石保存完好，字迹清晰。

傳芳堂族規條列

一賦稅國之重務各宜急公奉上毋致遲延

一士農工商各有專業毋得游閒放蕩黨結匪徒羣居聚飲盜竊牲畜違者呈官究治

一賭博有干律法各宜恪守毋得窩招外境博徒引誘華齡子弟違者呈官究治

一茶杉松等樹苿不許竊伐及縱火焚燎犯者罰銀壹兩

一樵採許取枯乾朽壞自生之類如有犯及樹藝之木者罰銀叁錢

一茅草各刈各收竊取者罰銀叁錢

一五穀成熟之日不得縱放童稚奴婢背拾稗穗之名乘機竊取違者罰銀叁錢

一油子自寒露十日以後方許檢取其遺如在十日中取者罰銀叁錢

一夜晚自三更以後至五更初尚有急務必須明火揚聲如無聲火一經拿獲查出不

論有贓無贓俱以盜論祠堂重加責罰之後仍呈官究治

一捉獲首報除本宗外童犯之輕重給賞如知而互相隱匿者或經失主察或他外

知情具白即以應罰之數坐之

首刊碑約定尚有顯蹈其失者決不聽循無容觀望凡我族屬俱要競心恪守毋澆薄

進淳龐端於此乎肇之基矣

族長毛信釗

房長信勳 聖聘 聖迪

信鶴 聖隆 聖火

乾隆三十四年歲次己丑十一月 穀旦立

五一　小水村鼎建關聖廟碑

鼎建関聖廟碑（碑額）

且夫神之爲神昭昭也其立廟祀神所以顯其威靈也乃小水峡汛以路傍之盤詰緝匪之停而安立關聖至尊之神像於内以祀之其敬之耶其褻之也奚冀其有靈而錫福降祥護佑方隅率自　袁公蒞任斯汛覩見不雅就有起立廟宇祀奉之誠心然非一人之力所能爲續於戊子年八月社會将立廟之事商之汛衆不期衆心協一願言起建於是倫緣不必外　化總在汛衆協心竭力捐資起建至庚寅年廟宇三座落成坐坤向艮延師建醮安龍謝土酧愿合用勘碑表誌流傳所有信士開列于後

計開

廣西麥嶺營都閫府軍功加一級候陞遊府翁

廣西麥嶺營總部加一級紀録二次後補守府劉　捐尒一千六百文

廣西麥嶺營駐防白沙汛總司張　捐尒一千文

廣西麥嶺營駐防小水峡汛總司袁　捐尒一十五千文

廣西麥嶺營副總司曾　捐尒四百文

廣西麥嶺營副總司陳　捐尒六百文

小水峡汛捐錢信士

朱開陽　尒五千四百文

蘓增福　尒五千三百文

梁朝燦　各尒四千八

梁朝英　百文

岑尚福　各尒四千五

梁尚偉　朱坤成　朱震剛　梁盛著　朱異明　各尒三千三百文

譚榮耀　林朝廣　鄧成章　莫江松　蘓栄光　各尒二千七百文

岑傳楑　各尒

岑傳義　九百文

邵作賔　尒八百文

蘓継軾　尒五百文

何蒽横　尒四百文

朱廷貴 百文　陳國華　　蘓潤清　　陳 福 各𠂇
譚榮貴 𠂇四千二百文　虞文達 各　趙 云 𠂇二千四百文　蔣 剛 二百文
蘓增廣 各𠂇三千九　易燕山　　盧済富 各𠂇
梁應昭 百文　陳得明 𠂇　朱連陞 一千
歐純仁 各𠂇　蘓榮勝　　梁志忠 八百文　以上官兵民人通共捐錢壹百伍拾肆千柒百文
譚永勝 三　陳 明 三　陳金榜 𠂇一千五百文
莫江梅 千 六　易坤山　　莫倚明 各𠂇　木匠唐振珖　捐𠂇四百文
林廷榮 百　岑傳枝 千　冼勝慶 一千
歐純賢 文　陳 鳳 文　虞永陞 二百文　石匠朱聯達

乾隆三十五年季冬月　　穀旦日立

註　碑在朝東鎮小水村關聖廟前，清高宗乾隆三十五年（一七七〇年）刻立。碑高一三一・五厘米，寬八二・五厘米，厚一五厘米，額徑八厘米，正文字徑二厘米。碑石保存完好，字迹清晰。

重建關聖廟碑

且夫神之爲神昭昭也其立廟祀神所以顯其威靈也[illegible]小水峽汛以路傍之盤踞[illegible]匪之[illegible]而[illegible]

關聖至尊之神像於內以祀之其敬之耶其褻之也奚冀其有靈而錫福降祥護佑[illegible]自袁公涖任斯汛[illegible]

雅訖有起立廟宇祀衆之誠心[illegible]非一人之力所能爲遂於戊子年八月社會將立廟之事商之汛衆不期衆心協

一願言起建於是倫緣不必外化總在汛衆協心竭力捐資起建至庚寅年廟宇三座落成坐坤向艮延師建醮

安龍謝土酬愿合用勒碑表誌流傳所有信士開列于後

計開

廣西麥嶺營都閫府軍功加一級候陞遊府翁

廣西麥嶺營總部加一級紀錄二次候補守府劉 捐艮一千六百文

廣西麥嶺營駐防白沙汛總司張 捐艮一千文

廣西麥嶺營駐防小水峽汛總司袁 捐艮二十五千文

廣西麥嶺營副總司曾 捐艮四百文

廣西麥嶺營副總司陳 捐艮六百文

小水峽汛捐錢信士

朱開陽 梁尚倖 譚榮耀 岑傳枝

蘇增福 朱如茂 林朝廣 岑傳義

梁朝燦 朱震剛 鄧成章 郎作賓

梁朝英 梁盛著 莫江松 蘇繼軾

岑尚福 朱显明 蘇榮洸 何蕙橫

朱廷貴 陳国華 蘇潤清 陳福

譚榮貫 盧文達 趙亮 蘇[illegible]剛

蘇增廣 易燕山 盧濟富

梁廣昭 陳得明 朱建陞

歐紀仁 蘇榮勝 梁士[illegible]

譚永勝 陳明 陳益[illegible]

莫江海 易坤山 莫倚明

林廷榮 岑傳枝 冼勝慶

歐紀照 陳鳳 譚承陞

以上官兵民人通共捐錢壹百伍拾肆千柒百文

木匠唐振玧 捐艮四百

石匠梁聯達

乾隆三十五年季冬月 穀旦 立

五二　東山村重建文昌樓記

重建文昌樓記（碑額）

村之中原建有文昌楼尝聞父老相傳謂斯楼之設盖以上則供奉梓潼帝君下以爲出入休息之所時而文人學士亦尝講習于其中故因名曰文昌厥後傾壞而楼已不存前人雖修葺之而仍其名第上無其楼則無以妥神靈而壮观瞻而　帝君遂移奉于龍帰廟焉至于今多歷年所矣一日伯叔諸父相　顧而曰楼之名雖存然名緣義取世有顧名思義者而義果安在乎况前人有是志端賴後人善继之于是合議重建捐資取材竪造于己丑四月二十七日丑時楼之傍則左右各存五尺許以為往來通行之路楼之上仍奉　帝君楼之前則廣砌庭階雖　規模不必仍旧而氣象頗云維新矣継自今吾見風朝月夕杖履逍遥于其下稚子嬉戲于其前居者　居侍者侍相興楽雍熙而慶昇平者知必奕世弗替也更賴　帝君之靈衍文教于無疆綿世澤于久長　則人文焕發甲第蟬聯是不独名緣義取而實亦克符其名矣功竣勒碑予不善文祇將斯楼之梗概　備述而為之記

頭廩生何啟侃捐銀四兩七錢　信官何啟偉捐一兩　庠生何紹堯　各　何紹導　各　何　炘　各捐

庠生何紹伋捐銀六兩八錢　舉人何紹淵　一兩　庠生何紹允　庠生何紹楷　何文持　五錢

庠生何紹忠捐銀三兩九錢　監生何啟純　八錢　何紹履　庠生何紹儒

首庠生何　坦捐銀四兩三錢　何紹愈　八錢　何紹亮　捐　何紹全　捐

庠生何紹志捐銀五兩一錢　庠生何紹棠　七錢　庠生何紹祉　何紹沛

何啟儷捐銀三兩一錢　何紹堅　六錢　何紹封　何紹璜

廩生何紹倆捐銀三兩一錢　庠生何紹弼銀六錢　庠生何紹模　銀　何紹銘　銀

何紹㧊捐銀二兩二錢　庠生何啟舜各　捐　何紹勳　何紹潔

庠生何紹勉捐銀二兩一錢　何啟涵　何紹重　庠生何　炫

何紹德捐銀二兩一錢　何啟渤　庠生何紹憲　五　何　祥　五

何紹烈捐銀一兩六錢　庠生何啟敏　銀　何紹覺　何　熾

庠生何　璣捐銀一兩六錢　何啟郁　何紹宗　何　祚

何　琨捐銀一兩六錢　庠生何啟屼五　錢　何紹洪　錢　何　魯　錢

大清乾隆三十六年歲次辛卯三月吉旦立　何坦撰并書丹　刊匠李上儀

註　碑在朝東鎮東山村文昌閣外，清高宗乾隆三十六年（一七七一年）刻立。碑高一三五・五厘米，寬六六厘米，厚一二厘米，額徑八厘米，正文字徑二厘米。碑石保存完好，字迹清晰。

重建文昌楼記

五三　福溪村學堂碑記

學堂記（碑額）

易曰蒙以养正聖功也夫蒙養為聖功之本則教之可勿先哉葢以生德業端自少時始之弗教而冀後此之成立难矣
古者家有塾党有庠術有序國有學其途廣其術善故師道立而善人多教化行而人才盛此非天之生才独隆于古也由
教之有方也降及後世穷鄉下里非不有教然必有其地迺可範其身心一其志業而教斯善耳吾鄉世居斯土家有子弟各
思教之况近沐　皇清覃敷文教化被山陬凡属童蒙可不素教而預养之乎是以己丑春周蒋何三姓謀建學堂買地村首
而卜築焉自有斯舘凡在後生小子歲得讀書其中督之明師授之章句所以破其顓愚啓其聰明实基諸此矣吾知秀者有成材書
升有自頑者不終棄不齒無虞斯舘之作豈小補哉　是為記　貢生何常吉撰書

何慶鉊 艮各　何慶增 各　周日極 各　衆孛　日玉　日增　日賞　福勳
首 何至相 尒五　何慶琪　何龍振　周日富　至徛　日跻　福璋　日煋　日敬
何自厚 艮各　周日燔　周日華　日勝　至贤　至榜　日汗　日煒　日暾　每名三尒五分
周至禧 尒四　周至彬　周至倫 尒艮五四　日光　至傑　至任　日昂　日言　日旦
周至念 尒艮六　周日津　蒋啟義　日輝　日潔　有映　日烓　福受　茂所
周召罶 各　周日騰 艮　蒋啟楊 艮　至晌　日連　至梧　日應　福珍　荣註
蒋啟桂　周至全　何慶梓　至亮　日舉　至余　日炳　何生祥
何慶詔　周日禎　周福祉　日文　日盛　至用　日鼎　慶桸
蒋啟綸 艮　周日致　何廷盛　何自雄　龍旺　慶彬　巺滿　慶兆　名樂
何慶宗　周至滿　何巺映　龍王　生朋　慶勳　自亮　巺智　名魁　買地價艮四两正
何生映　蒋啟達 四　周日湘 四　慶譽　龍梃　慶貴　慶達　慶林　名慶　余地抵石墻止
周日桂　周福瑺　何巺利　如楊　慶華　慶瑞　巺茂　巺用　名良　咸豐九年首人将舊

事　周日秀　四　何慶祚　何生暎　慶積　慶玫　慶荣　龍㨗　自全　書舘移建在此其地

何慶意　周至珠　周福兆　蔣世經　啟雄　啟慶　啟椿　啟遜　啟梧　周常釞周俊文仝捨

蔣啟烈　何昗迎　周日英　世瑞　啟後　啟紀　啟秀　啟楦

周日紅　蔣啟行　仌　周福賔　仌　一凡婚姻喪事及做工堆積寺事不許入此

何生曜　仌　周日皎　一凡碑上無名後有子弟入學者補艮玖仌五卜

旹乾隆三十六年歲在辛卯十二月　穀旦立

註　碑在朝東鎮福溪村馬王廟前門樓後的巷子内，清高宗乾隆三十六年（一七七一年）刻立。碑高一五五厘米，寬七四厘米，厚一一厘米。碑石保存較好，個別字難以辨識。

學堂記

易曰蒙以養正聖功也夫蒙養為聖功之本則教之術勿先裁蓄以生德業端自少時始立弗教而望後此之成立亦庶
古者家有塾黨有庠術有序國有學其途廣其術善故師道立而善人多教化行而人才盛此非天之生才獨隆于古也由
教之有方也降及後世窮鄉十里非不有教然必有其地迺可範其身心一其志業而教斯
思蒙之況近沐 皇清覃敷文教化被山陬凡屬童蒙可不素教而預養之乎是以己丑春周蒋何三姓謀建學堂買地材首
而上并為自有斯館凡在後生小子歲時讀書其中習之明師授之章句所以破其顓蒙發其聰明實基諸此矣吾知秀者有成材
升有自頑者不終棄亦善無斯館之作豈小補哉為記　貢生何常吉撰書

乾隆三十六年歲在辛卯十二月　穀旦立

峕乾隆三十六年歲次辛卯二月十二日

陳德貴　各　翟長乾二分　翟瑞華
耆老　陳相全　黃善荣　各　翟陳淮　各
月甲　岑啟豪　翟啟惠　陳林淮
頭　翟啟念　翟念淮　翟運宗
陳相貴　陳相遺　岑照英
翟德淮　艮　陳相通　艮　陳照餘
翟接宗　翟万宗　翟永啋
翟玉表　翟茂淮　翟瑞芳
翟祥雲　翟玉遠　岑神乾
陳長成　翟万滔　三　翟照太　艮
陳永科　四　岑神轉　翟運甫
盤序連　翟運枝　翟孝序
翟先科　翟運書　翟運嵩
陳照勝　陳長啋　分　翟運德
首　翟照洪　分　陳善德　五分　翟照林
術士　陳福成　六分　陳日昰　各　岑奇美
翟明之　八　陳相礼　一　翟林德
陳德華　八分　翟相海　翟照魁　一
陳相德　七　翟祥啟　翟瑞美

未 盤宗與 一兩 翟响乾 尒 翟永魁
時 翟相浩 六尒 翟相華 各 翟林坤 翟雲夆
重 盧荣还 六 陳相还 陳啟成
建 翟長滔 八尒 翟祥淮 陳良嵩
福 盧瑞英 四 翟啟連 翟照貴 翟運英
壽 陳相宇 七尒 翟長宗 翟運成 尒
涼 翟儒惠 四 蔣宗書 刘礼荣
橋 翟勝遠 四 黃善華 翟口口 二尒
正 陳明雀 四尒 盤宗貴 岑奇善 各
作 翟昌恩 三尒 李海連 艮 陳良淮
乾 盧显念 二 翟林乾 岑照全
山 陳明还 二 陳長林 翟林書
巽 李高啟 二尒 蔣振淮 陳良英
向 黃連文 二 翟先成 翟良勝
工 陳明琣 二 翟林貴 翟瑞光
就 翟慶典 二 翟先穩 翟雲玉
鳩 翟明可 二尒 翟照浩 二 翟林通 艮
成 岑相礼 三 翟先高 翟引宗
勒 程慶坤 三 冼長保 盤序光
碑 翟濯乾 二 翟先嵩 陳畨英
永 陳日㒷 三尒 翟運啨 陳畨荣

垂　岑勝連　二　翟照鰲　　黄先宗
千　盧滿滔　二　翟永浩　分　陳良光
古　陳相鼎　三　翟玉世　各　翟運荣
矣　岑啟書　三分　程祥荣　一　翟照相　一
翟方坤　三　翟先積　　翟廣龍
翟祥明　三分　翟照荣　分　翟廣鳳
翟啟淮　二　岑承賢　三分　陳良孳
翟啟德　二　　翟廣啟
李祈英
陳良豪
翟廣安
盧瑞生　分
翟瑞先
翟神安
陳口成
陳口口

註　碑鑲嵌在城北鎮鳳溪村福壽風雨橋橋頭内側的墻壁上，清高宗乾隆三十六年（一七七一年）刻立。碑高四二厘米，寬一二三·五厘米。碑石保存完好，字迹清晰。

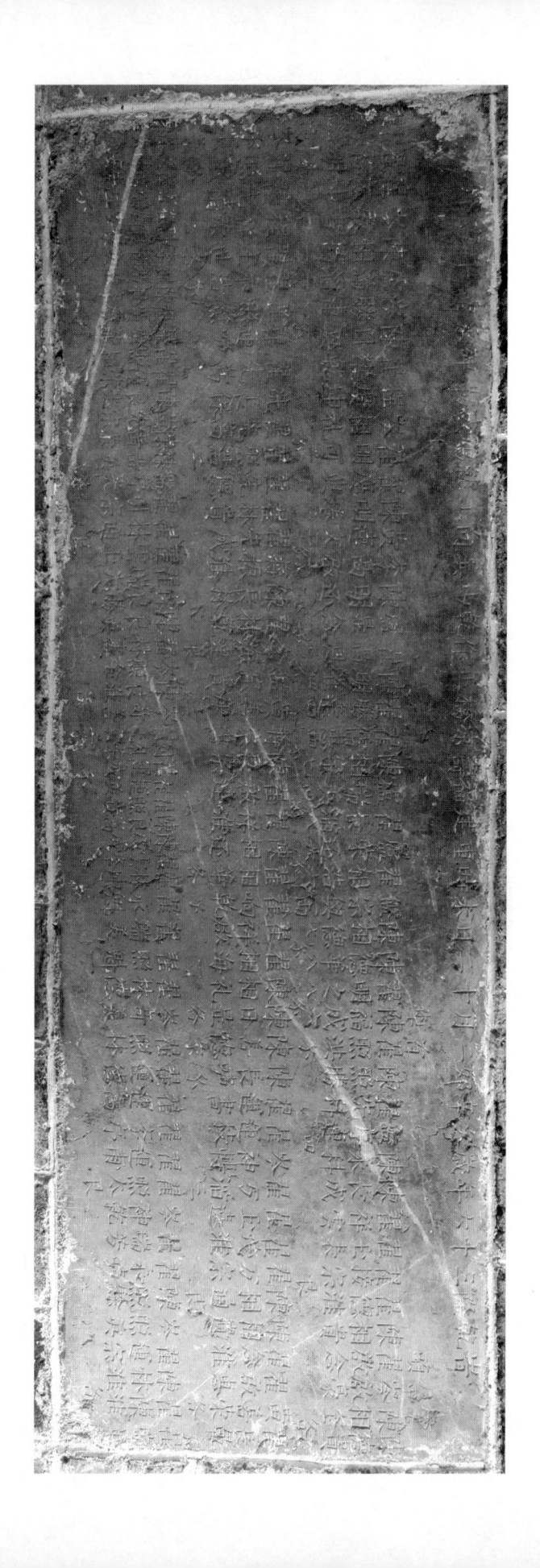

五五　重造朝陽橋碑記（碑文兩塊）

第一塊

重造朝陽橋碑記（碑額）

鳳溪在縣西北隅二十里許自明嘉靖間招撫

落籍雖属猺籍然皆相傳渾噩世守農桑迄今

十餘代第水夹祖山而穿宅塲吾儕烟火数百

此為要津歷來造橋濟涉因久頹敗不足以培

地利而莊觀瞻我

國家涵濡百餘年安居楽業食德飲和咸享太平

之福忍令其橋終壊乎於是父老謂曰更造橋

亭不獨培植居址且暇休息于兹衆子弟曰唯

爰即庀材鳩工革故鼎新庶幾出入其際者陰

雨有綢繆之資臨渊無病涉之苦口则後之視

今亦如今之視昔凡祖畱遺而未艾者鑿此橋

亭以概一切云爾爰是而為之記　黄貞崑撰書

首士　蒋啓惠　一両五尒　刘宗相　各　麥海宗　各　蒋奇相　各

蒋振魁　一両二尒　翟永念　毛演先　翟良啓

蒋宗轉　一両二尒　陳相慶　蒋玉意　翟奇文

翟英序　一両二尒　蒋玉鰲　翟世豪　翟崙璋

首士　陳德峯　一両一尒　翟荣清　黄英　翟崙球

蒋玉芝　一両一㐅　陳相崑　蒋振連　翟良文
黄宗魁　一両一㐅　蒋暹魁　陳義淮　翟普芳　艮
翟永成　一両一㐅　岑神宗　五　翟運書　翟普耀
首士　岑神祈　一両一㐅　蒋翟宗　翟英康　翟崙魁
翟永典　一両一㐅　翟世章　岑照成　四　蒋崙宋
黄宗念　七㐅　蒋宗福　蒋宗礼　蒋陳安
首士　蒋洪德　三㐅　蒋玉孝　刘照祥　蒋任嵩
蒋玉坤　一両　蒋玉恩　蒋崙宗　蒋奇輝
岑相楽　一両　翟瑞珠　翟世德　翟脱德
蒋玉連　一両　翟豪坤　蒋英魁　蒋奇芳　一
陳相鼎　八㐅　麥子友　㐅　翟永珍　蒋奇光
蒋啓暈　八㐅　翟慶禄　各　陳世夆　黄安
翟荣相　七㐅　陳高宗　陳世轉　黄正
翟荣茂　六㐅五分　黄宗玉　四　麥子書　㐅　黄崙
麥海荣　六㐅　陳明七　翟相善　三㐅五　黄嵩
麥子程　六㐅　刘宗英　蒋念魁　三㐅五　黄礼
陳日照　五㐅　蒋振淮　蒋宗文　黄亭　㐅
翟永悉　五㐅　陳德科　㐅　毛演奇　三㐅　黄聖

第二塊

陳明連　各　翟勝達　四㐅　蒋英轉　各　翟奇孝　各

岑勝鳳　翟勝淮　四分　刘照豪　翟奇耆
術士　岑相志　艮　翟勝滔　各　陳長熊　陳良淮
黄貞崑　岑相礼　三　岑照輝　陳義美
黄貞瑞　六　蘇宗譽　分　蔣神嵩　蔣任荣
蔣永進　盧滿滔　各　翟瑞賢　刘照積
蔣永遄　分　陳以礼　陳世龍　翟普正
奉　翟昌德　各　陳德貴　陳長態　翟瑞輝
陳明泰　盧荣還　三　蔣任英　二　陳復宗
蔣永豪　翟啓德　翟奇賢　陳神連　銀
翟荣珍　陳相遺　翟才勝　陳復連
翟荣瑞　四　瞿玉遠　分　翟才德　盧瑞奇
盧荣坤　蔣荣海　各　蔣崙德　盧瑞崙
陳相保　黄宗科　翟崙序　黄代光
翟世荣　蔣洪勝　蔣神福　蔣崙普
蔣連魁　分　黄宗参　蔣神礼　蔣崙正
黄貞德　各　麥英宋　黄豪　分　翟奇峯
翟慶滿　翟瑞峯　翟陳淮　各　翟瑞安
黄貞態　蔣翟荣　三　翟照嵩　蔣奇瑞
盧顕念　蔣玉高　陳崙淮　陳義魁
黄貞乾　三　盧荣宗　陳廣嵩　刘礼荣
李高乾　黄宗伋　翟崙豪　陳楊光

盧滿悳　麥子文　翟嵛美　艮　陳楊荣
蒋荣玉　黄宗任　翟瑞球　岑本美
陳高荣　蒋宗惠　夵　翟嵛貞　蒋翰清　一
麥港勝　翟善宗　各　蒋嵛嵩　翟普礼
翟相梅　翟荣普　二　蒋嵛荣　翟嵛勝
蒋宗坤　夵　翟瑞環　蒋嵛輝　翟照永
翟慶仁　各　蒋賎魁　夵　蒋嵛光　毛庚長
翟慶信　盧荣乾　各　刘照魁　翟照永
蒋啓斈　二　麥海科　蒋竒嵩　一　陳耀輝
蒋荣惠　刘相遠　一　蒋竒遠　蒋鳳科
蒋荣科　翟高全　翟神序　蒋鳳相
蒋永慶　夵　岑响通　陳廣高　麥賢亮
翟善積　麥子勝　夵　陳廣豪　蒋鳳斈
蒋宗枝　五　麥賢光　蒋嵛高　陳廣賢　夵
蒋永達　各　麥賢輝　五　翟瑞嵩　福溪木匠何自能 自態
陳高斈　二　翟玉表　各　刘照善
蒋永惟　夵　翟英宗　一夵　翟瑞添　夵

旹乾隆三十七年歲次壬辰孟春月朔一日午時穀旦

註　碑鑲嵌在城北鎮鳳溪村朝陽風雨橋的過道墻壁上，清高宗乾隆三十七年（一七七二年）刻立。第一塊碑石高一一六厘米，寬五五·七厘米；第二塊碑石高一一六厘米，寬六二厘米。碑石保存完好，字迹清晰。

五六　重建水寺廟碑

重建水寺廟碑（碑額）

今夫古廟乃民攸関之所而培居之安乎自先朝立廟迨今数百餘年重修不一歷乙傳今久矣則今弊壞
聖容廟貌不能如前即扞募首化衆各人好善捐己勤事卸舊更新重建神祠左廂右廊增造雲臺一座酧
恩賽願以時敬奉　神明而誠有感也鳩工落成而宗廟饗之子孫保之異有荣光者乎更祈匡人者若
螽蜇之蛰乙堪羡者後人之盛如瓜瓞之綿乙伏異風調雨順國泰民安故此勒諸貞珉萬古流芳厥傳不
朽耳　登魁　玉登　三尒　程極　二尒
都縁　唐玉楼五尒　信　程柄　三兩　玉祈　五尒　耀富　昌第　二
衆　劝　程惠六　程裕　乙兩五　永科　耀選　禎登　二尒五
永顕五　永福　口兩　應傳　五　口明　三尒　玉聰　乙尒二
信　永光六　士　天裕　乙兩　應盛　程泰　進禄
程鳳六尒　石　正宗　乙尒　程達　四尒　永登
好　首　玉扶五　匠　玉龍　五　程顕　三　永恭　三尒　施　玉楼
頭　永清　尒　永雄　二尒五　玉當　玉登　戲臺柱一蔸
上村祀廟三十七家每家起戋一千文正
鼎襲　五尒　程駭　七尒五　玉明
善　化　永相五　老　鼎盛　乙兩　助　孔口　五　捨　程柄
程永　捐　玉武　三尒捨木二蔸　程貴　五　程極　戲臺柱二蔸
銘　首　禎恭尒　銀　程福　五　艮　孔清　六　天裕
上洞沈文礼捨木一蔸　主願師唐法經　孔智　六　程顕

記　唐鳳全捨戲臺地一座　　　石匠刘宇位　何長先　五　木　惠　捐木一蒐

永雄筆　莫荀晚　二尒　程永

泰

皇清乾隆三十七年壬辰歲　二月十八日卯時竪造神祠雲臺　円今十一月二十九日　穀旦立

註　碑现存葛坡上清塘村村口水井旁，清高宗乾隆三十七年（一七七二年）刻立。碑高一六二厘米，寬七〇厘米，厚一八厘米，額徑六厘米，主文字徑三厘米。碑石保存環境不佳，被用作洗衣石板。

五七　重建北府祠行樓碑記

重　建

北府祠行楼所有捐資姓名勒石爲記

首事周鳳来捐弍千六百文

首事汪瀠川捐弍千五百文

首事何良勷捐弍千四百文

首事龍至精捐乙千五百文

首事張継祖捐乙千五百文

首事陽庸建捐乙千文

首事任世杰捐乙千文

首事何必超捐壹千文

首事汪漆川捐七百文

沈永璋捐柱樹二株　盤梅鼎捐柱樹乙株

奉啟滿捐柱樹乙株　盤相求捐柱樹乙株

盤相坤捐柱樹乙株

汪濟川二千五百文　汪治川乙千七百文

汪涉川乙千三百文　何良勛乙千三百文

周継烈乙千二百文　楊鼎浚八百文

王國易八百文　戰工輪六百五十文

毛光裕五百五十文　汪濱川五百文

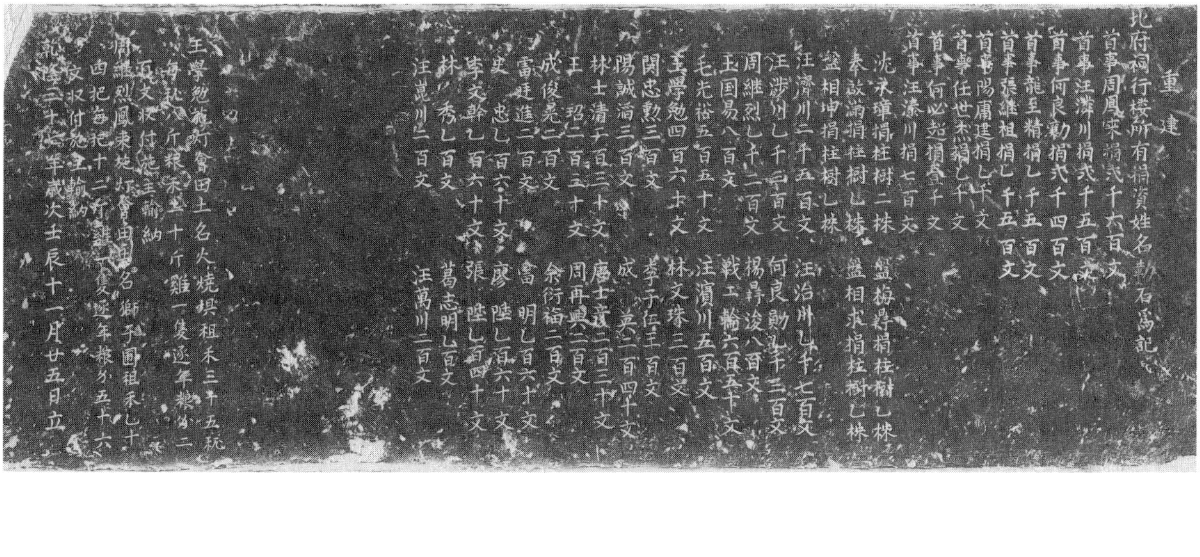

王學勉四百六十文　林文珠三百文
関忠勳三百文　李子伍三百文
陽誠滔三百文　成　英二百四十文
林士清二百三十文　唐士彦二百三十文
王　玿二百三十文　周再興二百文
成俊晃二百文　余衍福二百文
雷廷進二百文　雷　明乙百六十文
史　忠乙百六十文　廖　陞乙百六十文
李文幹乙百六十文　張　陞乙百四十文
林　秀乙百文　葛志明乙百文
汪崑川二百文　汪萬川二百文

王學勉施灯會田土名火燒塡租禾三十五�每秤八斤粮禾二十斤雞一隻逐年粮ネ二百文收付施主輸納
周継烈鳳来施灯會田土名獅子圃租禾乙十四把每把十二斤雞一隻逐年粮ネ五十六文收付施主輸納
乾隆三十七年歲次壬辰十一月廿五日立

註　碑現存縣城古明城仁義燈樓下，清高宗乾隆三十七年（一七七二年）刻立。碑高四三·五厘米，寬一二〇厘米。碑石保存完好，字迹清晰。

五八　福溪村重修小畔路記

重修小畔路（碑額）

天下即有自然之势猶必假人以利導之况非天造地設坦然平易而崎嶇險阻舉步維艱者有不賴人力以通之者乎語曰九月除道又曰司空視塗此其垂諸功令歲有常規王政所不遺也下至窮鄉僻壤雖車馬弗經王政未及要為四民所必由者而附近邨民不可不謀修理也村北小畔一路為楚粵通道而耕作樵牧亦出其間第衆山叢雜林麓荆榛居其半亂石泥塗居其半遡其初殊属山径而非大道矣有明間居民剏始于前芟除闢易介然成路矣然猶先其易而後其難且里道迂長一时未能平易間有溝断土連遇雨水滂沱尚多不能直達者厥后数修理功不果就未嘗不嘆美業之难成也癸巳春更謀修理僉立首從一廼心力遂克継前人而畢其功焉則見夫是路也用力雖勞觀成甚易有其修之圮者正矣有其鑿之阻者通矣而且闢之而隘者以寬而且墁之而陂者以平林麓荆榛为之尽翦亂石泥塗為之尽去即囗溝断土連寧復有不能直達者乎[夫]道路之修不一矣秦利蜀金鑿山以通之漢貪楚功修棧以謀之吾里人惟欲耕作樵牧与[夫]行人上下之攸往咸宜也而後畢力以營之雖眎謀利計功者有别其有裨于周道之由共歌蕩平者功大且遠矣然事期可久而功要有终吾惡知夫世運遞嬗人事更遷之後尽若兹之蕩蕩乎平者乎則政不能無望于後之嗣修者是为記

僧祚净　各　貢生何常吉撰書

都　何廷楅各艮乙兩　周至彬　各艮　何宗榮　各　何福洋　各　何開兆　周日暾　各　陳天鶴　尔四　何開恩　各

周至念七尔五卜　蒋啟烈　八尔　陳廷範　蒋世經　何開旺　蒋中梅　五　何瓊柱　各　何名蕙　艮

何啟熊一兩五尔　何呈祈　各　周至應　何福求　何福煥　蒋啟達　尔　陳有護　周日椿　三

何名思　各　周至禧　艮　何呈誦　艮　蒋啟綸　何宗仁　何自亮　四尔五　何登佐　何名積　尔

緑　何世武　陳天球　尔七　周日津　何廷浩　艮　周日英　艮　何宗鴻　各　何生曜

周至榜　艮　周日秀　五分　何文烯　六　何本元　陳天珏　何慶栄　周至勝　艮

何昌徽　一　周召濡　各　周日烓　何慶瑞　何龍振　何慶詔　艮　蔣世迪

周日煒　蔣啟桂　增生何振鐸　陳天德　五　何巽謙　周日騰　何光芳

勸　周福珍　兩　何生映　艮　何福昌　尒　周日臨　何興閔　五　何子期　何開創　三

何名應　各　陳應玫　何慶玫　各　何慶宗　陳有謨　何呈義　四　何福軒

周日輝　艮　周日桂　七　何慶積　五　何名念　周日湘　周福勳　何廷英

何有晪　八　周日濟　陳有思　陳天錫　周日鼎　何慶梓　蔣啟芳

首　何慶祚　尒　周至璋　尒　周至亮　尒　蔣啟義　尒　周福旺　尒　何廷錫　尒　陳天瑕　尒

註　碑現存朝東鎮福溪村馬王廟，刻立時間在乾隆三十八年（一七七三年）或稍後一二年間，此處暫作乾隆三十八年。碑高一五二厘米，寬八三厘米，額徑八厘米，正文字徑二厘米。碑石保存較好，字迹可辨。

重修小畔路
都 緣 勸 首

五九　重建興梁題名垂記

重建興梁題名垂記（碑額）

興梁之號曰龍興又曰咸濟古人之賛揚互異要其創因之道同焉厥同維何則所谓以培風宅利往來者是已夫理出同而義必求諸至跡前人立向義至扵盡善與否洵非吾人臆見所能測然視形勢規模覺似関鎖猶鬆也况世遠年湮石雖坚而有傾頽之狀維彼棟堞不能不毁扵燥濕蟲魚衆扵是聚而謀曰業經創而必修者善継之道也癸巳之秋爰立首事遂更向以丑山未向卜吉旦而肇功焉是夅也其義之庶幾乎功未可驟希也俟農事之方畢值断壺之甫臨則見乎水落砂出命石工以鼎設址基物賓歳餘命木工以復新椽棟閲數月之經营迄次春口告竣斲削運範圍之妙粉飾争珠玉之光聳其形横江列壁壮其制带岸陳屏南跨賓塔之勝北接靈山之雄東映雙泉之湧而其西則境圖無盡也自是稠桷踈櫨斂時序之艷麗圓楹方址镇溪澗之清流以較昔之培護情形則今口尤健切哉登斯橋也若踏青雲而影波上下凴欄四顧則有滿口恰然庶其假景抒懷臨溪羡歎其喜洋洋者乎而姑置勿論第自有是橋則徑途闢而王政之制已斯行利濟宏而乘輿之具所弗借出作入息之侣厥堪為避風雨區至扵人文蔚起物産星羅实權之扵造化有非藉人事以逆料其數也然按其前曰龍興曰咸濟或亦缘此一新庶幾其風復振而戬穀無疆者休哉是役也古今决為補天地之不足而銖兩弗吝積陰騭之有餘也後人猶宜善继乎則幸矣余因為首事故敢綴鄙語以勒諸石云

缘　鍾世熙一兩　　口首　　術士何至清捐三尒

鍾世炫各　　鍾世珂尒五　　清泉縣劉乃兆刊

庠生李廷燦　　鍾至英尒三　　寡婦林氏玉明捐五尒

鍾昌貴八　　庠生鍾昌顯撰並書又捐銀五尒　　鍾至議三尒

鍾至賢　　坊鍾昌後五尒　　鍾萬樑各　　鍾世迁二尒　　鍾至彭各

鍾昌機𠂔
鍾世發各
鍾昌璋六
鍾昌洁𠂔
鍾世鑑各
首鍾荣宗五𠂔
庠生鍾世璉七𠂔
庠生鍾昌俊六𠂔
鍾继绅五𠂔五
鍾昌佐六𠂔
鍾昌灝五𠂔五
鍾世兕各
鍾世連
鍾世杰
鍾至錠捐
鍾昌瓏
鍾昌裕
鍾昌珴银
鍾继成
鍾昌驥
鍾昌華五

鍾前瑄各
鍾至曇
鍾世勑三
老鍾至茂
鍾世奇
鍾世態𠂔
李廷科各
鍾至和
鍾至禎
鍾至泓三
鍾至寬
鍾萬鼎
鍾至登𠂔
李廷炯各
鍾至靈
鍾世達
庠生鍾昌灔四
鍾昌玉
鍾昌琳𠂔
鍾世焕各
鍾世燦

鍾至珠
鍾至罡
鍾至蕃三
鍾昌福
李宗昃
鍾世囗𠂔
李廷囗各
鍾继旺三
鍾至杞
鍾世璀𠂔
寺僧宗蓮三𠂔
何光棹各三
何光椿𠂔
助缘
鍾前雄各
鍾應錩
鍾應鏞

鍾至鉹各
鍾世通二𠂔
鍾萬瑚𠂔二
何良鉒三𠂔
何至礼各
何至顕
何至寬
何至福
何興燦
庠生何光靈
何光環
何至竒
何光福
何光輝三
何光連
何光禄
何至彦
何光荣

鍾至倫三戋
鍾至徽三𠂔
鍾继絋𠂔五
鍾昌回三𠂔
鍾玉𠆳弍𠂔
何至彩三𠂔
李静豪各
何至继
何呈焕
何光美
鍾至仁三
毛明龍
何光烽
曹啟積𠂔
曹啟位三𠂔
曹啟瑜三𠂔
曹啟球各
曹昌倌
曹昌桂三
曹世成𠂔

何光富各
何光晋三𠂔
何至英各
何光政二𠂔
何光全二𠂔五
鍾世至城𠂔二
何光竒𠂔三
曹昌儀𠂔五
祀鍾至祥三𠂔
鍾世琦各
鍾昌儒二𠂔
鍾世政五
鍾至佛二𠂔
鍾昌璉𠂔五
鍾世燈𠂔二

鍾世豪𠂔五

凡諸般物件不許現便放
在橋上如者衆議

橋接
衛翼附吟一律
橋接村居路曲弯廓并衛
翼什城関朝雲繞棟牽流
水暮雨穿椈到遠山影動
龍魚黻浪起光聯奎璧向
楼班囗人倘味观銀漢怎

鍾继昌　鍾继絖　鍾世珄三　何光璵　鍾昌鳳二尔　户鍾至清尔五　口楷模利涧间

鍾昌祐　鍾世礼三　鍾至奇　何至端　蒋兆英二尔五　鍾世萕尔二

鍾至佐　鍾至成　鍾世昌　何光爵　奉良儀尔一各　何興玶三尔　李廷椿尔

庠生鍾世維　鍾至勳　鍾至漴　曹世華　何光茂二尔五　何光錠尔五　鍾万嵩二

鍾至彦尔　鍾至軒尔　鍾至滿尔　曹世節尔　何興篤分　何至禧尔五

旹乾隆四十年十二月　吉旦　何至珪三尔　何光緒三尔

註　碑現存朝東鎮龍歸村，清高宗乾隆四十年（一七七五年）刻立。

重建輿梁

題名垂記
乾隆四十年十二月吉旦

六〇　鼎修真君閣地脚石工碑

鼎修真君閣地脚石
工碑
信理　三ㄡ
聖叅　一ㄡ五分
□□□□□文
毛　聖望　三ㄡ
庠生邑 聖化　五ㄡ
朝用　一ㄡ
朝公　一ㄡ五分
朝世　二ㄡ
毛　朝鼎　五ㄡ
朝賜　五ㄡ
朝荣　五ㄡ
朝慶　一ㄡ五分
毛　朝成　五ㄡ
生瑞龍　十兩
瑞鳳　七ㄡ
生瑞口　一兩五ㄡ
毛　瑞環　七ㄡ

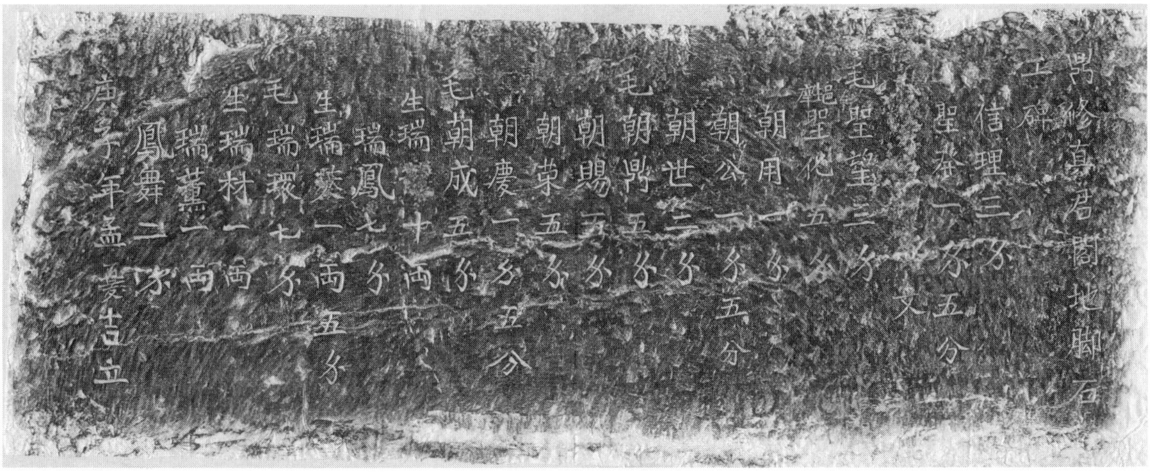

生瑞材　一兩

瑞薰　一兩

鳳舞　二㸦

庚子年孟夏吉立

註　摩崖在朝東鎮秀水村北側小象鼻山北面真君岩洞内的左側岩壁上，庚子年即乾隆四十五年（一七八〇年）刻立。摩崖高三四厘米，寬九〇厘米，保存完好，字迹較清晰。

六一　袁佩去思碑

遺愛甘棠（碑額）

袁公諱佩　字縉笏　號錦堂

蒞任茲土　一十八載　品行端楷　性度汪洋

緩急有濟　戴德難忘　勒石表誌　百世流芳

陞任平樂協左营總部袁副爺　去思碑

小　朱開陽蘓增福蘓勝材楊文明朱巽明譚荣吉楊丙尭

水　梁尚偗林朝廣林芝茂梁帝材岑傳奎譚永麟朱純寧

街　陳榮彩譚荣耀陳文貴岑傳枝岑傳義朱　熙譚永祥　何永清仝立

民　陳國華鄧成章莫江松虞永陞唐顕合譚永賢冼得章

月　冼慶勝林廷荣蘓荣高譚永勝易奭山蘓荣名蘓荣宗

兵　譚榮貴蘓荣茂蘓增廣楊爾豊朱坤成陳金榜莫　勝

乾隆四十六年三月　初四　日竪石匠李實維撰

註　碑現存朝東鎮小水村關聖廟前，清高宗乾隆四十六年（一七八一年）刻立。碑高八五厘米，寬四九·五厘米，厚一二厘米，額徑七厘米，正文字徑二厘米。碑石保存完好，字迹清晰。

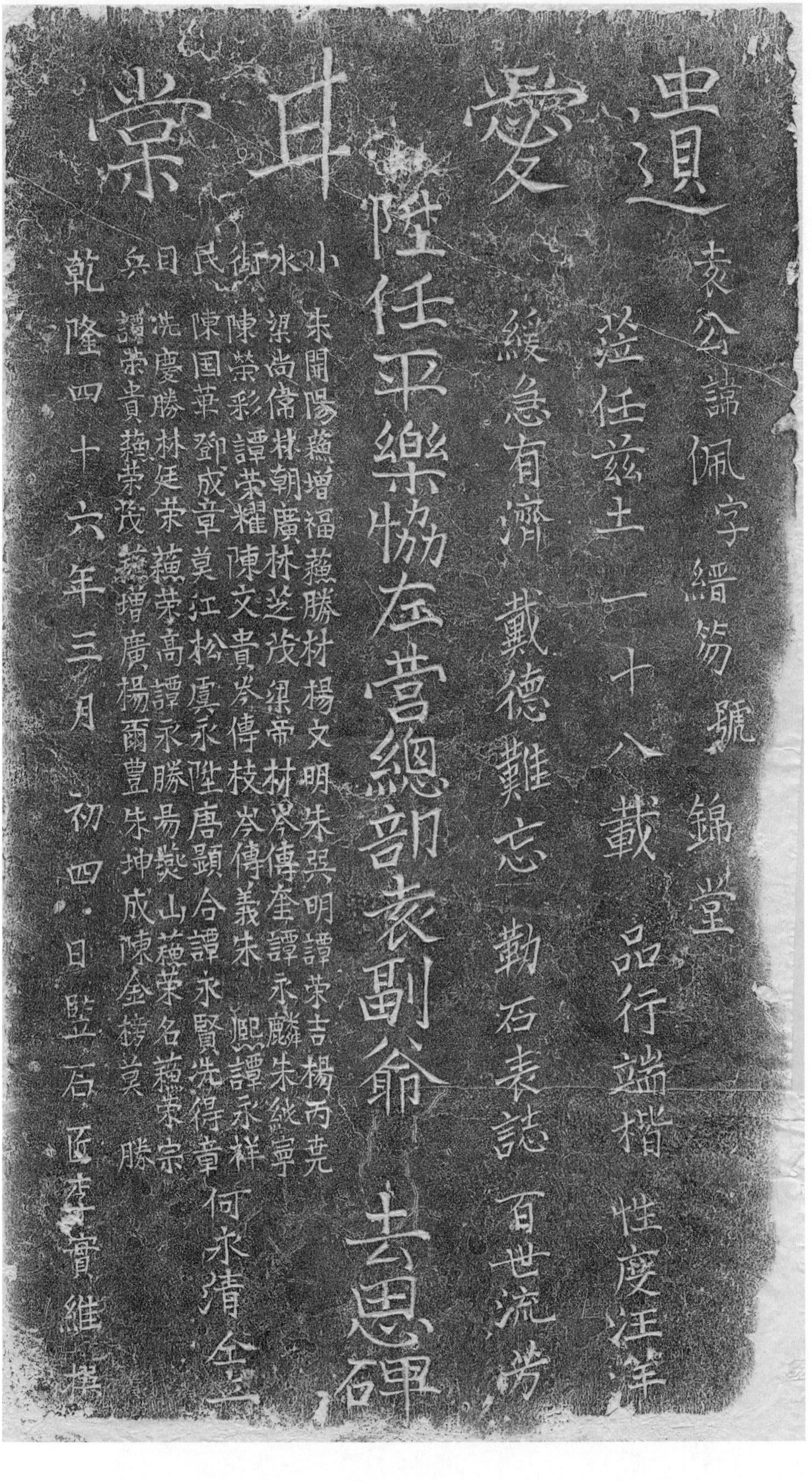

遺愛甘棠

袁公諱佩字縉笏號錦堂

蒞任茲土一十八載　品行端楷　性度汪洋

緩急有濟　戴德難忘　勒石表誌　百世流芳

陞任平樂協左營總部袁副爺去思碑

小水街民目兵

朱聞陽　蕭增福　蕭勝材　楊文明　朱兴明　譚荣吉　楊丙尭

梁尚儒　林朝廣　林蒞茂　梁帝材　岑傳奎　譚永麟　朱繼寧

陳荣彩　譚荣耀　陳文貴　岑傳枝　岑傳義　朱熙　譚永祥

陳国華　鄧成章　莫江松　虞永陞　唐顕合　譚永賢　冼得章

冼慶勝　林廷荣　蕭荣高　譚永勝　易燮山　蕭荣名　蕭荣宗

譚荣貴　蕭荣茂　蕭增廣　楊爾豊　朱坤成　陳金鎊　莫勝

何永清仝立

乾隆四十六年三月初四日監石匠李實維携

六二　重修護龍廟誌

重修護龍廟誌（碑額）

嘗思消而復長者天道之流行毀而繼興者人事之所舉也盖莫爲之前雖美弗彰莫爲之後雖善弗傳余有廟焉名曰洞心護龍廟原係保障吾洞職開天地澤惠元元五風十雨人安物阜且安邦定國而御患捍災聖德之施配天者也迄今世久年湮風飄雨濺墻傾櫛催祭之者目擊情危享之者胥無得所故有一二父老謂曰廟宇其宜修乎僉曰唯唯遂立緣首比户捐資逐名募化人雖殊而抒誠則一姓雖異而效力則同即命匠鳩工克勤厥美饒有古之栯楹核桷增餙鼎新于画棟雕楶兹也功成告竣爰爲之歌曰廟宇重新兮頓改故常神明灵爽兮來格洋洋疕佑團坊兮萬福無疆勒碑題名兮亘古流芳

應孔　乙千　何盛荣　各

都緣　李永富　李永祥　庠生何儒傑　李法鰲　各　先相　志养　捨地一边

緣　永彩　二千　何相荣　乙千五百　李永通　各　永科　先鵬　何志宗

應鴿　各　蔣盛盟　乙千乙百　永寬　八　永相　先明　秀礼

蔣盛盤　盛孟　各　顕豪　盛招　秀行　捨地一所

首　黄壽選　一　黄永椁　何先彩　百　盛丘　仕荣　乄

勸　李盛選　何永全　茂荣　各　盛中　乄　先豪

何先鼎　李應鰲　乙　達荣　黄壽貴　先顕

黄壽宗　永顕　先求　寿廷　先達　撰書何先旺

何萬茂　千　永連　先文　寿帝　先楼

李永立　何善荣　先保　寿恒　黄永桂　四　木匠楊名成

何先鰲　正　鄧長福　千　先德　法盛　永杰

首　李顯相　正四百　蒋盛宗　各　鄧明善　六　寿貢　五　永標　石匠龍啓仁
結縁　鄧明德　一千　高貴　八　黄永秀　李永超　寿儒
高茂　百　壽清　茂太　丹青李先福
蒋盛朋　何遠栄　寿鑛
李永豪　先旺　百　鄧明鼎　百
永德　百　先才　明成
陀秀祥

旹　皇清乾隆伍十一年歲次丙午二月初九日午時　穀旦

註　碑現存葛坡鎮洞尾村戲臺對面的護龍廟旁，清高宗乾隆五十一年（一七八六年）刻立。碑高一二五厘米，寬六二厘米，厚一〇・五厘米。碑石保存較好，字迹清晰。

重修護龍廟誌
嘗思消而復長者天道之流行毀而繼興者人事之所舉也蓋莫爲之前雖美弗彰莫爲之後雖善弗
傳今有廟焉名曰洞心護龍廟亦係保障吾洞職聞天地擇惠元元五風十雨人安物阜宜安邦定國
而御患捍災聖德之施能天者也迄今世久年湮風飄雨濺牆傾棟催[illegible]者目擊情危亭子之者
胥無得所故有一二父老謂曰廟宇其宜修乎僉曰唯唯遂立緣首比戶捐資逐名募化人雖殊
而揆誠則一姓雖異而効力則同即命匠鳩工克勤厥美饒有古之[illegible]楹核桷增飾[illegible]新于畫棟雕樑茲也
功成告竣爰爲之歌曰廟宇重新兮頓改故常神明昇爽兮來格洋洋庇佑一方兮萬福無疆勒碑
題名兮亘古流芳
旹皇清乾隆五十一年歲次丙午二月初九日未時 穀旦

六三　重建馬王廟記

重建馬王廟記（碑額）

嘗觀斯境而名曰福溪以其常有休嘉之祥而獲福之無疆也則是福也胡爲乎來哉嘻嘻我知之矣冥冥之中默口其福澤者非神也欤是故天地吾知其至廣也以其無所不覆載日月吾知其至明也以其無所不照臨江海吾知其至大也以其無所不容納鬼神吾知其至靈也以其無所不庇持遠而彌芳久而彌光其德之盛不信然哉然神非其地莫與聚也今有馬王廟多歷年所矣其佳景最有足觀者望之蔚然而深秀良止於廟之後者山也又聞水聲潺潺而瀉出於廟之前者泉也且有豊草緑縟而争茂佳木葱蘢而可悦蔭翳於廟之旁者物景也其勝地寔超於風塵之表而爲神所樂聚也明矣樂聚於此而施福澤於無疆也抑亦明矣無何物換星移而此廟竟被風雨之頹毀幸而地靈人傑而衆信共發重脩之悃忱覩斯廟者皆曰吾儕生於斯長於斯皆頼神之護祐也而可坐視其傾頽乎於是卜吉於戊申之歲爲之立首以倡其先爲之捐貲以贍其費爲之命匠經營以建其廟宇爲之率衆協力口就其事功欲聖貌之顯赫爲之絢餙以肅其儀欲廊宇之煇煌爲之彩畫以呈其美不多日而告厥成功矣吾知自今以後神威倍加靈爽聖恩愈見旁流則福溪一坊蒙神之默庇生齒更繁風俗彌美人安物阜武偃文脩共安無事之天矣其獲福寧有涯哉然皆諸公樂於施舍不辭興作之勞之所至也故功畢而諸公属予作文以記之予寔不慚管窺之見遂援筆以銘諸石以誌不朽云　庠生何開鼎書

一五尓周至礼三尓五分　術何呈護八尓　何開縉捐艮七尓　龍歸廩生何至達撰

都緑蒋學澮壹両三錢　王義成　二尓　陳有紋杉樹一根株柱一根　村　士蒋學注一両零六分　何朝足　各　周昌恒　各

勸首陳國福壹両三錢　何光茷　五尓　木匠周名積　已　何如白四尓妻宋氏五尓　何畐嵳　周昌俊

何光名銀二両二錢　何呈礼　五尓　周継玉柱木一根　何如主四尓　何開連三尓　蒋孝全　艮　周昌旺　艮

何圖綮七尓　陳天宝　各　庠生何廷開　上　周翰麒　各　蒋其召柱一根　周昌茂　周召進

何鼎鉉七尓　何慶俵　艮　周日聚　周昌仲　艮　何汝礼　各　蒋孝德　二　王義龍

勸　何呈璽七尓六分柱木一根　何龍宝　周至樂　陳有應　周召宗　周至誠　何瓊松

周至遠三⺈　蔣世珂　四　蔣學智⺈五　老　陳國裕⺈五五　何學全　唐国富　何光成　一
何自橦五⺈　周翰麟　⺈　何弘開　各　周宋名七⺈　周昌日　艮　周継宗　⺈　何作玉
何呈珖一両二⺈　何光輝　各三　何廷口　周召耀　各　陳志凌　周昌善　各　何如明
何自旺喜捨土地堂排楼一座　何能學　⺈五分　何弘口　周昌代　何如富　陳國禎二下⺈　何仲豪　⺈
何學俊二⺈柱木一根　蔣生槐　各　何光口　艮　何開易　何志郝　二　周昌述　一　周召祐　一⺈二分
周昌益七⺈　何光国　艮五⺈　何呈禄柱木一根　助　何仲試　艮　周昌儀　蔣其項　胡玉禄　三⺈五分
何廷礽五⺈　何仲久　三　周至華　何鳴武　周召紳　何毓生　⺈　李志相　三⺈一分
周召儦七⺈　何顯銘　⺈　周宋理　二　何自豪　周名望　⺈　何仲足　張光孫　一⺈五分
周至福七⺈　何呈義　六⺈　何光佐　陳有綸　三　周弘興　何鳴穩　五　周全㒳　一⺈五分
首　陳有義七⺈柱木一根　周至詔　各　何如足　⺈　陳鳳臨　何如龍　各　周全相　東圃高光荣　三⺈
陳大宗五⺈　周召記　艮　何龍佐口捨三連一把　緣　周召讃　何自爵　艮　周召誠　分　何光俊　一⺈
何龍貴五⺈　周至恭　二　自旺妻李氏七⺈　何自輔　何光瑛　三　何有道　二⺈一分
何自光五⺈　周至琦　⺈　口香何可清三⺈　何如思　⺈　周名第　⺈　何作瑞　二⺈二分

註　碑現存朝東鎮福溪村馬王廟豐澤殿右側墻壁上，當在乾隆年間刻立。碑高一六〇厘米，寬九九厘米，額徑八厘米，主文字徑二厘米。碑石保存尚可，下部有一條裂隙，個別字難以辨識。

重建馬王廟記

六四　重修錦橋謹題名記（碑文兩塊）

重修錦橋謹題名記（碑額）

第一塊

闻之除道成梁古之鉅典而㒷墜舉廢今之良謨宅南之橋前人以立名曰錦橋上下相通往来莫外虽在鄉曲之間何殊杠梁之舉且居水口砥柱中流迄於今年多代遠凡兹倫類卒於此俱无病涉之虞村居億兆生聚其中咸賴補培之力然則斯橋之立其有裨枋内外者夫豈浅哉无何势有迁变物有更移歲在庚子春水汪瀾突遭蕩壞頓令前功尽費利涉无資来者望洋㒷嘆往者厲揭维艱兼之下沙空缺内集靡凝良可慨已衆等不忍坐視捐貲命匠一乃心力革故鼎新且於橋上益造凉亭一便行人歇憩一为風水閃闌近橋之路尤为修葺无容卑濕跬步难移善哉是誠㒷墜夆廢而继長增高口丹盈刻桷輝彩掩映不啻錦上而添花焉功何崇也德何溥也而要感荷　諸公好善樂施相與以有成耳虽然從来有是施郎有是振振之间絲毫不爽所以古人渡蚁其事虽小其效甚大其譽弥彰况今者補缺障空済人利物此其事業隆盛堪配乾坤寧有不臻無疆之福與垂芳名於千古欤於是乎記　增生何廷献撰男福洋書

何名思　各艮　周日秀　各　蔣啟雄　各　蔣啟義　各　蔣啟讓　各　周至滿　各　周福季　各　衡州匠人刘乃兆刊

何福洋　三両　周日津　何慶玫　何閈創　蔣啟芳　周至榜　何廷昌　艮

都　陳天錫　艮二両　何世詠　何宗仁　陳天麟　周日鼎　艮　何百禎　艮　周福相　五分

何名恩　各　周日桂　陳廷範　周日美　何慶梓　何㒷宧　周日焴　艮四分　何名息　各

何慶祚　一艮　何㒷謴　何子朋　何㒷伶　艮　蔣中梅　八　何百循　七　何子膳

蔣啟烈　両　何閈兆　陳天德　何天賜　周善茂　何文烯　祀　周日口

縁　蔣啟楠　五　何㒷闵　艮　陳天瓏　艮　陳天瑕　義登信　分　何慶熊　分　何子腹

何文熇　分　陳天珏　生廪何振鐸　陳天鶴　一　周日臨　各　何慶彬　各　周福鳶　艮

何福来　一両三分　周至璋　何有典　何百順　周日華　何光方　何口創

勸 周至念 各良 周日映 周日騰 何昌持 何慶達 何有瞻 蔣中密
何呈祈 一兩 蔣中定 周至賢 周氏翠女兩 周至余 良 周日汪 良 蔣中時 三
陳有謨 二尒 何奐阖 一 周至彬 一 周日潔 各 周日英 周日祥 周福偉
生廩陳　璋 五卜 陳有護 鍾世彥 周至應 周福受 何自亮 何百孔
何生映 一兩五尒 陳天球 何福軒 周日烓 良 周日昭 七 何冏任 五 蔣中能 尒
何廷喜 各良 周日輝 何廷盛 周至倫 何呈彭 何冏明 蔣啟椿 各良
首 何慶瑞 一 陳有思 何昌徽 何冏旺 八 蔣中强 何名良 蔣中毅 二尒
陳應玫 兩 周至亮 兩 何廷英 兩 何廷錫 尒 何登優 尒 周至添 尒 户 何氏玉秀五卜

第二塊

村 生增何廷獻 各 周至豪 妻何氏共良二兩五尒 何名應 各 蔣世迪 良八尒 何冏滿 各 何自態 各 何孔期 各 蔣世保 各 周至全 各良
老 生貢何常吉 良 何龙宣 各 周至茂 良 何慶華 各 何慶侔 良 何光審 良 何呈義 良 周至震 良 何廷杰 三尒
周日隆 二 何啟態 良 周其武 何登盛 良六 陳應彩 五 陳應榕 何廷彥 五尒 周日勝 三 周龙諭 各良
助 何聯鳳 兩 何光玉 一 何廷珠 一 周至孝 尒 周至楽 周日夆 五 何呈裓 各良 何廷圭 何慶貴 二尒五卜
緣 陳天珽 各良乙兩 何名志 兩 蔣世瑞 周至平 良五尒 周日富 尒 何慶鉊 尒 蔣世積 三尒 何慶積 尒
事首周日相 二尒五卜 事首何昌林 良一兩二尒五 何慶修 兩 何慶方 何文煥 三尒
祀 何百禄 良二兩五尒 蔣啟慶 各 何奐課 各 何龙捷 各 何奐仁 各 蔣啟坤 各 周日誦 各 何慶柱 各 何冏志 各
何孔季 各良 何呈訫 蔣啟芃 何名息 陳應彬 何廷士 何奐皎 何廷貴 何奐照
何氏貴紅 二兩 何慶增 良 何廷弼 良 何登偵 陳應鴻 何奐福 何子口 周至裿 何廷任
何冏統 一兩二尒五卜 何宗傑 何慶口 六 何奐智 陳有誂 陳天申 良 何名落 何慶林 何子主
周氏紅葱 女瑞全二兩良 何廷謙 八 何百寧 何奐祥 陳天瑛 何登口 周福口 周至柸 周日照

户 周氏妙求 良一両二分 何福昌 蒋中梓 分 何癸映 何慶洋 何福延 周至乾 良 何天成 周日昊
何氏翠銀 各 何廷敏 何慶洪 各良 何閈循 良 何百善 良 何天貽 五 周茂所 生庠何振先 良 周福兆 良
鍾氏桂夆 一良 蒋啟逵 分 陳廷吉 五分五卜 何慶意 何廷睎 陳廷猷 周日燦 何癸滿 周日熾
周氏妙弟 両 周日盛 各 何瓊柱 各 周福烈 何癸儒 周日添 周日燉 何文烯 何福隆
何氏秀春 男至璿良一両三分七卜五 何福璣 良 何慶勲 周至賢 周福旺 周日旦 分 何名積 四 周日極 何癸倫
何有助 各 陳廷科 分七 周日皎 蒋啟秀 周福新 何尊賢 四分五卜 何癸停 周至梧 何紹馨
周至相 生庠周紹濂 各 何呈譪 何龙掀 周日爓 何本高 各 周應熊 周日燔 何廷勝
助 陳天鎮 良 生庠何常章 何慶琪 良 何慶豪 五 周至德 何慶荣 周日訊 周至伍 三 何福炤 三
周福珍 增生庠何常文 陳有誠 何呈形 何閈皎 五 何自厚 良 周日輔 周日主 周福寘
生庠陳嘉猷 一 周日應 良 陳有意 何生口 何子騰 周日進 何聯宗 分 周福璋 周日椿
何文炳 陳天瓛 陳有方 五 何自全 蒋啟紹 周荣柱 陳天珽 三分七卜五 何慶質 陳天済
何文焯 周福祉 六 何子期 何慶桔 陳應鳳 周至盛 四 何龙旺 各 何閈偉 周日滔
緑 何百葵 両 何癸詗 周至口 何名耋 陳應鳴 周福勲 義尚熠 良 周日昂 周福宦
陳天雀 男口上一両二分五 何慶記 周日連 周氏翠求 何福巍 周日煌 何有暉 三 周日汗 周福口
何宗鴻 一両二分五卜 何慶枝 分 何生祥 分 何癸用 分 蒋啟梧 分 周日讚 分 何名意 分 周日炳 分 口口洪 分

註 刻碑時間當在乾隆年間，在朝東鎮福溪村。

重修錦橋

聞天隆遂成梁古之鉅典而路塹舉廢今之良謨宅南之橋前人□立名曰錦橋上下相通往來莫外□在鄉曲之間何□
杠梁之舉自番水白砥柱中流迄於今年多代遠凡弥倫類平於此俱老病涉之虞村居億兆生聚其中咸賴補培之力□
則斯橋之立其有裨於内外者夫豈淺哉況何勢有迁变物有更移昔在庚子春水汪瀾突遭蕩壞頓令前功盡費刭溝□
資來者望洋興嘆往者屢揭維艱兼之下沙空缺内集靡凝良可慨已衆業不忍坐視捐貲命匠一乃心力革故鼎新且於
橋上蓋造涼亭一便行人歇憩一爲風水關闌近橋之路也爲修葺况容卑濕跬步难移善哉是誠與坚峯広而继長增高
丹盈刻桷□彩掩映不啻錦上而添花焉功何崇也德何渾也而要咸荷諸公好善樂施相與以有成耳豈太徒盛有是
施郎有是振振之間縹毫不舍所以古人渡蚁其事虽小其裁甚大其譽弥彰况今者補缺障空路人稱物些其事兼隆盛
堪配乾坤寧有不臻無疆之福與垂芳名於千古焉於是乎記　增生何廷猷撰　男福洋書　衡州匠人刘方兆刊

都　緣　勸　首

謹題名記

六五　大圍村奉縣封山碑記

奉縣封山（碑額）

署富川縣正堂加三級紀録五次劉　爲懇恩給照勒碑以杜後佔事據生員沈國泰沈郁蓮民人盤継祖奉勝旺等呈稱生民大圍源三姓祖遺猺地山場該地税壹拾陸石歴來管業無異今被鍾國仁藉買猺田將父棺盜葬生民猺地具控在案今雖起迁別葬誠恐日後復有買田佔地盜葬坟塚與夫砍伐山場古木敗絶水源等事滋訟難休合無仰懇給照勒碑以杜日後佔争砍伐等情到縣當經批准給照外合行照給爲此照給沈盤奉三姓收執嗣後將該村猺業地叚照依明清二朝新舊供册内四至東至大路南至梛木架梘冲直至石澗塘三石墜西至大嶺北至石鋸齒嶺木頭源小崩圩断石梨木林四至界止井然原係三姓共管不得外人罩佔九有紳士民人買受該處猺田者聽其賣契内坵角耕種收租納粮毋許藉田葬坟罩佔猺地即或已買該猺陰地葬有坟塚亦止聽其掛掃毋許以祖附葬至於該猺嶺地古木猶宜培植以資泉源毋許刀耕火種焚山砍木至令水源土枯石濶枝流涓滴税田乾涸民食課餉維艱倘有藉田罩佔猺地以及砍伐强耕該猺嶺地古木等輩許爾沈盤奉三姓猺老粮頭禀明究治不稍寛貸此照

須至帖照者

嘉慶三年歲次戊午☐日闔源仝立

註　碑現存富陽鎮大圍村八角神亭内，清仁宗嘉慶三年（一七九八年）刻立。碑高一三六厘米，寬六六·五厘米，厚一七厘米。碑石裂成四塊，字迹清晰。

奉縣封山
署富川縣正堂加三級紀錄五次劉　爲懇恩給照勒碑以杜後患事據生
員沈國泰沈郁蓮民人盤继祖奉勝明等呈稱生民大圍源三姓祖遺地
山場該地稅壹拾陸石歷來管業無異今被鍾國仁藉買傜田將父相竝塋
生民傜地且控在案今雖起送別塋誠恐日後復有買田佔地盜塟坟塚與
夫砍伐山場古木斷絕水源等事滋訟難休合無仰懇給照勒碑以杜日後
僭爭砍伐等情到縣當經批准給照外合行照給爲此照給沈盤奉三姓收
執嗣後將該村傜業地段照依明清二朝新舊供冊内四至東至大路頭至
柳木架規冲直至石潤塘三石隆西至大嶺北至石鋸齒嶺木頭源上崩
斷石梨木林四至界止井冲原係三姓共管不得外人霸佔凡有士民人
買受該處傜田者聽其買契内丘角耕種收租納糧毋許藉田塟霸佔傜
地即或已買該傜陰地塟有坟塚亦止聽其掛掃毋許以祖附塟至於該傜
嶺地古木爲宜培植以資泉源毋許刁耕人種焚山砍木至令水源土枯石
渴枝流消滴稅田乾涸民食課餉维艱倘有藉田單佔傜地以及砍伐拓耕
該傜嶺地古木等輩許爾沈盤奉三姓傜老根頭禀明究治不稍寬貸也照
須至勒照者
嘉慶三年歲次　日闔源全立

六六　鳳溪古閘門樓碑記

嘗謂重建門庭安鎮一坊居耶由來久矣此以協衆誠心建創楽從捐功之洛成勒石銘誌遠垂裕後不朽云

陳相还　各　黄代成　各　翟神勝　各　黄代普　一百
老　盧滿滔　岑照完　二　陳揚普　黄代仍　一百
岑相楽　二　陳鳳球　黄　仍　程富勝　各
翟慶禄　黄　安　百　岑貴美　翟美嵩
蔣玉連　陳長滔　一百　翟崙元　黄代勝
黄世荣　百　蔣日錫　岑揚德　黄代昌
陳相崑　四百　蔣崙宋　一百六　岑揚松　黄代美
陳德舉　各　陳廣松　一百　刘礼安　一　岑揚恩
岑照滔　黄　正　一百八　程盧勝　陳神玉
黄宗魁　黄宗任　一百六　翟神成　盧良恩
翟茂淮　二　盧瑞英　各　蔣美荘　陳美正
翟祥雲　蔣奇嵩　翟崙杰　翟良佩
程祥荣　翟神序　刘礼華　翟瑞鏡　五
岑神祈　岑奇善　翟賜勝　陳少昌
岑照成　百　陳永魁　翟美先　岑揚保
翟豪崑　四百　岑崙夆　黄祥昌　百　黄陞美
黄　英　各　陳英美　翟瑞現　各　黄陞華

程祥華　陳良孝　翟崙敬　黄代忠
翟運書　二　翟瑞光　岑刘芳　黄代良
岑照輝　陀萬甫　一　蔣光球　八　黄代隆
人　陳長泰　百　盧瑞枝　岑揚勝　岑神應　十
首士翟玉遠　四百　李奇英　岑刘恩　蔣寅彩　各
翟永禎　四百　陳崙華　翟揚貴　刘礼朝
翟照嵩　各　翟崙專　黄神培　十　蔣光亮　四
翟孝序　翟崙書　翟崙成　各　蔣寅光
刘照祥　二　翟瑞亮　翟崙相　翟賜富
翟崙乾　陳揚光　蔣美光　六　翟美忠　十
岑奇美　百　翟照球　蔣美彩
黄　松　三百　黄代光　盧良福
蔣奇輝　各　黄普方　翟良宋
岑本美　二　翟崙選　翟美恩　十
翟黄玉　黄普正　翟全貴　六
首士陳揚明　百　岑富美　翟全昌　十
翟瑞先　一百　岑子美
黄義　百

旹嘉慶叁年戊午三月日　穀　旦

註　碑現存城北鎮鳳溪村古閘門樓内側墻壁上，清仁宗嘉慶八年（一七九八年）刻立。碑寬九一厘米，高五一・五厘米。碑石保存完好，字迹清晰。

六七　福溪村書功碣石碑記

書功碣石（碑額）

自古制作其規畫區處非不既詳且備哉迨夫時異世殊間有宜於古而不宜于今顧不能不因時制宜奮肰而思轉移者此不獨州縣為肰即鄉里亦莫不皆肰原我周聚族於斯由來舊矣第宅東北隅前輩微嫌空缺設圍墻以障蔽長竹木以衛防閌櫚孔固其所以培吾基者若磐石肰恤晋路於宅内前後陰受邪魔之患出入陽闬匪竊之門况乩诗有云路是螣蛇忌内纏墻囗空缺欠周全從新舍舊能封固自免驚傷氣脉潛信斯言也若不革故變更何以杜漸防微固彊域而善時宜也耶旹维辛酉節届清明少長咸集欲更图之洎仲冬敬愬　諸君捐金協力輦石砌理置舊路于墻外計有四十余丈之袤焉孑墻亦如之嗣是古道仍肰相接宅塲以於縝密诚一舉而数善備焉行見改作既施秀靈斯萃興比屋而蔚人文寧不足以继儒宗之世绪乎域于尺副僅詳其巔末工費捐助併諸任事者同泐瑱珉爰歌曰老子題辞兮注由改作康莊兮我周日往来兮歌坦道名之晋兮萬萬秋族末邑庠紹濂撰并書

都　日燔 又路地四丈　福伸　各　福旺　捐　日紹　各　日廣　捐尒三百　何尊賢　各尒

周日典　各捐尒乙千六百文　周福鳳　捐　周日熾　尒　周應態　周福隆　各　何尊貽　二百

茂所　各捐尒乙　福超　尒　福寅　五　至坤　捐　日朕　捐　何尊顕　五十

緣　福程　千二　福密　福綽　百　禩　日思　日添　尒　何生英　各尒二百

周福繇　百文　周日曠　八　周常見　文　周福成　尒　周福訒　二　羅上念　四十

福孔　各　福偉　百　至乾　各　福宗　福宧　百　蒋華成　各

勸　福裕　捐　福純　文　福挽　尒　户　福綿　四　福季　周至璣　尒

日給　尒　福新　捐尒六百六十文　福玖　四　福皆　日材　四　周福納

周日暟千乙　周福榮　各捐分　周福顏　百　周福惠　百　周福礽　十　周福祐　二
首　福得　文　日旭　六百文　常理　文　福勝　文　善華　周福証　百
福緣　何生應　文　周福相　文

註　碑現存朝東鎮福溪村馬王廟，從碑文中所載『辛酉』年及姓名，推測立碑時間在嘉慶六年（一八〇一年）。碑高一三四厘米，寬六六・五厘米，額徑八厘米，正文字徑二厘米。碑石保存較好，字迹清晰。

書功碣石

自古謝作其規畫區處非一不既詳且備哉迨夫時異世殊間有宜於古而不宜于今顧不能不因時
制宜審勢而思轉移者此不獨州縣為然即鄉里亦莫不皆然原我周聚族於斯由來舊矣常宅
東北隅前輩微嫌空缺設圍墻以障瀲長竹木以衛防閑樹孔固其所以培吾基者若磐石然恤
西路於宅內前後陰受邪魔之患出入陽開匯竊之門況乱詩有云路是騰蛇忌向墻間空缺
乞周全從新合舊能封固自免驚傷氣脈潛信斯言也若不革故變更何以杜漸防微固疆域而
善其宜也耶嘗維辛酉節屆清明少長咸集欲更圖之洎仲冬歡懇諸君捐金協力葺石砌理
置舊路于墻外計有四十余丈之處焉于墻亦如之嗣是古道仍然相接宅場以於縝密誠一舉
而數善備焉行見改往既施秀靈斯萃與比屋而蔚人文寧不足以繼儒宗之世緒乎域于不副
僅詳其巔末工費捐助併諸任事者同勒瑱珉爰歌曰老子題辞兮注由改作康莊兮我周日往
來兮歌坦道名之曰兮萬之秋族末邑庠紹濂撰并書

都緣勸首

周日燇 日腆 茂所 福程 福緦 福孔 福裕 日給 日暟 福得

周福伸 福鳳 福超 福宥 日牘 福偉 福純 福新 福榮 日旭

周福旺 日熾 福賓 福緯 常見 至乾 福琬 福玖 福顏 常理

禩戶

周日紹 應熊 至坤 日思 福成 福宗 福綿 福習 福惠 福勝 福緣

周日廣 福隆 自朕 日添 福訒 福宦 福季 日材 福祄 善華 何生應

何尊賢 何尊貽 何尊顯 何生英 羅上念 蔣華成 周至瓏 周福納 周福祐 周福證 周福相

六八　峝中村重修門樓碑記

我
祖弘頒公自春陵登宋進士第歷官
會稽紹州授中順大中大夫先归
老于賀州之富川平鼎洞天井塘
紅門楼垂萬石堂以記傳經楽道
之澤後爰長標之勝遂聚族于斯
其門楼庭階修葺不勝記今以嘉
慶十年閏六月十九日卯時壬丙
向門楼更新庭階寛展功竣因記
年月事功首従名目俾我後有所
識而望其善継述者宝慶石匠孟鹰武刊

都　周昌珮　千二　昌審　各　家耆　六
周昌慶　千二　國倫　家文
周家茂　八百　國嚚　家邦　百　捨階地
周才賜　八百　後賜　銭　家楚
生庠周啓謨　七百　家福　才貽　文
周國遜　七百　家益　國祧　各
周家齊　千二　家廸　國賜
結　周家豪　千二　家德　六　國燕　銭

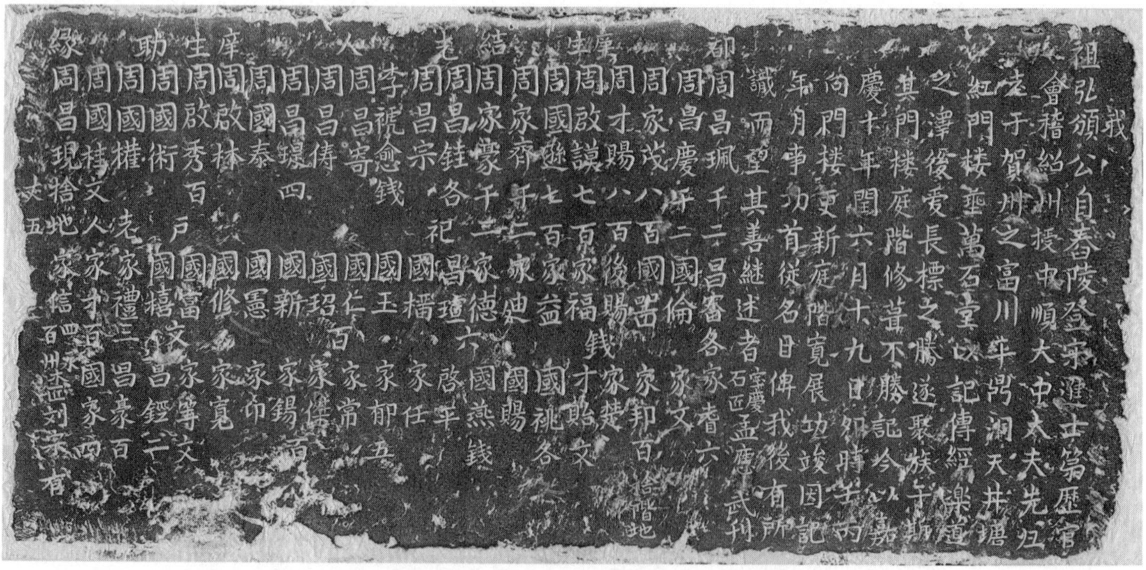

老　周昌銈　各　祀　昌瑄　啓平
周昌宗　國檑　家任
李褫愈　錢　國玉　家郁　五
周昌寄　國仁　家常
人　周昌侢　國玿　百　家傑　百
周昌堤　四　國新　家錫
周國泰　國憲　家印
庠周啟林　國修　家寛
生周啟秀　百　户　國富　家等　文
助　周國術　國禧　文　昌鋞　二
周國權　老　家禮　三　昌豪　百
周國桂　文　人　家才　百　國家　四
緣　周昌現　捨地　家信　四百　永州木匠刘宗有
丈五

註　碑現存朝東鎮油沐村委崗中村，清仁宗嘉慶十年（一八〇五年）刻立。

六九　鳳溪村重修石橋碑記

重修石橋碑記　石匠楚南
李柱櫟
今将捐資姓字開列于佐以垂
岑慶禄　各　千古不朽云耳矣
蔣玉連　岑本美　乙　岑林承
黄世榮　二　岑貴美　百　岑林相
陳德夆　百　黄代成　千　刘礼朝
黄宗魁　三百　黄　序　各　蔣美彩
翟祥雲　二　蔣奇松　黄代昌　已
程祥榮　百　黄普芳　陳神倍
翟運書　三百　翟林夆　捐　程雲勝
翟豪坤　四百　岑奇善　程富勝　上
首　岑玉永　各　陳永魁　岑揚恩
士　岑神祈　岑林書　翟揚貴　各
翟永禎　三　蔣奇輝　錢　翟賜勝
黄本煇　百　陳良孝　黄神昌　捐
黄本中　二百　陳英美　黄代普
岑神序　三百　翟瑞光　一　岑揚保　錢
岑祈美　乙百五　黄普正　黄代亮

首士

黃本福 三百 李奇英
黃本亮 二百五 蔣鳳相 百
翟黃玉 各 程盧勝 乙百六十
岑林選 一 黃代光
翟照球 百 黃 禮
岑富美 一百二 翟林轉
陳林華 一百 翟瑞先
翟瑞亮 翟瑞現
陳揚普 二百 陳式彩
岑揚松 二百 陳式亮
黃代盛 一百 奉林完
盧瑞芝 一百五 何文廣
蔣美光 一百 岑林敬
劉礼安 二百 岑美先
岑照成 乙百五十文 岑神盛
岑照輝 岑揚德
翟孝序 乙百五十文 岑揚勝
陳長態 二百 翟開清
黃本楽 二百 翟開美
黃本剛 二百 岑劉芳
黃宗任 各 岑劉恩

岑彥昇 乙
岑彥忠 百
盧良福 各
岑神應
岑刘應 尒
翟賜福 八
程安勝 十
黃陞科
岑美瑞 文
岑康應
岑美松 各
蔣賓彩
蔣賓光
蔣光亮
黃陞美
黃陞華
蔣安亮 五
蔣安昌
翟敬萬
岑龍康
翟全貴 十

岑照完　岑神成　翟全昌
蒋英魁一　盧瑞成以　翟全忠
翟照松　盤先章上　陳少昌文
程祥華百　翟林傑各　陀礼彩十六
盧瑞英　蒋光球捐　陳少安各
刘照祥　黄義尒　陳少美
岑林乾文　岑子義乙　翟良交
陳盛彩百　李士恩五
黄代忠
黄代良十
盧良恩
岑求翰文
岑美恩

旹嘉慶十年乙丑歲正月初六日穀旦

註　碑鑲嵌在城北鎮鳳溪村古閘門樓内側墻壁上，清仁宗嘉慶十年（一八〇五年）刻立。碑高四一厘米，寬一二三厘米。碑石保存完好，字迹清晰。

七〇 福溪村改建石橋記

改建石橋記（碑額）

稽夏令杠梁歲時修舉人沾利濟毋庸褰裳橋之資於行人非自今始矣村前溪水繞流隨建橋梁以通來往唯　靈溪一橋间或承祭及澣浴汲井在所必由前時資板㙕架雖堪躡登而歷年無多轉遭毁圮非有功令督率仍慮心力难齊今何姓兩　門合商成議改易石橋藉垂不朽隨募捐助此舉遂成将由是路者利康莊登斯橋者占亨履固宛然造一福橋也聊弁数語以誌好善者　翼亭何振鐸撰

都　何廷英　各　周常献　捐　何廷眷　二百四十　何百增　各二

縁　文熾　捐　祀　鐘氏闺弟　錢　周日燦　各　福延　百文

何天賜　錢　陳氏玉錦　四　何開洪　蒋啟楠　各　福溪埠倪　尒三百文

勸　文焯　三　何昌扶　百　生庠何毅　捐　啟芃　捐　何文耀　捐

首　何聯貴　百　生增常文　各　龔恒萬　錢　何廷敏　百禧　錢

福逌　文　世詠　捐　何孔季　福炤　錢　昌捘　一

村　周至榜　各捐　何宗傑　錢　何福攸　廷昌　何福創　百

何福洋　錢四　開統　三　文炳　二　周氏雪梅一　福依　文

老　廷賜　生監文熾　百　何文韶　廷謨　陳若疏　二百

何福昌　百文　户　国士　福澤　百　開皎　百

祀户　周氏翠鳳　尒一千文　何廷範　文　何其偉　何福莪

何百禄　尒五百文　開旺　二百四十　文輝　文　文玉　一百六十　寶慶匠人孟宗行刊

大清嘉慶十六年歲在辛未季春月　　　榖旦立

註　碑現存朝東鎮福溪村靈溪廟左邊巷子内，清仁宗嘉慶十六年（一八一一年）刻立。碑高九三厘米，寬五三・八厘米，額徑八厘米，正文字徑二厘米。碑石保存較好，字迹清晰。

七一　崗中村重修門樓庭階記

重修門樓庭階記（碑額）

嘉慶二拾年歲在乙亥孟冬月

望三日甲子時正針壬山丙向

分兼巳亥其門樓更新庭階理

砌今功成告竣因誌其年月事

功首從名目勒諸金石以垂厥後云

李繼昔　錢乙千八百文

周家林　乙千七百文

生庠 周啟謨　乙千六百文

周家益　乙千六百文

周国玿　乙千六百文

周国憲　乙千六百文

周家樂　乙千六百文

李繼昌　乙千六百文

耆 周昌銈　伍百文　周国燕　四百文

周昌珮　四百文　術士周昌倚

李禠愈　四百文　石匠周永賢刊

老 周昌寄　三百文　木匠周才竟

周国兆　三百文

註　碑現存朝東鎮油沐村委崗中村，清仁宗嘉慶二十年（一八一五年）刻立。

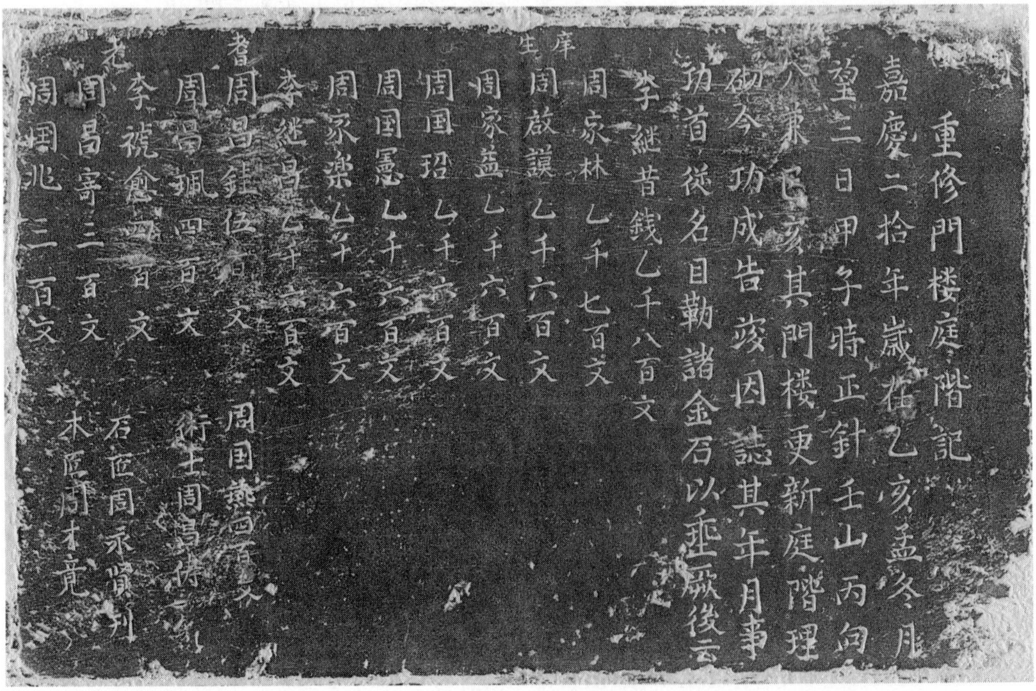

七二　重修中室前路碑記

道茀不脩陳國來單子之譏彼猶屬諸郊外者况此邑中室前之路歟昔之日坡級險峻滑跌咨嗟難行人之莫我誚而聞其事皆有怵惕惻隐之心兹舉斯心以行此事易險為平則由是路者庶不至履錯得咎焉寧非善事之一端哉今録其捐資用数而勒之石

塩埠公舘捐尒弍千文
周憲章捐尒八百文
陳明晰捐尒八百文
汪呈玉捐尒六百文
黄鳳岐捐尒五百文
蔣先立捐尒四百文
何士哲捐尒四百文
汪呈瑛　各　刘茂山　各　張翰青　各
汪呈瑚　　　譚宗秀　　　歐陽相
徐濟仁　尒　陳秀英　　　林兆吉
汪呈珊　　　汪呈珞　弍　毛甦華　一

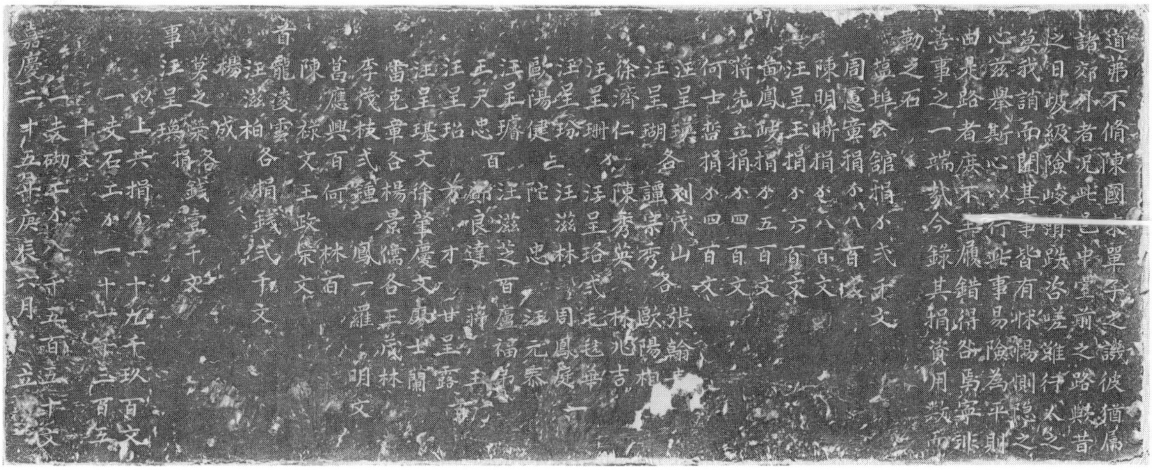

汪呈玢　三　汪滋林　　周鳳庭

歐陽健　　陀　忠　　汪元泰

汪呈璿　百　汪滋芝　百　盧福弟

王天忠　　鄺良達　　蔣　玉　百

汪呈�

汪呈堪　文　徐肇慶　文　廖士蘭

雷克章　各　楊景儒　各　王茂林

李茂枝　弍　鐘　鳳　一　羅　明　文

葛應興　百　何　林　百

陳　禄　文　王政榮　文

首龍凌雲　各捐錢弍千文

汪滋柏

楊　成

莫之榮　各捐錢壹千文

事汪呈換

以上共捐尒一十九千玖百文

一支石工尒一十一千三百五

十文

一支砌工尒八千五百五十文

嘉慶二十五年庚辰六月　立

註　碑現存縣城古明城仁義燈樓下，清仁宗嘉慶二十五年（一八二〇年）刻立。碑高三九厘米，寬一〇一厘米。碑石保存較好，字迹清晰。

七三　上清塘新修路碑記

新修路碑（碑額）

詩有云周道如砥其直如矢盖言乎平直無不利於行也兹村南口道下通鄉鄰係往來之必經每遇春雨不勝濘泥今載二三父老為之倡曰我李親鄰于交界之處既有好修之舉盍继事而作就坦塗遂唱和而奮興焉然其間厚薄不同而盛心則口也不越歲而成斯路雖不及通都康衢而跋涉之患可以免矣則征人不有小補乎是以為記　　庠生廖勝忠撰

頭　唐舉瑞　各　克仁捐錢乙千二百寿安　唐應財　各

宗勳　壹　宗明　各　唐應口　各　唐月㒷　各　允瑞

金益捐仟　唐宗熙　尒　宗選　振賢　允文　捐

志豪　各　宗仁　口朋　尒　禎相　捐　進當

祥選　九百　宗德　乙　應口　禎浩　允口　尒

唐㒷應　五百　宗盛　千　口口　口　唐口口　尒　唐志口

宗文　六百　唐宗偉　文　唐宗口　宗口　口口　二

寿祥　四百　祖荣　各　德口　口口　三　口口

禎鰲　三百　瑞口　尒　應照　各　月荣　百　允福　百

如斌　二百　宗華　五　應魁　尒　唐舉口　文　唐宗顯

首　唐禎選　六百　唐宗宝　百　　　　遠照　文

允朋　四百　道清　文　唐應經　口

遠賢　百

嘉慶庚辰年　八月　初十日　吉日立

註　碑現存葛坡鎮上清塘村内公園的水池旁，清仁宗嘉慶庚辰年即嘉慶二十五年（一八二〇年）刻立。碑高九三厘米，寬六〇·五厘米，厚一三厘米。碑石保存環境不佳，不少字已無法辨識。

新修路碑
詩有云周道如砥其直如矢蓋言乎平直無不利於行也茲村南

七四　深坡街續街記

續街記（碑額）

吾族以街命名因名究義前

孝廉公諱中菊修上中房路記已闡發殆盡而街之廻环如带者亦既坦如其平矣惟上門村口路二十餘丈砌用頑石未鋪平板每逢春雨行人憂之豈前之人故畱此缺以有待與抑亦光大前猷為纉承者所有事也乙酉春予堂弟廷桂首倡是舉族叔祖中璠率房弟天應族弟廷剛等相與賛勷所需工費據上游者咸喜助焉工竣問記於予時予以同學諸友約赴南闈不及從容潤色鋪張其盛爰書数語以誌之曰街者攜也四通路也張華之詩曰甲第面長街缺則难云長矣諸君能續而長之其殆與　中菊公有曠世同揆者乎憶　公捷癸酉鄉闈考星經昴酉為天街公之發街之應也予尤訝　公碑載父老之言謂街成而培風水毓英才何父老竟先知而騐之不爽耶或騐於前者亦將有以騐於後耶予不自量五困矮簷志云未逮倘異日者邀山川之灵克繩其武嗣而興者復継継承承魁鄉發甲與父老之言重相印合則此街之續即謂之續天衢可也謂之續雲路亦無不可也是為記

中栢　　優廩生蒋廷智撰　　庠生蒋爾芃書

首蒋中璠　捐八百文　庠生世華百七　紹祖　各　世儒　四　紹勳　三　長太　各　應賔　各　世修　各

廷桂　乙千六百　長政　各　献瑞　宏祖　百　貞先　仙舉　知致　世㒷

庠生廷剛　乙千四百　庠生尔芳　六　知明　唐善達　各　荣先　仙保　祖賜　德茂

事　天應　乙千　知新　百　知倫　四　天貞　功茂　百　㒷德　應騰　世寅

公厚　各　知時　百五　知訓　天保　三　功德　㒷口　二　純德　二　發先　二

知善　展珂　四　紹元　善顔　耀祖　二　㒷芳　天助　發常

庠生廷信　錢八　展尊　百　純正　百　㒷得　百　天元　百　㒷為　百　世行　百　日隆　百

功隆　百　尔魁　故庠生廷芝卅毛氏　吳礼　時慶　長厚　世太　自才

旹

道光伍年歲次乙酉桂月　吉日立

註　碑在葛坡鎮深坡街村東北凉亭内的墻壁上，清宣宗道光五年（一八二五年）刻立。碑高一三六厘米，寬六六厘米。碑石保存完好，字迹清晰。

七五　重修南城樓碑記

邑之建於斯也由前明弘治之十有三年春漲
湍激推崩矮石堡各千户題請築土城於此以
爲守禦之所厥後因之迨我　國朝
聖祖純皇帝之八年任斯土者　馬公修之各门易磚
以石週圍女墻兵卡以及城濠厥制始備迄今
八十有餘年矣西門閉而不開北城祀　武帝
於上東城祀　文昌於上時有修葺不致頃圮
惟南城至今棟朽瓦鮮盖幾幾乎不可支矣邑
侯　唐公卞車傷之因捐俸擇諸葛載輿周常
珍董其事修復之工峻坊之人士諸葛載學白
映宗義洪珍蕭　藝李世春等更爲捐簽以祀
北帝於上庶乎以昭誠敬而爲斯楼久遠計永彰
唐公之美意也因記其始末並各捐資以列於後
總理邑孝廉汪呈玉撰捐銭壹千文
首　諸葛載學捐銭肆千文施銭捌千文
　白映宗庠生蕭　藝各捐銭五百文
事　義洪珍　李世春各捐尒三百文

捐資芳名開列
諸葛載輿捐尒六千文　周振芳　林正茂各捐尒二千五百文

黄金來捐尒弍千乙百文　毛穎宵捐錢壹千四百文　代書館捐錢八百文
周常珍　黎　洪　李富元　穆逢相　李念春各捐尒弍千文
何品才　周啟後　各捐尒乙千文
生庠汪礼川　蕭輝宗　陳英俊　歐陽時　罗綸華　雷晋魁
王政荣　各捐尒五百文
毛舒先　毛文鳳　毛穎楷　生廪潘李顯　各捐錢肆百文
生增何品特　鄧明乾　毛穎拔　各捐錢三百文
黄道昌　罗　荣　甘　霖　陳　福　甘　共　利　荣　何　健
張學明　蕭文輝　柳　俊　彭玉乙　沈從龙　諸葛梅　白宗盛
翟觀光成　蕭献彰　毛守先　勾杏林　潘學海　徐肇亨　林逢吉
文清新　毛蔭先　潘廷槐　白曾長　黄厚光　周有昜　王德光
以上各捐尒二百文　李　明捐尒乙百五十文
楊祖發　林逢慶　潘李渊　林正章　李啟荣　李　貴
鄧達受　陳長枝　毛聖萬　歐陽誠瀛　王紹先　唐神賜
蕭口枝　口官賜　歐陽誠濟
各捐錢壹百文　羅　福捐尒五十文
道光拾年肆月　日立

註　碑現存縣城古明城南城樓墻上，清宣宗道光十年（一八三〇年）刻立。

邑之建於斯也由前明弘治之十有三年春[illegible]
湍激推崩樓石堡各千戶題請築土城於此以
爲守禦之計厥後因之迨我國朝
聖祖純皇帝之八年任斯土者馬公修之各門易磚
以石週圍女墻兵寺以及城濠[illegible]制始備迄今
八十有餘年矣西門閉而不開北城祀武帝
於上東城祀文昌於上時有修葺不致頹圮
惟南城至今棟朽瓦解盖幾幾乎不可支矣邑之
儒唐公[illegible]連傷之因捐俸撑諸葛載與周常
珍董其事修後之工竣時之人士諸葛載學白
映宗義洪珍蕭藝李世春等更爲捐資以祀
北帝於上庶乎以昭誠敬而爲斯樓各[illegible]討永彰
唐公之美意也因記其始末並各捐資以附於後
總理邑孝廉汪呈玉撰捐錢壹千文
首 諸葛載學捐錢肆千文施錢捌千文
白映宗 [illegible] 蕭藝各捐錢五百文
事 義洪珍 李世春各捐錢三百文
捐資芳名開列
諸葛載與捐錢六千文 周根芳 林[illegible]茂各捐錢二千五百文
黄金來捐錢弍千[illegible]百文 毛穎宵捐錢壹千四百文 代書紹捐錢八百文
周常玲 [illegible]洪 李富元 [illegible]相 李念春各捐錢弍千文
何品材 周啟俊各捐錢[illegible]千文
汪社[illegible] 蕭輝宗 陳英俊 歐陽時 羅綸華 雷晋魁
王政榮各捐錢五百文 毛文鳳 毛穎楷 [illegible] 潘李顯各捐錢肆百文
毛舒先 鄧明乾 毛穎拔各捐錢三百文
何品特
黄道昌 [illegible]榮 甘霖 陳福 甘典 利榮 何健
張學明 蕭文輝 柳俊 彭玉山 沈從龍 諸葛梅 [illegible]盛
瞿观成 蕭献彰 毛守先 [illegible]林 潘學海 徐[illegible] 林逢吉
文清新 毛[illegible]光 潘廷槐 [illegible]魯長 黄學光 周有陽 王德光
以上各捐錢[illegible]百文 李[illegible]明捐錢[illegible]百五十文
楊祖蔭 林逢慶 潘李湘 林正華 李啟榮 [illegible]貴
鄧達受 [illegible] 毛聖萬 歐陽誠[illegible] 王紹先 [illegible]
蕭[illegible]枝 [illegible]賜 歐陽誠漢
各捐錢壹百文 羅[illegible]福捐錢五十文
道光拾年肆月 日立

七六　鳳溪岑氏鼎建宗祠碑記

嘗謂喬木發于枝肫肫共本長江流萬派混混同源然而禀生受由詎置水源木本之思哉溯祖世自南京徙居粵地平群於嘉靖九年法七公籍居富邑鳳溪自七基祖遺脉而來至今一十餘代瓜瓞綿行此係派汥愈沿而愈彌耳使無所感則易息切本無依有所觸而則易生血食計恁得毋惕僳焉而擬籌也哉是以喬木高而仰梓木底而俯一唱百和相營追報之基然憶誠共發勸勸捐資舉家首而諸所事攀鳩工之門庀裁而立竝經始於丁亥孟冬落成於仲冬之後莫不互而羡咨曰非謂宜靈而㢘適耶非苗裔之而惆祔耶三祫五禘須致孝乎夏冬攝俎陳馨隆崇酹乎昭穆慝勿戀之而綖者抑且殄之而愈緝千百世上而賴者千百世下而益托永繼惆源明禋攸著斯世系之良圖尔是為記

總　本礼　一千　　挽積　一　　念忠　千六　　忠祥　六百　　信安　二

本瑞　十千　　本朝　　美瑞　二千　　美琳　千七　　信求

神勝　八千　　美先　　刘應　一　　祖忠　一　　金提

理 芳荣 八千五百 本嵩 千 本有 安榜 金堦

會 本高 一千 楊珮 四千 俊謀 聖添 金機

刘芳 三千八百 林成 二千 安昌 安康 千 金柄

林相 二千一百五 照金 四百 祖陞 千 聖永 五 杜康

求仔 三千 本漢 一千 玉陞 八百 康福 胤龍

本遲 一千 文廣 四百 玉能 五 俊謡 百 胤鳳 百

楊美 二千一百五 美光 二千 神見（字門） 守勉 千七 信諫 一千

本康 二千六百 神亮 三千 求漢 蘭光 七 茂龍 八百

朝科 一千 本安 二千一百五 祖福 峯崔 百 嵩鵬 三百

莊翰 四千七百 禄康 一 神莊 百 積魁 五 茂盛 八百

礼坤 一千 刘恩 千 祖亮 千三 進玟

光朝 一千二百 本芳 六 峯崒 二千 康朝

神忠 一千六百 楊恩 一千 龍康 一 礼芳 百

神應 二千八百七 本宋 二千 聖賜 蘭芳 一

峯坴 式千一百 峯崙 三千 蔣應 求瑞

忠福 一 本勲 三千一百五 峯崟 守亮

念陞 美嵩 八百 俊評 安坤

首 安亮 千 紹林 一 蘭陞 蘭芬

永清 二百 紹任 念朝 千 信謀

臣英 五千 子魁 忠魁 六百 求珍 千

鳳麒 一千九百 忠彩 蘭普 七百 岳寬 三千

廣啟 一　美恩　王旺 五　祖慶 六百

豪英　礼荣 千　祖朝　積崗 五

鳳麟　積永 四千六百　求應 百　俊托

運彩 千　朝剛 一千　美璋 二千　秀林

富美 二千八百　漢朝 五　積昌 五百　秀昌　慶順 施木一株柱

梓美 一千九百七　楊安　蘭照 七百　秀朋　添念 施木一株拾

呈美 一千四百五　楊朝　積朝 五百　秀琄　長乾 施磉一對石

子美 一千六　子正 一千四　楊夆 百　求永 千七　康茂

運慶 八百　貴美 二百　忠剛 五百　新朝 百

芳瑞 一　峯崑 七百　俊謀 三千　金托 三

鳳積 千　美忠 五　金榜 三百　信光

林敬 一千六百　神朝 百　祥魁 一千　卯科 百

旹道光十年　立

註　碑鑲嵌在城北鎮鳳溪村岑氏宗祠右側墻壁上，清宣宗道光十年（一八三〇年）刻立。碑高五一厘米，寬一四五厘米。碑石保存較好，字迹清晰。

七七　十甲公議碑記

十甲公議碑（碑額）

聞之食時用礼先王之善政移風易俗志士之深心八都素称敦龐十排尤为古朴先民之矩矱其可法而可守者歴歴如昨也乃人心口通变相
率以靡富者務為美观不惮穷奢而極欲貧者耻其不逮甘為割畆而傾家虽氣運之使然实風俗之口病挽而还初不独印纍绶若者操其券也唐
君守延李君味超及予族蒋廷珍世華苛目覩心傷首倡是峯爰集十排之齒德兼優者共伸大禁凡冠嫁丧祭之仪往来酧應之节不嫌瑣屑詳列條
欵議用勒碑以期道一風同之盛示草于予因命誌其巔末予讀之曰嘻是議也不泥于古亦不戻乎今質中有文朴而不陋礼毋忘儉简而易從他日
聖天子下輶軒之问即採此以登風俗之书也其亦可矣宣圣之言曰是亦爲政奚其为之政也△朱子云嫁女择佳婿勿索重聘娶妻求淑女勿計厚奩礼云冠
婚丧祭称家有無婚姻論财虜虜之道△礼云女子廿而嫁今以十八九口之聘口口口嫁不許过期△口口口口女子十年有姆教教以三從四德之
義中饋修戻之礼訓以女工之事至臨嫁先日送礼物以报其恩口之送賢娘而後人遂以为行娘一往一来大口口路途之中敗壞風俗於此为甚而
且冗耗肉食糍米为父母者急宜禁戒△一婦女礼云身犯七出之條者宜出之一女一子于归之日勿論路程遠近口口時到夫家一送接親此乃古礼
也或送至或不送預先傳知以便迎接胙礼免一新婦斉親之礼不行免致両煩△一初结口年庚礼肉用十斤八斤六斤槟榔二封蛋十九員止
庚尾肉各一斤槟榔蛋各一包闸纳以女子之翁姑岳翁姑同胞伯叔父止余免若岳翁姑不在即納親旧父母一缔好糍依旧糍尾依初結婚闸纳
一茶包糍依旧糍尾亦照前闸纳△一行聘八礼礼尒八千粿餅各八十湯猪乙羊乙無猪代四千文羊代八百文粿盒猪代乙千文雞八羽六
礼礼尒六千文粿餅各六十湯猪乙口代四千文粿盒猪代一千文雞六羽四礼礼尒四千文粿餅各四十湯猪乙口代四千文粿盒猪代乙千文
雞四羽至年庚礼肉口口牲雞乙礼酒卅二斤啓簏二封八六四礼同一致行余衣花手鈪茗海麵寺物随男家用聘尾用粿餅各二照結婚時
闸纳若更下二家自口△一行聘折礼尒多则十口千少则十四千十二千止雞八礼八羽六礼六羽四礼四羽至年庚礼肉牲雞酒礼啟簏八六
四礼同行古礼一致口余衣花手鈪茗海麵寺物口口用於聘尾肉乙斤亦依結婚時闸纳△一迎親糍依旧一报佳期染色尒二千文雞
酒依旧△一上車猪乙百斤臨嫁先二日與塩口口口口口△並至若折猪尒照時價△一嫁奩減免方棹坐椅以及錫飯盂盤碟不用餘新婦所
應用之物随女家口办△女子既嫁三日由女家兄送回男家省親定期回门回门后将滿月男家弟姪向女家迎接新婦归家自此以后
常往常来不许久畱△一回書礼肉各一斤餘闸纳以新妇之岳翁姑同胞伯叔余免父母则用胖肉三斤心肺一斤若岳翁姑不在即闸與親

旧父母△　一同都十排中结親定行此例若與別都隨行不計　△一喪祭各宜誠心唁弔各自戴白惟奉香楮宝烛至三牲上孝尒俱免

一孝白㖒纳以期服大小功缌麻止餘免△一喪奠祭日先已訃聞者不論親友即在奠期日戴白来唁弔三牲免一喪奠祭有訃聞

不及者若聞知奠祭日即便戴白自来唁弔三牲免△一喪有不专奠祭者亦不能通囗囗友至親友出誠唁弔者又自戴白三牲免

以上條規合行勒碑后各即凛遵如有抗違者衆罰不貸　　優廪生鶴囗蔣廷智撰

庠生謙敏　行輝　唐啟囗　啟囗　継祥　味超　庠生芝囗囗守仁書

唐謙尊　唐瑞彰　囗囗　囗囗　周世後　李素安

純賢　潤祥輝　駱杜保　永貴　世禄　世求　衡州清泉石匠王玉瑛刊

國章　鐘顕全　廷都　廷治

生庠蔣廷珍　先照祥　生庠增唐希天信

世華　唐龍善

一五服中婦女㖒纳僅以一尺余止

大清道光十年歲次庚寅仲春月合八都十甲　吉旦日立

註　碑現存葛坡鎮義族村一門樓内，清宣宗道光十年（一八三〇年）刻立。碑高一六六厘米，寬九七・五厘米，厚一二・五厘米。碑石保存環境不佳，表面磨蝕嚴重，不少字已無法辨識。

十甲公議碑

七八　鳳溪翟氏鼎建宗祠碑記

憶惟我祖積厚流口光出自東魯分籍馬蠱徙於富邑
口業中鄉擇居风地遺脉四房廷球廷瑼领納銭粮撥
立五户定其紀綱克勤口創始流澤孔長凡属口後思慕
毋忘喬高以仰梓底共謫合族酌議一唱感相捐資成
口鼎建宗堂父慈子孝兄弟温良規模周正氣象飛揚先
口以妥奕禩馨香水源木本春露秋霜追根有舉各獻
大良願佑後裔俾熾而　昌爰勒諸石傳之無疆

總開清　十千七百　禄漢　三千五百　順清　二千　光成　二千　昔彩　各　品良　鳳彩　六百
奇舉　十二千八百　禄生　三　千　順文　乙千(百乙)　榜宗　二千　昔推　彩康
照相　七千七百　豪亮　二千八百　光忠　各　陞翔　七　表科　彩强
禄陞　五千文　禄廣　二千七百　儒慶　翠安　百　表連　俊荘
順普　三千四百　廣清　二千五百　見荘　捐　陞翺　崗漢　敬礽
淳善　三千四百　禄光　二千五百　武魁　昔輝　文　崗謀　敬禈
廣球　三千四百　本行　二千五百　神坤　朝漢　各　佛安　尒　敬萬
孟彩　二千七百　敬林　二千四百　敬祖　亮荘　敬謀　純隆
祖成　二千二百　廣啟　二千四百　敬崗　亮林　儒文　光亮
賜美　二千(五百)文　呈科　二千四百　豪瑞　尒　定佐　尒　光德　儒杰
順漢　二千文　禄佩　二千三百　呈雲　孟賔　艷楊　定忠
球成　乙千七百　孟照　二千三百　彩亮　孟甫　俊謀　定孝

見祖 乙千五百 晋坤 二千三百 魁胜 陞應 俊評 五 定全
賜福 乙千五百 廣英 二千二百 神忠 乙 豪奇 六 定安 功諒
潘昌 乙千三百 昌恩 二千四百 遺松 品榮 求姐 莊諫 文
神見 乙千三百 孟炳 二千三百 孟佩 賜勝 定侯 豪仍 各
俊鳳 乙千三百 良康 二千三百 俊謀 賜陞 百 定魁 禄朝
敬朝 乙千三百 照保 二千一百 林球 千 賜照 艶煻 俊祈
安莊 乙千三百 孟川 二千二百 順武 安富 定耀 俊忠
廣忠 乙千三百 開滿 二千二百 陞福 陞珠 文 庙安 敬珠
定榮 乙千二百 神鰲 二千 陞謀 念莊 五百十五 庙應 百 純發
彩勝 二千二百 神熊 二千 陞康 熊漢 各 陞莊 俊口
彩光 乙千二百 光正 二千 陞亮 熊祥 孟江 观胡
神亮 乙千四百 祖坤 二千 廣良 文 熊昌 孟淸 观常
光榮 乙千 莊漢 二千八百 峯崔 熊其 陞强 观鵬
儒林 乙千 豪成 乙千六百 彩明 九百 熊鎮 陞勇 純照
孟添 九百 順李 乙千六百 禄安 各 隆翔 户光 俊口
應康 六百 啟美 乙千四百 托陞 隆復 陞發 永舉
昔連 六百 安林 乙千七百 敬松 厶 熊林 五 安貴 應諫
進魁 五百 豪良 乙千三百 敬莊 登光 賜亮 文 翠球
首 里朝 四百 孟寧 乙千四百 俊誼 莊能 里松 厶 宗生
神光 八千文 豪彪 乙千二百 敬材 八 莊現 禄魁 儒魁
呈奇 七千一百 享美 乙千二百 敬棠 禄莊 敬昌 添信

林珍　五千七百　神杰　乙千二百　文洪　禄美
廣龙　六千文　廣文　乙千二百　莊勝　照球
竒學　五千七百　神彩　乙千四百　才念　百　禄彩　百
享科　五千五百　孟求　乙千二百　才積　鳳明
林杰　四千三百　廣輝　各　生庠大鵬　武貴
照貴　四千五百　本英　尒　陞安　武安
文德　三千九百　見宗　乙　陞櫟　儒俊
良正　三千七百　神莊　千　豪英　文　俊珠
禄寬　三千六百　耀美　文　敬崑　七百　潘照　文
順積　三千文　继保　乙千　孟恩　乙千二百

代明禋以垂後代繼述不朽
施蒸嘗田人順武大路底田二坵逐

敬富　以忠
福昌　定囗
潘萬　定鶉
福荣　四　定模
賦荣　定堦
開湖　百　定居
崗林　艷洪
孟祥　艷清
永松　陞坤
昌忠　文　陞吉
神寬　尒　崗楊　尒
囗寬　崗轉
朝亮　二　敬楊
里荣　正文　乙
定莊　百　正武
定交　文　俊賞
里鳳　三　俊和　百
禄見　百　敬如
禄康　文　敬穩
本英尒二十三千文　正科
純託　二百　熊發　文

潘陞　乙百十四
純茂　二百文

年清明掛掃順武祖坟及父照相母陳氏

道光十一年十二月十八日立

註　碑鑲嵌在城北鎮鳳溪村翟氏宗祠右側墻壁上，清宣宗道光十一年（一八三一年）刻立。碑高五五厘米，寬一六四厘米。碑石保存完好，字迹清晰。

七九　大寨唐氏宗祠碑记

盖謂宗祠自前者所造非時
人之所專爲春雨風頺迄於
今壞已久矣屢屢聲言興修
每載清明之會老者坐視难
吾族人曰當復興修矣是故
将立首事一暢百和人人恊
心預偹磚木瓦料即命匠庀
工揀用　道光十二年八月
初二日辰時藏脚十一月初
八日辰時行墻安門上樑正
作乙山辛向兼卯酉分針至
癸巳落成告竣而工雖未及
刻桷雕簷真一大观而清明
之會期者族人畧有所恃矣
豈不幸乎俚言以垂後耳

唐耀鼎撰書

都　唐福財　捐錢四千四百
緣　唐耀盛　捐錢二千二百
頭　唐子輝　捐錢二千二百
唐肇先　捐錢二千二文

唐耀章　捐錢一千九百
唐宗仁　捐錢一千四百
唐耀雄　捐錢一千四百
唐盛慧　捐錢一千四百
唐自超　捐錢一千二百
首　唐宗嗣　捐錢六百文
監　唐普賢　捐錢二千四百
生　唐福招　捐錢二千八百
唐耀鼎　捐錢一千六百
唐允球　捐錢一千四百
唐耀彩　捐錢一千四百
唐福玉　捐錢一千四百
唐盛科　捐錢一千四百
唐耀敏　捐錢一千四百
唐福旺　捐錢一千二百
唐耀豪　捐錢一千二百
唐耀經　捐錢一千二百
唐耀善　捐錢一千文
唐福寬　捐錢一千文

註　碑現存葛坡上洞大寨唐氏宗祠，清宣宗道光十二年（一八三二年）刻立。碑高三一厘米，寬一一三厘米。碑石保存完好，字迹清晰。

八〇　油沐村重修胡家門樓碑記

重修門楼記

大清道光拾叁年癸巳歲正月初一癸酉日丑時正針坐丙向壬兼丁巳丁亥分金雖則前代所造歷年多矣庭階破壞目視不堪理宜改換由是叔侄捐資銀錢務要增高門楼庭階理砌經营已遂今功成告竣因誌其年月事功首從名目勒諸金石以垂厥後云

胡智明　一仟文　石主胡啟珍捨

胡玉燦　捐錢陸仟文　墻脚地四尺

胡世弼　捐錢陸仟文

胡世芳　捐錢伍仟弍百文

胡世能　各捐伍仟文

胡明超　錢伍仟文

胡文熙　伍仟文

胡文隆　錢弍仟五百文

胡文質　各肆　陳氏杏花　肆百文

胡文廣　捐百　周氏盛秀　弍百文

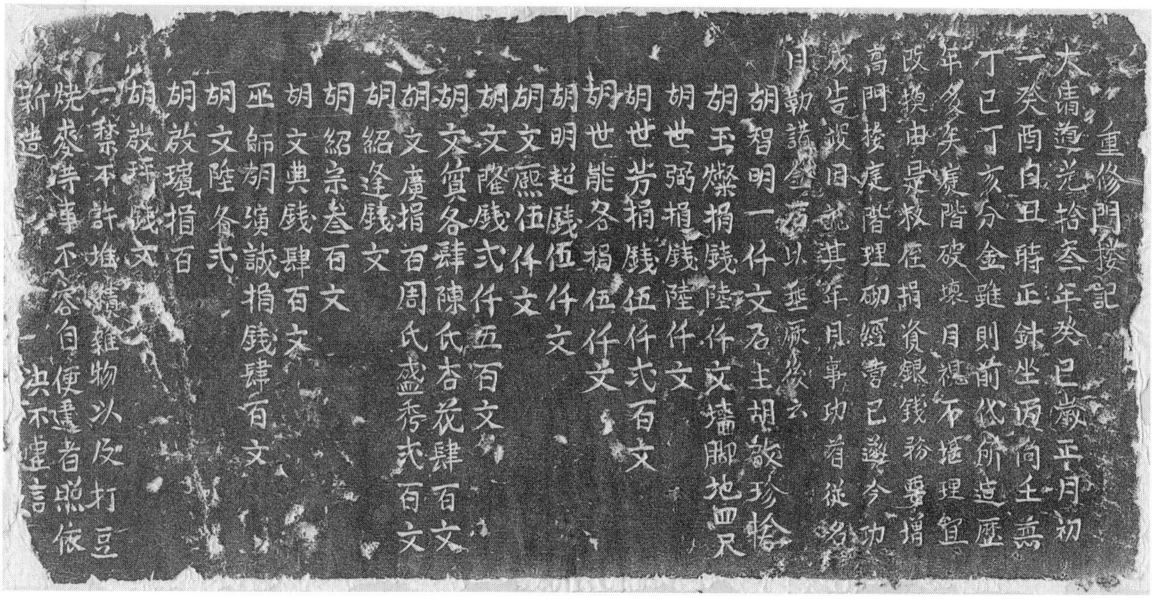

胡紹逢　錢文

胡紹宗　叁百文

胡文典　錢肆百文

巫師胡演誠　捐錢肆百文

胡文陞　各式

胡啓璸　捐百

胡啓玶　錢文

一禁不許堆積雜物以及打豆

燒麥寺事不容自便違者照依

新造　　　決不虛言

註　碑現存朝東鎮油沐村胡家門樓右側墻壁上，清宣宗道光十三年（一八三三年）刻立。碑高三五・五厘米，寬七三・五厘米，額徑一・五厘米，正文字徑一・五厘米。碑石保存完好，字迹清晰。

八一　龜石嶺重建門樓碑記

尝謂培補宅塲非門楼無以爲功有事
公議舍門楼無以束身則門楼之設不
惟具一村之壯觀亦且有利於人事癸
巳孟春衆商重建不期月而工告竣焉
所有捐資芳名勒石垂後
総　黄深求　四千文　黄泮京　百八　黄鵬錦　各
理　程黄珖　三千六百　黄呈厚　七　黄泮剛　二
大　黄呈倭　一千二百　黄鵬賢　百　黄刘楷　百
　　黄才斗　各　黄刘源　百六　黄鵬照　各
　　黄申孝　七　黄鵬正　各　黄呈杰
利　黄鵬序　百　黄鵬見　五　黄呈廣　[二]
磚　黄鵬儒　乙千　黄鵬光　百　黄奠棋　百
匠　李朝陞　百四　蘇定芳　文　黄奠桂
口　陳昌富　乙千二百　黄中亮　四　黄奠榕　文
匠　李儒科　百四　李朝文　百
抿　蘇定求　百五　何林㒷　各
匠　麥宋富　百三　黄呈林
頭　尹賜安　二　李朝英　三
首　何林盛　百　黄刘科

陳良光　各　　陳深珠　百
黃呈普　千乙　蘇定安　百三
黃正綱　百二　黃才显　各
黃呈耀　各　　黃呈坊
李儒陞　乙　　李朝朋
麥翰忠　　　　黃鵬現　二
程黃康　千　　陳鳳彩
黃深應　　　　黃鵬盛
黃正朝　文　　蔣程福
黃神忠　百八　蘇定朝　百

道光癸巳年季冬月立

註　碑在城北鎮龜石嶺村村口和睦門樓墻壁上，清宣宗道光癸巳年即道光十三年（一八三三年）刻立。碑高五〇・五厘米，寬九二・五厘米。碑石保存完好，字迹清晰。

八二　五源書院碑

五源書院奉到
欽命提督廣西全省學院翰林院編修加三級紀録六次
池大人給發書籍勒碑垂於不朽
欽定七經傳説彙纂共（弍拾肆套壹百陸拾本）　欽定朱子資治
綱鑑壹部共（弍拾套壹百弍拾本）　詩經　折中弍部共肆拾
本　易經述義弍部共拾肆本　春秋直解壹部拾
肆本　御孝經註貳部共弍本　爾雅註疏壹部共
肆本　史記壹部共叁拾弍本　御纂性理弍部
共捌本　朱子近思壹部共肆本　小學集註弍部
共肆本　五種遺規弍部共拾陸本　道光字典壹
部肆拾本　朱子全書壹部共肆拾本　欽定四
書文壹部共弍拾本　八集分編壹部弍拾肆本
國朝賦楷弍部共捌本　子史精華壹部肆拾本
唐宋文醇壹部共拾陸本　唐宋詩醇壹部共弍拾
本　四書滙粢壹部共弍拾肆本　昭明文選壹部
共拾弍本　（前後）漢書弍部共陸拾本　漢魏叢書壹
部共捌拾本　儲氏七種壹部共弍拾本
以上共叁拾玖部共捌百弍拾弍本
道光十四年八月　日立

註　碑在新華鄉黄土埧村後山，清宣宗道光十四年（一八三四年）刻立。碑石保存完好，字迹清晰。

五源書院奉到
欽命提督廣西全省學院翰林院編修加三級紀錄六次
池大人給發書籍[illegible][illegible]存
欽定七經傳說彙纂共壹百拾陸拾叁本　欽定朱子資治
綱鑑[illegible]部共壹式拾叁拾本　詩經折中式部共肆拾
本、易經述義式部共拾肆本　春秋直解壹部拾
肆本　御孝經註貳部共式本　爾雅註疏壹部共
肆本　史記壹部共叁拾式本　御纂性理式部
共捌本　朱子近思壹部共肆本　小學集註式部
共肆本　五種遺規式部共拾陸本　道光字典壹
部肆拾本　朱子全書壹部共肆拾本　欽定四
書文壹部共式拾本　八集分編壹部式拾肆本
國朝賦楷式部共捌本　子史精華壹部肆拾本
唐宋文醇壹部共拾陸本　唐宋詩醇壹部共式拾
本　四書滙參壹部共式拾肆本　昭明文選壹部
共拾式本　前後漢書式部共陸拾本　漢魏叢書壹
部共捌拾本　儲氏七種壹部共式拾本
以上共叁拾玖部共捌百式拾式本
道光十四年八月　日立

八三　倒水源[添]設蒙泉義學記

倒水[源][添]設蒙泉義學記（碑額）

人之有性猶水[之]有源而畢達知搏而躍激而行者之非其故也人有性而賦均知始相近終相遠者之由所習也觀水有術将以悟性将以立教将以移風而易俗山下出泉衆蒙亨焉养正是以有功也富川東縂之倒水源盖五源之一耳壬辰春江華趙孽兹擾余奉委斗米崗下路溪両处防堵其一則㞩[倒]水源竊嘗以入學明性為鄉人劝既而定議於沙母源之宋塘洞創建五源書院方以類聚舉東縂均與共焉而倒水源去宋塘較遠欲以其附近处添設一學便子肄業爰捐廉倡首率十三洞之人劝各出有餘以勷厥事果翕然丕应罔不率從择於土名大湾建立室両進為抆情申報　宫保撫憲祁賞賜銀

牌　府憲(耿唐)捐給銀両定學名曰蒙
泉義孝經始於癸巳之春落成於是
[歲]之冬捐項共五百餘千除築室工
費外餘即[典][置]義産永為師生膏火
資夫原盈放[水]之所以有本如是也
詞源倒瀉人之所以質有其文也黨
有庠塾有師不以猺習而甘自暴棄
是能出幽谷而喬木也蒙以养之詩
書化其質性礼讓型為風俗安見岩
居野处之甿不進於聲名文物之區
耶謹綜其實而泐諸石
欽加六品銜鄉進士揀選知縣　富川
　儒學加五級朱德鈇譔捐七千
欽加道銜知平楽府事唐　捐纹銀二
　十両正
欽署平楽府正堂耿捐紋銀二十両正
道光十四年季冬月　　　　日立

註　碑在白沙鎮幹別村，清宣宗道光十四年（一八三四年）刻立。碑刻保存不佳，裂爲數塊，據光緒《富川縣志》卷六《學校志》朱德鈇文補。

道光十四年季冬月 日立

八四　蒙泉義學書目碑記

蒙泉義學奉到

欽命提督廣西全省學院翰林院編修加
三級紀録六次　池大人給發書籍泐
碑於垂不朽
欽定七經傳說彙纂共二十四套共一百
六十本詩經折中二部　共四十本
易經述義二部　共十四本春秋直觧
一部　共八本御孝經註二部　共二
本爾雅註疏一部　共四本史記一部
共三十二本御纂性理二部　共八本
朱子近思一部　共四本小學集註二
部　共四本五種遺規一部　共八本
道光字典一部　共四十本朱子全書
一部　共四十本
欽定四書文一部　共二十本八集分編
一部　共二十四本四書滙忝一部
共廿四本國朝賦楷二部　共八本子
史精華一部　共四十本唐宋文醇一
部　共十六本唐宋詩醇一部　共二

十本昭明文選一部　共十二本

以上共三十三部　共五百二十八本

道光十四年八月　日立

註　碑在白沙鎮幹別村，清宣宗道光十四年（一八三四年）刻立。

八五　建復登瀛橋記

建復登瀛橋記

吾粵僻在炎荒而古来名士宦遊至者恒樂稱其佳山水及覩省會其東城獨秀峰並灘江一帶竟與吾鄉山
水相伯仲苐桂城癸水維舟而梁吾鄉於三江合流處飛橋以濟此則人事之殊致也是橋也權輿于有明洪
武中壯建于萬歷於時章彦公捷南宫歸而橋適方成諸父老援以誌喜按李唐學士瀛洲之典以登瀛名焉
圮于
國初洎乾隆間先輩衆建之乃下故基三十丈旁滙坦川支流助漲陽侯益引為菑濟涉頹然識者患之今
上御極之十四年甲午之春族伯鳳儇公偕族叔鳳山公集宣教朝議諸宗戚倡復萬歷時制淂天人式協甫匝歲
而古登瀛橋之真面目復見焉初欲改鞏石梁為利遠計予願與二公共事而力莫能支因遷延廻避兹迹舊
告成仍促予紀巔末鳳儇公乃謂予曰前乎登瀛為合江橋攷無亭宇今襲登瀛舊制有亭翼然望氣者以為
障東北之秀惜踵事權時難循遠古耳予聞其言而訝之既而思之夫以公之抗心往哲振靡起衰出其挽持
之力何所不濟而超時舉事復不能不遷就以趋乎時夫乃嘆隆替升沉時為之也雖然斯橋介楚粵衝衢縱
蕞爾邊隅過稀上客而擔簦商旅荆以南之利有攸往者日千百計即此難坐觀病涉則族伯與鳳山公寺口
心原有明通公溥而不區區于青鳥家邈悠之談者而論者顧指為迎合形家以僥霊傑吁吾族由唐歷宋口
乘英光彰彰可按其時并未有橋也即若先大夫之書錦言旋履新紀盛使千載而不仰溯芳津然攷其時口
橋以公而淂名非因橋而有公也今謂藉斯橋卜吉豈不謬歟惟指為利濟人人之具則族伯與鳳山公固口
謙辤不獲矣稽古行惠公實維倡剏此橋族伯為公七世侄孫而鳳山公則受業于族伯是合志一堂聨微数
代免褰裳者自當懷高風于雲山江水之間非予筆花乏彩所能傳也至於此橋制度與名橋之樹義遥深先
大口舊記已詳載諸譜志中予可勿贅若夫撫清輝流峙之景抒登臨寫興之辭固此地有足移人而泛品山
川非口探驪作記竊兼俟廣歷名區大觀萃覽乃另濡毫以賦之

宣教房廩生毛永晉隺臯謹撰并書

石工蘇淂綪刊

大清道光十六年柔兆涒灘畢臯月　立

註 碑在朝東鎮秀水村毛氏宗祠大門左側墻壁上，清宣宗道光十六年（一八三六年）刻立。碑高一四六厘米，寬九〇·五厘米，厚一八厘米，額徑二·五厘米，正文字徑二·五厘米。碑石保存完好，字迹清晰。

建復登瀛橋記
吾粵僻在炎荒而古來名士宦遊至者恒樂稱其佳山水
武中北建于萬歷於時章彥公捷南宮歸而橋適落成請父老授以誌喜援李唐學士瀛洲之典以登瀛名
圯于
國初洎乾隆間先輩象建公乃下啟基三十丈
宣教郎廩生毛永譽撰并書
大清光緒十六年

八六　二一九村衆議重脩門樓碑記

窃聞構木爲巢屋宇始興於有
巢重門洞闢道路終脩於姬周
但此門前人建造世遠年湮將
近衰頽難爲朝闢而暮闔於是
合巷衆議解作山向建修一新
非以肅衆目之觀瞻實爲旺一
巷之荣華也因以捐貲集美功
業落成各將姓名勒石以垂不
朽云

刘礼文　各　四百　　石刘祖坤　各　乙千
刘礼嵩　八百　　匠刘進朝　五百
刘照奇　四百　　抿刘祖朝　乙千
刘思宗　二百　　匠刘礼祥　捐　八百
刘礼章　捐　乙百　　李廷亮　乙千
蔣敬滿　八百文　　麥宋諫　八百
刘礼盛　乙千三百　　蔣素凉　尒　五
李朝正　三百　　刘進剛　百
刘礼甫　尒　二千五百　　刘進寛
總麥求安　各　二千　　刘基漢　各
　　刘基昌　文

理刘礼正　四千乙百文　刘綱良　三
大刘進荣　二千　麥宋健　百
刘進富　乙千六百　刘進鵬　文
蔣素京　捐　乙千　刘綱瑞　捐　二
利李廷椿　乙千七百　李印棋
首刘祖恩　乙千六百　李印森　百
事麥宋亮　乙千文　李印謀
磚刘礼應　乙千百口　蔣秉揚　尒　文
匠刘祖應　尒　乙千

道光二十年庚子歲二月二十八日立

註　碑在城北鎮二九村村内刘家門樓右側墻壁上，清宣宗道光二十年（一八四〇年）刻立。碑寬七九・五厘米，高三三・五厘米。碑石保存完好，字迹清晰。

八七　岐山村重建門樓碑記

重建门楼碑記

李林魁　二千六百　鍾荣　各

首　朝述　一千文　朝相　七

有文　一千一　甘得仁　百

事　得長　八百　孝勉　文

純士　一千六百　黄永松　各

周士　一千一　李周氏

朝衛　一千百　有潤

甘紹寧　一千文　鍾旺　六

李素安　一千　朝惠

啟志　一千文　生安

味正　九百　得高

朝俊　九百文　得森　百

朝行　九百　佛荣

有章　各　學鼎

朝夆　尓　得才　文

有全　胡啟用　弍百文

朝佐　八

甘紹章

李有烈　百

承保　文

宗士　四百文

道光二十年庚子歲立

註　碑在葛坡鎮岐山村村内古巷一門樓墻壁上，清宣宗道光二十年（一八四〇年）刻立。碑寬八一厘米，高三三・五厘米。碑石保存完好，字迹清晰。

八八　創修青龍亭題名記（碑文兩塊）

刱修青龍亭題名記（碑額）

第一塊

芙蓉之居山屏水帶而下砂冷水諸峯離住頗遠然左畔烟堤有闳勝焉故前人建廟扵斯立刹扵斯継而橋亭楼阁並與扵斯皆欲假以培植也及嘉慶初村人更将梁橋增砌而村之人文遆興此誠大造多奇而補相之績实有待于人也其中惟亭一座路扉三通創自有明継世未經修葺迄今歷年多而古制傾頹且形勝壓而中庭缺陷遇風雨水聚其中迄息者甚為不便村人屡欲修而不果甲午春議重修之爰僉首事捐躬帛遂一唱而百和經始扵甲午之秋揀用九月二十日午時竪柱較旧制增高一半添一楼底礎以石三面石門石基及季冬而規模大概遂告成焉歷丙申大吉安樑而裝餙整備復砌平鼎洞一路六十餘丈計人工乙千有奇積費金四百已上迄今功成果就路漸平而亭已新庶使往來者無坭途水步之劳復致休息者有登高臨眺之楽然而斯亭之建也更有深焉既以息行旌亦以培風水挺鎮宅西宛若龍山之吐秀故題其額曰青龍也是則村之人能耕能讀能勤能儉允文允武克孝克忠于以副乎天地之灵山川之秀是則予之厚望也若夫諸首事之勤劳衆善信之楽施予等親督其事未敢忝置一辞斯僅述其始末以俟後之善継者識焉並刊芳名扵左　庠生陳廷佐　鳳溪陳洪範仝識

庠生陳洪範弟荣發爵　九千六百文　衆　陳洪儒　三千三　衆　周継業　捐壹千八　陳顯能　叁千文　陳洪穩一千四百文

都　陳光爵　七千七百　陳光清　捐三千弍　陳裕耀　壹千九　耆　周継昔　一千四百　本　陳顯烈一千四百文

陳有傳　七千七百　陳如汪　三千壹　周継偉　各　陳如後　一千弍百　陳顯爵一千四百文

結　陳顯琦　捐六千七百文　陳光慶　三千文　陳如洋　千壹　陳文合　一千弍百　陳裕炳　各

陳荣勳　七千七百　周家振　弍千九　陳顯儒　七　陳明吉　一千一百　陳如欲　壹

揔　周啟旻　七千四百　陳光典　弍千八　周啟旺　錢各　老　周継祥　一千一百　陳光得　千

陳顯新　錢七千一百　陳洪僎　錢弍千八　陳有意　千壹　陳貴常　各　村　陳顯讃　文

管 周啟時 六千一百 陳洪章 弍千六 陳洪偉 五 周繼先 一 陳有我 八百文
陳章遂 四千七百 陳光輝 弍千五 陳有德 壹千四 助 陳日昇 千 陳章微 各六百文
勷 周繼挺 四千五百 陳光後 弍千五 陳應熙 壹千三 生庠陳廷佐 文 陳章妙
陳如篤 捐四千四百文 陳洪俊 弍千五 陳顯文 捐壹千文 陳應熊 九百文 助 陳裕貴 五百文
陳顯德 四千三百 陳荣愷 捐弍千三 陳明位 緣 周繼祖 各四百文 陳如邦 各
陳光士 叁千八百 周繼善 弍千三 陳顯作 各七百 周繼合 陳裕盛 四
陳洪修 叁千三百 周啟應 弍千三 陳裕宝 各 助 陳裕喜 弍千文 陳光化 百
陳有章 錢弍千八百文 陳洪作 弍千三 陳裕清 六 陳裕喜 弍千文 陳如香 文
周繼佑 叁千一百 信 周繼倫 錢弍千弍 信 陳有倫 錢百 緣 陳顯廷 弍千文 緣 陳明鳳 各二百文
陳有能 弍千六百 陳如錫 壹千九 陳顯洪 三百文 陳如上 一千八百 陳章遜

第二塊

陳章順 一千四百 外方助緣 崇福寺僧心傳弍千文 三教院僧通稔八百文 報德庵僧昌梅 六百文
陳顯佑 一千六百 沐 蔣後讚 捐弍千文 沐 周才旺 各 沐 周国静 各 沐 蔣繼德 各
陳裕宜 捐一千五百文 蔣後員 壹千弍 何啟富 捐 周子惟 捐 蔣繼琉 百五
首 陳洪悠 一千五百 源流廖道江 錢壹千弍 何顯祖 錢 生庠周南士 何益仕 文
周啟科 一千弍百 蔣後允 各 蔣美振 周家德 周家允 各
衆 陳應杰 四千三百 蔣繼臻 捐 周子恒 壹 周家成 錢 周才文
陳顯士 錢四千二百文 李貴耀 錢 生庠周 弼 千 周家邦 周才挺 錢
陳如篦 四千三百 李貴旺 周国彩 文 周才光 八 胡明超 四
陳日皎 三千九百 胡绍逢 壹 周才英 各 周世珍 蔣美意

周啟旦　三千九百　胡文質　周才見　捐　周世爵　百　蔣美運　百
陳顯節　捐三千七百文　周荣宗　千　周才超　錢　周世正　周世保　文
周継遜　三千九百　周孔懷　周家國　壹　周才昭　文　胡進攀　各
陳光國　三千八百　胡進邱　文　何瑞麟　千　蔣継信　各　蔣継世　捐
陳顯和　三千八百　蔣継生　已　龍　蔣美聽　八都義継茂　捐　李継昔　錢
陳章迺　錢三千六百文　周世珉　上　周才功　文　周家樂　蔣継典　三
陳章厚　三千六百　龍　周家作　流源黃學章　各　周才廣　錢　龍　李貴仁　百
陳顯瑶　三千七百　流曹思明　各　宝慶米明朝　捐　周才美　周才登　文
陳章甫　三千六百　源莫福绍　捐　沐　胡玉璨　何福洪　八　蔣美進　捐錢六百文
陳裕豪　捐三千七百文　蔣文邦　周継發　錢　周國進　百
周啟丁　三千六百　沐　周継晋　錢　胡文廣　八都首社進　文　衡州　石匠王玉瑛　刊
周啟撰　三千五百　周継篤　胡世芳　八　福溪何国有　錢各　木匠曹金秀
周啟桂　三千三百　蔣全遜　壹　蔣美恩　周家郡　五
周啟章　錢三千三百文　蔣全科　千　蔣美正　百　龍　周日吉　百
信　周継軒　三千四百　龍　蔣文運　文　龍　周國平　文　永明劉宗固　文

大清道光　二十年　歲次庚子　五月初二　日　立

註　碑現存朝東鎮油沐村青龍風雨橋内，清宣宗道光二十年（一八四〇）刻立。第一塊碑高一四八·五厘米，寬七九厘米，厚一六厘米；第二塊碑高一四八厘米，寬七二·五厘米，厚一七厘米。碑石保存完好，字迹清晰。

刱修青龍

矣蓉之居山屏水帶而不砂冷水諸峯離往頗遠然左畔烟堤有開勝焉故前人建廟於斯立刹於斯繼而橋亭接閣並與於斯皆欲假以培植也及嘉慶初村人更將梁橋增砌而村之人又過與此談及造多奇而補相之績爰有待乎人也其中惟亭一座路眾三通創自有明繼世未經修葺迄今歷年多而古制傾頹且形勝壓而中庭缺陋遇風雨水聚其中逗息者甚為不便村人屢欲修而不果甲午春議重修之爰僉首事捐躬帛遂一唱而百和經始於甲午之秋揀用九月二十日午時豎柱較旧制增高一半添一樓底礙以石三百名門石基及季冬而規模大概遂告成焉歷丙申大吉安擇而裝飾整備復砌平與洞一路六十餘丈計人工乙千有奇積費金四百已上迄今功成果就路漸平而亭已新庶使往來者無坭塗水步之勞復致休息者有登高臨眺之樂然而斯亭之建也更有深焉既以息行旅亦以培風水挺鎮宅西宛若龍山之吐秀故題其額曰青龍是則村之人能耕能讀能勤能儉允文允武克孝克忠于以副乎天地之灵山川之秀是則予之厚望也若夫諸首事之勤勞眾善之樂施等親督其事未敢忝置一辞斯僅述其始末以從後之善繼者識焉並刊芳名於左

都結捴督勸

庠生陳洪儀弟榮爵 九千六百文　陳光爵 七千七百　陳有傳 七千七百文　陳顯琦 六千七百　陳榮勳 七千七百　周啟旻 七千四百　陳顯新 七千一百　周啟時 六千一百　陳章遂 四千七百　周繼挺 四千五百　陳如篤 四千四百文　陳顯德 四千三百　陳光士 叁千八百　陳洪修 叁千三百　陳有章 式千八百　周繼佑 叁千一百文　陳有能 式千六百　捐錢

眾信

陳洪儒 三千三　陳光清 三千式　陳如汪 三千文　陳光慶 式千九　周家振 式千八　陳光典 式千八　陳洪僕 式千六　陳洪章 式千五　陳光輝 式千五　陳光後 式千五　陳洪俊 式千三　陳榮愷 式千二　周繼善 式千二　周啟應 叁千二　陳洪作 式千三　周繼倫 式千式　陳如錫 叁千九　捐錢

眾信

周繼業 叁千八　陳裕耀 叁千九　周繼偉　陳如□　陳顯儒 各壹千七　周啟旺　陳有意　陳洪偉 各壹千五　陳有德 壹千四　陳應熙 壹千三　陳顯文 壹千文　陳明位　陳顯作 各壹百　陳裕室　陳裕穩　陳有倫 各六百　陳顯洪 三百文　捐錢

耆老助緣　助緣

陳顯隨 叁千文　周繼普 一千四百　陳如後 一千式百　陳文合 一千式百　陳明吉 一千一百　周繼祥 一千一百　陳貴常　周繼先　陳日昇　陳結佐 各一千文　陳應熊 九百文　周繼祖　周繼合 各四百文　陳裕意 式千文　陳裕壽 式千文　陳顯廷 式千文　陳如上 一千八百

本村助緣

陳洪穩 一千四百文　陳顯烈 一千四百文　陳顯爵 一千四百文　陳裕炳　陳如欲　陳光得　陳顯讀 各壹千文　陳有我 八百文　陳章微　陳章妙 各六百文　陳裕貴 五百文　陳如邦　陳裕盛　陳光化 各四百　陳如香　陳明鳳　陳章遂 各三百文

庠生陳廷佐　鳳□陳洪範 仝識

亭題名記
大清道光二十年歲次庚子五月初二日立
衡州石匠王玉瑛刊
木匠曹金秀

八九　長慶塘重建門樓捐資題名碑

今將重建門樓捐資于左
會　何士燦　捐錢弍仟　文
士熯　捐錢弍仟
何應連　一千二百　文
嗣先　捐　一千二百
何士輝　一千二百　文
兆美　錢　一千二百
士安　一千文
首　宗林　一千二百文
應德　各　一　士彥　五
其達　千　士熾　百
何兆墻　捐　文　兆垂　尒文
兆堃　各　八　玉英　四
盛求　尒　百　兆福　尒百
士宗　各　文　寿全　文
何士寬　尒　士清　三
麟書　六　何士烑　尒百
何士燔　百　應錫
兆壘　應福　文

兆玺　文　士燿　三百文

紹周　二百文

道光廿一年歲次辛丑八月日立

註　碑在富陽鎮长慶塘村内西边門樓墻壁上，清宣宗道光二十一年（一八四一年）刻立。碑寬七一·五厘米，高三四厘米。碑石保存完好，字迹清晰。

九〇　創修迴瀾橋亭路記功（碑文三塊）

刱修迴瀾橋亭路記功垂奕禩（碑額）

第一塊

沐龍吾祖故宅也有倚南山居者有面南山居者参差錯落数百餘家前有一江發源長標滐湧而下前人建立𥥛橋顔曰迴瀾一以固風水一以利往來氣運振興英賢輩出知此橋之関鍵於一方者非細故也考其遺碑創自前明迄今二百餘年自傾頽以來氣運為之一降時在道光庚子復興重修之舉詢謀僉同百廢具興經始於庚子落成於乙巳歷六載而橋成三𥥛焉而且上修天面經過者得避風雨下建凉亭来遊者可息行蹤舉前人制所未備者一旦擴其規模不愈見關鎖之益密景致之攸凝也哉昔穆王架鼉為梁以過江千古傳為異事始皇鞭石成橋以渡海百世驚為神奇古人誠通帝謂不藉人力而得神靈之助即天心之佑也然則斯橋之成雖萬不及古人而盡乎人力者不且上合天心也哉夫天有顯道厥類惟彰有善作者必有善報書曰作善降祥易曰積善餘慶此天道福善之常理固必然而可信者也吾知斯舉也下以濟人即上應天心異日烟火蕃盛賢哲挺生人文蔚起未始非轉移運會之一機也夫復何疑哉至於樂善君子贊襄玉成者亦並受其福也功竣屬予以記之予不揣譾劣敘其巔末高明之士幸匡我於不逮云　　庠生蔣英華拜譔

業儒蔣文邦美然書題

緣都　周荣宗　捐錢捌拾叁千文

緣結　蔣繼璞　捐錢壹百貳拾弍千壹百文

勸　周家作　捐錢貳拾伍千叁百文　　　　　　　　　　術庠生廖當勉

蔣傳科　捐錢貳拾弍千文　　蔣後贊　捐錢壹拾四千文　　本　胡文秀　捐錢壹千二百文　　士信者李貴曜

首　周才廣　捐錢玖千柒百文　　者　周國彩　捐錢叁千文　　蔣繼仕　捐錢叁千九百文

周才超　捐錢壹拾叁千四百文　　周家洪　捐錢弍千弍百文　　蔣繼俶　捐錢叁千九百文

總　周才傳　捐錢捌千五百文　　蔣後胤　捐錢弍千文　　周文俊　捐錢弍千一百文　　工師劉隆能

何益士　捐錢柒千叁百文　　周國進　捐錢弍千文　　蔣繼僎　捐錢弍千一百文　　石主周世珉

蔣繼鏡　捐錢玖千弎百文
理　周繼發　捐錢柒千文
周才英　捐錢貳拾壹千七百文
勸　周家衜　捐錢壹拾陸千八百文
蔣美振　捐錢壹拾弎千文
蔣美然　捐錢壹拾弎千文
周志仁　捐錢捌千九百文
李顕賔　捐錢壹拾壹千文
首　蔣文邦　捐錢玖千文
周世珉　捐錢壹拾千文
管　蔣繼生　捐錢柒千壹百文
周家佐　捐錢柒千九百文
理　蔣美正　捐錢伍千弎百文

蔣繼臻　捐錢壹千八百文
蔣繼琉　捐錢壹千七百文
胡紹逢　捐錢壹千四百文
周才謨　捐錢壹千弎百文
胡啟珍　捐錢壹千弎百文
李貴旺　捐錢壹千弎百文
蔣繼德　捐錢壹千弎百文
胡文質　捐錢壹千弎百文
老　胡孔懷　捐錢壹千壹百文
周才恩　捐錢壹千壹百文
庠　蔣如蓮　捐錢壹千文
蔣如蘭　捐錢壹千文
生　周才達　捐錢壹千文

境　周才秀　捐錢弎千文
李顕寧　捐錢弎千二百文
蔣美持　捐錢叁千文
蔣繼銚　捐錢弎千文
蔣繼位　捐錢弎千文
蔣繼作　捐錢弎千文
助　周荣勝　捐錢一千四百文
胡文上　捐錢一千一百文
周家術　捐錢一千文
周才捍　捐錢一千文
缘　蔣瑞環　捐錢一千四百文
何益詠　捐錢一千一百文
何益喜　捐錢一千一百文

周姓長房上四房捨木四根

重修迴瀾

米龍唐福故宅也有倚南山居者有面南山居者參差錯落數百餘家前有一江奔流長橫海而下俯瞰之是亦一勝橋顏曰迴
瀾一以固風水一以利往來氣運振興英賢輩出知此橋之關鍵於一方者非細故也考其遺碑創自前明迄今二百餘年自
傾頹以來氣運爲之一降特在道光庚子復興重修之舉詢謀僉同百廢具興經始於庚子落成於已歷[illegible]載而橋成三聳
焉而且上修天面經過者得避風雨下建涼亭未遊者可息行蹤舉前人創所未備者一旦擴其規模不會見闤鎖之益容景
致之攸凝也哉昔穆王架黿爲梁以過江千古傳爲異事始皇鞭石成橋以渡海百世驚爲神奇古人誠通帝謂不藉人力而
得神靈之助即天心之佑也然則斯橋之成雖萬不及古今而盡乎人力者不且上合天心也哉夫天有顯道感應彰有譽
作者必有善報書曰作善降祥易曰積善餘慶此天道福善之常理固必然而可信者也吾知斯舉也下以遂人即上應天心
異日烟火蕃盛賢哲挺生人文蔚起未始非轉移運會之一機也夫復何疑哉至於樂善君子贊襄玉成者亦並受其福也功
竣爰予以記之予不揣譾劣敘其巔末高明之士幸匡我於不逮云　庠生蔣英華拜譔

業儒　蔣文邦　蔣美然　書題

術士　庠生廖嵩魁
信士　李貴耀

工師　劉隆能
石工　周世珉

周姓長房上四房捨木四根

緣首　周榮宗捐錢捌拾叁千文
蔣繼璞捐錢壹百貳拾式千壹百文
周寓傳捐錢貳拾伍千叁百文
勸首　蔣傳科捐錢貳拾式千文
周于廣捐錢玖千柒百文
周才超捐錢壹拾叁千四百文
總理　周才傳捐錢捌千五百文
何益士捐錢柒千叁百文
蔣繼鏡捐錢玖千式百文
周繼發捐錢柒千文
勸首　周才英捐錢貳拾壹千七百文
周家徽捐錢壹拾陸千八百文
蔣美振捐錢壹拾式千文
蔣美然捐錢壹拾式千文
周志仁捐錢捌千九百文
首事　李顯賓捐錢壹拾壹千文
蔣文邦捐錢玖千文
周世珉捐錢壹拾壹千文
蔣繼生捐錢六千壹百文
周家佐捐錢柒千九百文
理　蔣文正捐錢伍千式百文

耆老
蔣後賛捐錢壹拾四千文
周國彩捐錢叁千文
周家洪捐錢式千式百文
蔣後徽捐錢式千文
周國進捐錢式千文
蔣繼臻捐錢壹千八百文
蔣繼琉捐錢壹千七百文
胡紹逵捐錢壹千四百文
周才謨捐錢壹千式百文
胡啟玲捐錢壹千式百文
李貴壯捐錢壹千式百文
蔣繼德捐錢壹千式百文
胡文晉捐錢壹千式百文
胡孔懷捐錢壹千壹百文
周才恩捐錢壹千壹百文
蔣如蓮捐錢壹千文
蔣如蘭捐錢壹千文
庠生　周才達捐錢壹千文

本境助緣
胡文秀捐錢壹千二百文
蔣繼仕捐錢叁千九百文
蔣繼敘捐錢叁千九百文
周文俊捐錢式千一百文
蔣繼傑捐錢式千一百文
周才秀捐錢式千文
李顯寧捐錢式千二百文
蔣美特捐錢叁千文
蔣繼鋭捐錢式千文
蔣繼倅捐錢式千文
蔣繼作捐錢式千叁[illegible]
周榮勝捐錢一千四百文
胡文上捐錢二千一百文
周家衔捐錢一千文
周才捍捐錢一千文
蔣瑞環捐錢一千四百文
何益祿捐錢一千五百文
何益嘉捐錢一千文

第二塊

蔣美賓　捐錢叁千弍百文
胡明烈　捐錢伍千弍百文
周家篪　捐錢叁千叁百文
信　蔣後員　捐錢玖千文
周才俊　捐錢柒千四百文
蔣美廷　捐錢柒千文
周家邦　捐錢柒千壹百文
周子惟　捐錢柒千壹百文
周家國　捐錢陸千七百文
周文士　捐錢伍千八百文
周才功　捐錢伍千弍百文
周家鐸　捐錢伍千弍百文
胡進邱　捐錢伍千文
首　胡明德　捐錢肆千八百文
周家征　捐錢肆千七百文
蔣文運　捐錢肆千六百文
周家節　捐錢肆千四百文
何顯祜　捐錢肆千叁百文
胡文猷　捐錢叁千八百文
周才興　捐錢伍千三百文

周日鼎　各捐錢壹千文
周才貽
何啟俊　各捐錢壹千文
蔣繼珅
周家福　各捐錢壹千文
者　周家發
周昌兆　各捐錢壹千文
蔣繼仔
蔣繼福　各捐錢壹千文
蔣繼行
蔣美賢　各捐錢壹千文
周家益
蔣美廸　各捐錢壹千文
何福洪
周国静　各捐錢壹千文
周国科
胡世芳　捐錢壹千文
何福賢　各捐錢壹千文
胡孔成
周日吉　各捐錢八百文

本　周家美　各捐錢一千二百文
周家賓
周家倩　各捐錢一千文
周家用
周家佑　佑
周世爵　各捐錢一千文
境　周世正　各捐錢一千文
何文星
何文彩　各捐錢一千文
何文枝
周繼廷　各捐錢一千文
周文佐
助　劉隆能　各捐錢一千文
何益奇　各捐錢八百文
胡益情　各捐錢七百文
周家道　各捐錢六百文
周昌賜　各捐錢四百文
緣　何啟盛
蔣氏寶宗　捐錢壹千四百文
祀　周才相　各捐錢弍千三百文

蔣世通　捐錢肆千文
周才璧　捐錢叁千五百文
蔣美意　捐錢叁千五百文
周家澤　捐錢叁千三百文
信　周才盛　捐錢叁千三百文
何啟邱　捐錢叁千弍百文
蔣文楷　捐錢叁千弍百文

老　周才邦
周啟平　捐錢四百文
周氏貴舉　各捐錢弍千文
胡氏鳳金　各捐錢壹千文
首氏長鳳　各捐钱壹千文
廖氏月蓮
信婦陳氏妙和女善香捐錢四千文

何啟豪
周家仲　各捐錢弍千三百文
蔣傳穫　各捐錢弍千二百文
何文舉　各捐錢弍千一百文
周志禎
戸　胡進文　各捐钱弍千零五十文
周家郡

第三塊

周才敦　捐銭三千文
周家志　捐銭三千文
周世珍　捐銭弍千九百文
何文彬　捐銭三千文
周家富　捐銭弍千七百文
李貴從　捐銭弍千四百文
周志儀　捐銭弍千四百文
首蒋美鼎　捐銭弍千二百文
周家爵　捐銭一千七百文
（生庠）周　弼　捐銭五千一百文
胡忠旺　捐銭四千八百文（捨橋板木一根）
縁何瑞麟　捐銭四千三百文
周家楽　捐銭四千一百文
周才見　捐銭四千一百文
蒋継燦　捐銭三千七百（十五）文
周家庭　捐銭三千六百文
周才美　捐銭三千二百文
何啟富　捐銭弍千八百（十六）文
胡世弼　捐銭弍千三百五
周荣騰　捐銭弍千三百十文

祀　周継蓄　各捐銭柒千文
周家成　捐銭伍千一百文
周文正　各捐銭伍千一百文
周子恒　各捐銭伍千文
周才上　各捐銭肆千八百文
周才挺　各捐銭肆千七百文
李貴耀　各捐銭肆千三百文
周才會　各捐銭叁千七百文
蒋美進　各捐銭叁千五百文
（生庠）周南士　各捐銭叁千四百文
周才光　各捐銭叁千四百文
户　蒋美恩　各捐銭叁千二百文
周才昭　各捐銭叁千二百文
周継篤　各捐銭叁千一百文
周才典　各捐銭叁千一百文
周継晋　各捐銭叁千文
胡文循　各捐銭弍千八百五十文
胡文廣　各捐銭弍千八百文
祀　周才成　各捐銭弍千七百文
周国禧　各捐銭弍千七百文

周才能　捐銭壹千八百文
周家達　各捐銭弍千文
（蒋氏）淑翠　各捐銭弍千文
蒋美良　各捐銭壹千九百文
蒋傳孫　各捐銭壹千九百文
周才坤　捐銭壹千九百文
祀　胡世能　捐銭壹千八百五十文
胡玉燦　各捐銭壹千八百文
周才儲　各捐銭壹千八百文
周国和　各捐銭壹千八百文
周才雄　各捐銭壹千八百文
周才賔　捐銭壹千八百文
周家楚　捐銭壹千七百文
周才捷　捐銭壹千七百文
周才偉　捐銭壹千七百八十文
蒋美聽　各捐銭壹千六百五十文
何顕佶　各捐銭壹千六百文
蒋継荣　各捐銭壹千五百五十文
蒋文進　各捐銭壹千五百文
蒋世貞　捐銭壹千五百五十文

胡進能　捐銭五百二十文
蒋継焨　捐銭五百八十文
蒋傳進　捐銭六百五十文
周家喜　捐銭九百五十文
何文壹　各捐銭九百文
周家後　各捐銭九百文
何顕倫　捐銭七百文
蒋文位　捐銭六百五十文
蒋美伶　捐銭五百六十文
蒋美學　各捐銭叁百五十文
蒋美登　各捐銭叁百五十文
周国正　捐銭叁百五十文
李貴仁　捐銭叁百文

義継林　捐錢弍千三百文　　蔣傳遜　各捐錢弍千六百文　　蔣世亨　捐錢弍千三百五十文
胡先翠　捐錢弍千二百文　　周継成　各捐錢弍千五百文　戶　何顯祖　各捐錢壹千四百文
胡進能　捐錢　　胡益秀　各捐錢弍千四百五十文　　周家寧　各捐錢壹千四百文
蔣美立　捐錢一千七百文　　胡文熙　各捐錢弍千四百五十文　　李貴任　捐錢壹千三百文
周才文　捐錢一千六百文　　胡明善　各捐錢弍千四百五十文　　周家和　各捐錢壹千二百文
蔣継琠　捐錢一千六百文　　周国平　各捐錢弍千四百文　　蔣文蔚　各捐錢壹千二百文
首蔣美運　捐錢一千一百文　　周家德　各捐錢弍千四百文　　蔣美鋕　各捐錢壹千一百五十文
蔣文模　捐錢九百文　　胡文耀　各捐錢弍千三百五十文　　胡孔猛　各捐錢壹千一百文
毛鳳峯秀紩紳　各捐錢一千二百文　戶　蔣継信　各捐錢弍千三百五十文　　蔣文郡　各捐錢壹千一百文
蔣美松　各捐錢弍千三百五十文　　何文仲　各捐錢壹千一百文

大清道光廿五年乙巳歲蒲月吉旦立

註　碑在朝東鎮油草村附近的迴瀾風雨橋内，清宣宗道光二十五年（一八四五年）刻立。碑高一七一厘米，寬八五厘米，厚二〇厘米，額徑九厘米，正文字徑二厘米。碑石保存完好，字迹清晰。

功垂萬禩
大清道光廿五年乙巳歲蒲月吉旦立

九一　大圍村捐修門樓碑記

大清道光廿八年戊申五月廿六日午
時陞樑正作乾山巽向兼戌辰庚戌庚
辰分針兹值工果完成将捐金芳名列后
首　盤礼俊　各　奉荣祖　二百五十　奉長寕　乙百六十
盤礼賢　捐　奉献祖　二百五十　沈素冬　乙百四十
奉佛求　銭　沈素彭　四百三十　盤魁照　各
口德俊　陸　盤呈大　二百口十　岑新朝
盤瑞呈　百　奉常山　二百三十　奉錫祖　捐
庠盤奠琳　文　盤礼普　各　奉光呈
生盤大璋　盤林賜　捐　奉瑞任　銭
庠口口川　各　沈先寕　沈德賜
生口口峩　沈瑞富　沈仕俊
盤仙麒　捐　沈蘭茂　銭　盤仙照　口
沈鼎俊　奉瑞慶　弍　盤仙福
歐敬宗　奉錫神　盤彩芹　百
盤瑞琪　銭　奉素賢　百　沈先於
沈聖魁　四　沈啓俊　沈先理　五
沈聖賜　沈紹俊　奉礼安
奉誠祖　百　沈昇俊　文　沈曾賜　十

沈素其　沈韶新　各　盤呈亮
事　沈仙荣　文　沈素安　奉瑞光
[生庠]盤殿璋　乙千乙百　沈恩賜　盤呈魁　文
沈登俊　七百　翟正賜　沈茂廷
[生監]沈廷俊　七百　盤呈欽　捐　沈茂賜　捐
盤常定　乙千　沈寅賜　盤口明
沈彰俊　六百　歐敬天　盤寿琪　銭
盤奠瑢　五百　奉礼珠　銭　沈瑞宗　乙
奉惟口　三百六十　奉林壽　口　沈茂統　百
盤仙祝　三百五十　蔣美恪　奉錫金　文
奉光輝　三百五十　沈光煇　沈天俊
盤孔後　三百　奉瑞玉　百　沈光任　乙百文
盤孔俊　三百　沈廷求　沈素荣
沈茂昔　三百　沈恒裕
沈　浚　二百五十　盤常清　文　儘錢支田
盤義朝　二百六十　沈素華　乙百七十　上無存留
盤礼朝　二百

道光廿八年歲次戊申十二月吉旦

註　碑在富陽鎮大圍村八角神亭右側門樓墻壁上，清宣宗道光二十八年（一八四八年）刻立。碑寬一一一厘米，高四九厘米。碑石保存較好，少數字無法辨識，碑底部還有些殘缺。

九二　福溪村重建社堂記

重建社堂記（碑額）

吾二門社堂鼎建有年不無損毁時嘉慶廿五年庚辰歲衆議欲

重建之焉蒙諸公樂施功果告成合勒碑銘之

何福逌各捐錢六　何廷春各　何文輝捐錢　何廷爵各捐

懋修百文　廷瑛捐　福星四百　孔融三百

首其端五百文　首百增錢　首福益各　首廷舉文

聯貴各捐　百素四　福達錢　廷貢各

事聯宗四分　事其伸百　事福清三　福盛錢

國士百文　國口文　其宣百　事文郁二

祀其莊五百文　福延各　祀昌後各　國有百　何子全捨地一角

文烯各　祀聯宋捐　福炤捐　孔仁各

文熾捐　文耀錢　百葰　祀福撰　福臨二百

文炳錢　廷威三　廷昌錢　福淵捐　何福壹乙

户廷廣四　廷佩百　福固　名惠錢　福柒

福創百　户國賓　福瑞二百四十　户福祥二　廷梓百

何其佻文　其頃文　户福澤二　文僴　紹儒

福普　何其倧　何廷琪百　何文鄑百

廷翰　廷範文　昌口乙百六十

道光卅年仲夏吉日　立

註　碑現存朝東鎮福溪村靈溪廟左邊巷子內，清宣宗道光三十年（一八五〇年）刻立。碑高九〇厘米，寬五四・三厘米，額徑八厘米，正文字徑二・五厘米。碑石保存較好，右下角部分缺失，大部分字迹清晰。

重建社堂記

吾□□社堂□建有年，不無損毀，時嘉慶廿五年庚辰□□議欲

重建之，爲□蒙諸公樂施，功果告成，合勒碑銘之

何福遇各捐 何廷春各 何文輝捐 何廷爵各捐

何懋修錢 何廷□捐 何福星錢 何孔融三百

[illegible]

道光廿年仲夏吉日立

九三　移建文昌閣記

移建文昌閣記

道光戊申富邑文昌閣告成董事諸紳以是役係余倡首走伻来雒乞余誌其事泐示来兹憶昔余在富日淺凡一切修廢舉墜之事咸有志而未逮也而獨於繕城池及是舉則萬有一焉夫為國牧民而不能崇文教以教民宰之耻也余於富川豈敢云教苐公餘偶暇輒進邑之髦士而啓迪之顧富邑人文經数十年不振其不振余不敢知曰士習之頽亦不敢知曰上之人無以為教有精青囊者謂邑文昌閣地形卑下文風頽壞職是之由夫以人事之不齊而歸咎於地脉其説謬矣然舊閣久經風雨實將朽蠹不重建幾無以妥　神靈用是捐廉倡首進紳士而相與謀之乃改卜城西隅令紳士督工移建而余遷任雒容去今閣既經告成矣余不獲於春秋時祀再登是閣而瞻拜之然喜富邑諸紳士之能相與有成也異日邑中賢儁因崇墉之在望而想見吾儒之德之崇由是誠以植其基仁以培其本義以立其幹禮以引其繩積小高大進而日增則夫人文之起虎變而龍騰也庸可量哉方今

文教昌明僻壤窮陬絃歌殆遍富雖邊陲僻處夫非猶是文物聲名之地也耶矧今閣新搆　神既得所憑依則穰穰簡簡其降福當何如矣余喜富邑諸紳士之能相與有成也足以補余在富時修廢舉墜之所未及余愧無德政不能教民而竊於是舉也欲崇文教以冀富邑之人文蔚起而為之兆云乃於簿書餘隙焚膏夜坐書其始末付使者歸示諸紳鐫諸石是役也費錢壹千捌百千有奇自道光丙午年仲秋吉日興工至道光戊申年仲秋吉日事訖頭門一座正殿一座閣三層董其事者貢生歐陽春廪生毛斌增生何品特毛啓先庠生李宗靖蒙錫瓚李鄰昌汪滋樫毛文林張羽儀汪澧川程焜汪滋梅蔣蕃李浩然及拔貢汪滋杏廪生龍光宇周召南而倡首則前署富川縣知縣羅成綸也附書於此

欽加塩提舉銜署雒容縣知縣前署富川縣事芝城羅成綸撰

邑庠廩生周召南書丹

道光三十八年歲次戊申桂月　　吉旦

註　碑現存富川縣城慈雲寺庭院左側墻壁上，清宣宗道光三十八年（一八五〇年）刻立。碑高一四四·五厘米，寬八三·五厘米，額徑三厘米，正文字徑三厘米。碑石保存完好，字迹清晰。

移建文昌閣記

道光戊申富邑文昌閣告成董事諸紳以是役係余倡首走伻來維乞余誌其事泐示來茲憶昔余在富日淺凡一切修廢舉墜之事咸有志而未逮也而獨於繕城池及是舉則萬有一焉夫為國牧民而不能崇文教以教民寔之耻也余於富川豈敢云教第公餘偶暇輒進邑之髦士而啓迪之顧富邑人文經數十年不振其不振余不敢知曰士習之頹亦不敢知曰上之人無以為教有精青囊者謂邑文昌閣地形卑下文風頹壞職是之由夫以人事之不齊而歸咎於地脉其說謬矣然舊閣久經風雨實將朽蠹不重建幾無以妥 神靈用是捐廉倡首進紳士而相與謀之乃改卜城西隅令紳士督工移建而余遷任雒容去今閣既經告成矣余不獲於春秋時祀再登是閣而瞻拜之然喜富邑諸紳士之能相與有成也異日邑中賢儁因崇隆之在望而想見吾儒之德之崇由是誠以植其基仁以培其本義以立其幹禮以引其繩積小高大進而日增則夫人文之起虎變而龍騰也庸可量哉方今

文教昌明僻壤窮陬絃歌殆遍富雖邊陲僻處夫非猶是文物聲名之地也耶矧今閣新構 神既得所憑依則穰穰簡簡其降福當何如矣余喜富邑諸紳士之能相與有成也足以補余在富時修廢舉墜之所未及余愧無德政不能教民而竊於是舉也欲崇文教以冀富邑之人文蔚起而為之兆云乃於簿書餘隙焚膏夜坐書其始末付使者歸示諸紳鐫諸石是役也費錢壹千捌百千有奇自道光丙午年仲秋吉日興工至道光戊申年仲秋吉日事訖頭門一座正殿一座閣三層董其事者貢生歐陽春廩生毛斌增生何品特毛啓先庠生李宗靖蒙錫瓚李鄰昌汪滋樫毛文林張羽儀汪澧川程焜汪滋梅蔣菁李浩然及拔貢汪滋杏廩生龍光宇周召南而倡首則前署富川縣知縣羅成綸也附書於此

欽加鹽提舉銜署雒容縣知縣前署富州縣事芝城羅成綸撰

邑庠廩生周召南書丹

道光三十八年歲次戊申桂月吉旦

九四　奉縣勒碑

奉縣勒碑（碑額）

具呈三鄉紳民為公議衿民一體完納章程□□□□□□以便永遠遵辦事窃查富川縣完納編折

銀及本色米石向患徵收之不均紳民等因具呈求定衿民完納一體章程蒙　恩俯准並出示曉諭在

案玆三鄉紳民公擬章程呈送

均鑒

一衿户向來完納編折銀每銀壹両紋銀加肆土銀加伍叁完納如以錢完准以時值銀價作錢計算紳

民兩便不得撮尾加收將厘数作分数分数作錢数令民户照衿户一體完納以昭劃一

本邑兵米交倉歷來辦理均有舊章（平斛响當不得踢斗淋尖）今令衿民户一律完交勿得歧異如有道遠不及運

米上倉自願以錢作價完納者不論衿民大小花户每米壹升折錢叁拾捌文外使費錢肆文共折錢

肆拾貳文即壹升壹合壹勺均須分析計算不得撮尾加收以符向例

一完編折銀及完米串票每張給錢拾貳文不准多取

一粮差下鄉催粮每銀壹両以上之大户准於年終給飯食錢伍拾文其錢分小户准於年終給飯食□

貳拾文此外妄索之錢一概禁革

一每年二月初二日開徵投櫃向來每銀壹両紋銀加叁完納今定錢分均照加叁計算不得將厘作分

將分作錢撮尾加收每完銀壹両給串票錢伍拾文以次計算遞加如不及壹両者其串票錢□□□

次遞減不准多取

以上數條皆照向例酌定如蒙　俯允即求　飭付貞珉以垂久遠伏乞

大父師恩准施行

批准如呈勒石以蘇民困而垂久遠

粮房

咸豐元年十二月三鄉公立

註 碑現存縣城慈雲寺庭院左側墻壁上，清文宗咸豐元年（一八五一年）刻立。碑高九四厘米，寬六四·四厘米，額徑六厘米，正文字徑二厘米。碑石保存較好，字迹較清晰。

……富川縣完……
銀及本色米石向系徵收之不均紳民等因具呈求定……完納……息俯准並出示曉諭
条蒞三鄉紳民公擬章程呈送
鈞鑒
一糧戶向來完納條銀每銀壹兩紋銀加肆土銀加伍叁完納如以錢完准以時價銀價作錢對算
民兩便不得撥尾加收將厘數作分數分數作錢數今□□照□戶一□完納以昭劃一
本邑兵米係蒼梧承辦理均齊禮章得平斛□□今□給民戶一律完交勿得歧異如有道遠不□
米上倉自願以錢作價完納者不論給民大小花戶每米壹升折錢叁拾捌文外使費錢肆文共折
肆拾貳文四□升壹合壹勺均須分析計算不得撥尾加收以符向例
一完編折銀及完米串票每張給錢拾貳文不准多取
一糧差下鄉催糧每銀壹兩以上之大戶准於年終給飯食錢伍拾文其錢分小戶准於年終給飯食
貳拾文此外妄索之錢一概禁革
一每年二月初二日陞任按糧向來每銀壹兩紋銀加叁完納今定錢分均照加叁計算不得將厘作
將分作錢照尾加收每完銀壹兩給串票錢伍拾文以次計算遞加如不及壹兩者其串票錢
次遞減不准多取
上數條皆照向例酌定如蒙俯允即求飭付尚報以垂……
大父師恩准施行
批准如呈勒石以蘇民困而垂久遠
咸豐元年十二月三鄉公立
奉縣勒碑

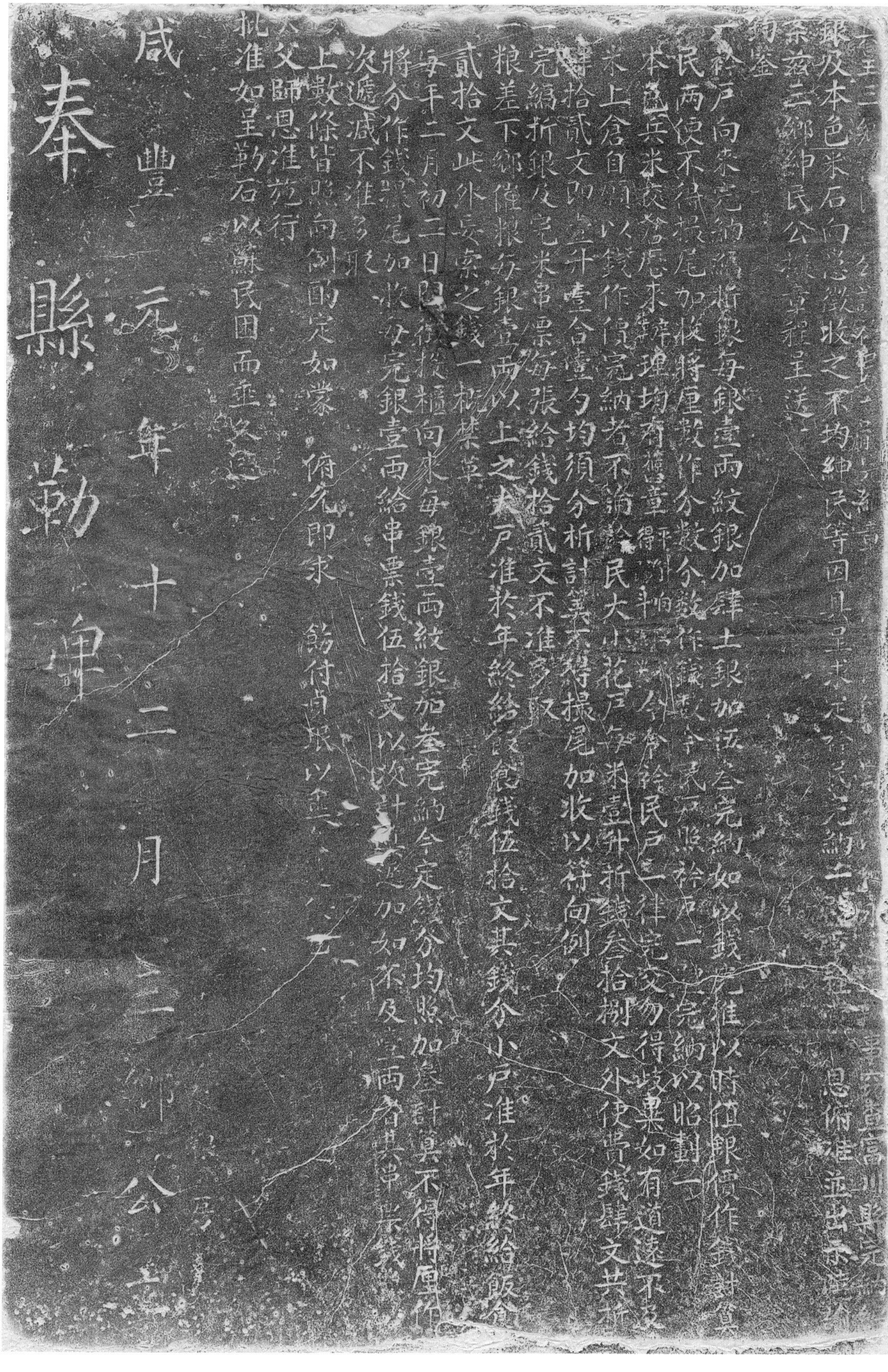

九五　深坡街改建宗祠序文

改建宗祠序文

聞之上治祖禰尊尊也下治子孫親親也至於建祠立廟萃祖宗於一堂春禘秋嘗合
宗族以共享則又孝子仁人之用心而欲使尊親之意歷百世而不忘者也富江蔣生
世培係咸豐辛酉補行壬子己未兩科孝廉也是科其堂弟瑛以武闈領鄉薦其胞叔
廷楷以年耄能文
欽賜副榜一門三慶葢由其祖功宗德自宋元以迄於今所積累者厚然也是年冬予奉委
來權斯邑生以新貴來謁寄於門下因得知其世族今夏因公道出葛陂過其里居生
止焉適生將遷祠於村南囑序於予而并求相宅焉予視其脈則磅礴鬱積也視其局
則門潤宏廠也以視夫村西舊祠其氣象規模之廣狹固有間矣此祠落成後知必有
文武科甲綿口勿替以光大於前人者顧生不以私之於本支而公之於合族亦可見
生之用心甚有得於孝子仁人而欲使尊親之意歷百世而不忘者也予嘉其志行遂
援筆而為之序至其祖宗之功名德行與夫經濟文章諒必自載家乘不待予言予亦
無庸復贅云

旹同治元年歲次壬戌八月中浣富陽使者友生景星麗山氏頓首拜序

後裔孫炳元星齋氏盥手敬書

註　碑現存葛坡鎮深坡街村蔣氏宗祠內，鑲嵌在大門右側墻壁內，清穆宗同治元年（一八六二年）刻立。碑高一五二厘米，寬七三·五厘米，多處碑文有人爲鑿過的痕跡。

敬建宗祠序文

聞之上治祖禰尊尊也下治子孫親親也至於建祠立廟萃祖宗於一堂春禘秋嘗合
宗族以昭享則又孝子仁人之用心而欲使尊親之意歷百世而不忘者也富江蔣生
世墉係咸豐辛酉補行壬子己未兩科孝廉也是科其堂弟瑛以武闈領鄉薦其胞叔
廷楷以孝養能文
欽賜副榜一門三慶蓋由其祖功宗德自宋元以迄於今所積累者厚然也是年冬予奉委
來權斯邑生以新貴來謁寄於門下因得知其世族今夏因公道出葛陂過其里居生
止馬適生將遷祠於村南囑序於予而并求相宅予視其脈則磅礴鬱積也視其局
則開闊宏敞也以視夫村西舊祠其氣象規模之廣狹固有間矣此祠落成後知必有
文武科甲綿綿勿替以光大於前人者顧生不以私之於本支而公之於合族亦可見
生之存心甚有得於孝子仁人而欲使尊親之意歷百世而不忘者也予嘉其志行遂
援筆而為之序至其祖宗之功名德行與夫經濟文章諒必自載家乘不待予言予亦
無庸復贅云

峕同治元年歲次壬戌八月中浣宦隱使者友生景星麗山氏頓首拜序

[illegible]裔孫炳元星齋氏盥手敬書

九六　樂里團三甲公立碑

樂里團三甲平湊公項章程奉　　縣勒碑
具禀呈人樂里團福溪村團総何廷翰團長蔣中學何福海何志庸等為請式分□
理以便辦公恳　恩批准而免重累事緣民村與油草沐龍諸村歴分三甲油草一甲
沐龍等村一甲福溪一甲經載邑志可考咸豐元年八月办團[團]総陳洪範周南士□
宏業團長周弼陳有傳與民等齊集報德庵謪議團規凑办公項章程議論不一照[邑]
志考定公議三甲平凑今後適宜後　沈主飭令帶長塘源聯絡一團凡團内造办□
幟公用各甲照依成規凑办咸豐五年八團合聯佐治團議立総局經費民村三□□
各甲無異至同治元年軍粮油草沐龍諸村添設團総周兆鳳周任賢陳顕和周□□
荣烈等恃衿变乱成規强言民村粮大兩[平]凑办村人不允請八團團総毛詩蔣世彬□□
等理論團総仍照三分平凑伊村團総不遵明示反以包庇抗缴謊禀　縣主□□□
田土毫厘造册並無隱匿豈不見大且軍粮現有成規泒凑豈容变異似此希图□□□□
人勞兹幸　憲臨乞轉詳　縣主功令批准以免重累若不清歴旧章直陳□□□
恐誤公干咎不浅為此謹禀　委憲台大人阁下伏乞作主轉详　縣主批□□□
富川縣正堂景批　查油草沐龍福溪諸村歴分三甲自應按照旧章仍着三□□□
米其有動用經費亦照成規以昭公允無得忝差妄议致誤軍糈同干重究□□□
同治元年四月二十五日禀

註　碑現存朝東鎮福溪村靈溪廟左邊巷子内，清穆宗同治元年（一八六二年）刻立。碑高九九厘米，寬六五·五厘米，無額，正文字徑二厘米。碑石左下角有缺失，大部分字迹清晰。

渠里圖三甲平湊公項章程奉 縣勒碑
具禀呈人渠里圖福溪村圖總何廷翰圖長蔣中學何福海何志庸等爲請式[illegible]
理以便辦公懇 恩批准而免重累事緣民村與油草沐龍諸村歷分三甲油草二[illegible]
沐龍等村一甲福溪一甲經載邑志可考咸豐元年八月內圖總陳洪範周南士
宏業圖長周翊陳有得與民等齊集報德庵議論圖規湊辦項章程議論不一照
忠孝堂公議三甲平湊合宜適宜設立流差分令[illegible]長塘源聯絡一圖凡圖內造[illegible]
職公開各甲照依成規湊辦咸豐五年八圖公舉佐治圖設立總局經費民村三[illegible]
各甲無異至同治元年軍粮[illegible]沐龍諸村添設圖總周兆鳳周任賢陳顯相周[illegible]
崇烈等[illegible]規[illegible]言民村粮大而[illegible]湊辦[illegible]不允請入圖[illegible]總毛詩[illegible]世[illegible]
等理論圖總[illegible]三分平湊[illegible]村圖總不遵明示反以[illegible]抗[illegible]禀 縣主
西土[illegible]造冊並無隱匿並不見其軍粮現有成規派湊[illegible]其似此希圖
懇[illegible]不[illegible]爲此謹禀 [illegible]大人閣下[illegible]作王韓詳 縣主[illegible]
公勞[illegible]幸 憲臨乞轉詳 縣主[illegible]令批准以免重累若不清歷旧章直陳[illegible]
淄川縣正堂[illegible]批 查油草沐龍福溪[illegible]村歷分三甲自應按照旧章仍着三[illegible]
來其有[illegible]用[illegible]費[illegible]規以昭公允[illegible]得[illegible]差[illegible]致[illegible]軍糈[illegible]重究
同治元年四月二十[illegible]日禀

九七　重建慶遠樓碑記

重建

慶遠楼捐資芳名

恩貢生呂鳴韶　各捐

毛學翱　錢

高　岱　伍

石瑞龍　千文

任光裕　捐錢叁千伍百文

高世元　捐錢貳千文

高　岐　各

謝紹連　捐

鍾音遠　錢

石涵輝　叁

楊長春　千

王作棟　文

柳兆枝　各

高　樽　捐

毛丙先

嚴武宗　錢

李賤還　壹

何雨龍　各捐

蕭其芬　錢壹

劉振紳　千叁

蕭其馨　百文

張照發　各

毛學翎　捐

劉德明　壹

劉呈文　千

何求枝　文

周添美　各捐

楊成文　錢

任秀昌　捌

林世文　百文

劉德成　各捐錢

柳勝興　柒百文

劉振倫　各捐

楊先元　錢

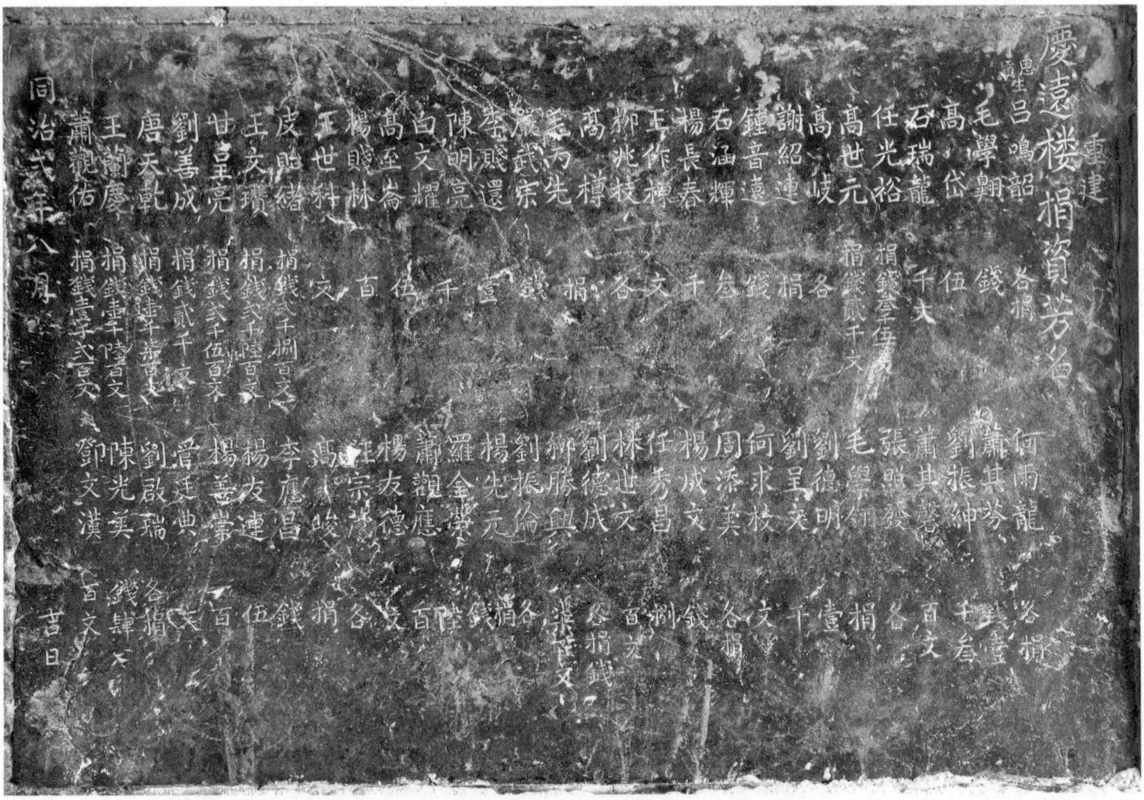

陳明亮　千　羅金榮　陸
白文耀　伍　蕭觀應　百
高至崙　　　楊友德　文
楊賤林　百　汪宗茂　各
王世科　文　高　峻　捐
皮貽緒　捐錢弍千捌百文　李應昌　錢
王文瓚　捐錢弍千陸百文　楊友連　伍
甘呈亮　捐錢弍千伍百文　楊善崇　百
劉善成　捐錢貳千文　管廷典　文
唐天乾　捐錢壹千柒百文　劉啟瑞　各捐
王蘭慶　捐錢壹千陸百文　陳光美　錢肆
蕭觀佑　捐錢壹千弍百文　鄧文漢　百文

同治弍年八月　吉日

註　碑現存縣城古明城慶遠樓下，清穆宗同治二年（一八六三年）刻立。碑高五三厘米，寬七九厘米。碑石保存完好，字迹清晰。

九八　重建傳芳堂題名碑記

重建傳芳堂題名記（碑額）

傳芳堂出公項錢五千文　宣教房每家出錢壹百文捐項序次於左

長族毛　瑞禄捐錢八百文　首　生貢永宗　各叁千　鳳衍　乙千文　鳳湘　各　永定　各　永祐　各　毓嵩　各

房　瑞清　弍　生監永祜　鳳科　各　鳳逑　捐　永貽　永盛　四　毓屺

瑞集　伍百文　永慶　各捐　鳳詔　八　鳳芭　尒　永寧　永泰　百　毓崔

瑞祥　六　永禄　錢壹　鳳迎　百　鳳凰　四　永芳　何氏　文　毓英

首　瑞呈　乙千四百文　永享　千六　鳳金　鳳池　百　永芝　捐　永順　三百文　毓崗　四

長鳳幃　三百文　永章　百文　鳳鎮　鳳尭　各捐　永宜　永積　各　毓駒

首　鳳興　四百文　永靈　各壹千　鳳暉　鳳與　弍百　永礽　永誌　弍　毓華

瑞驊　各壹千　永滌　鳳倧　永烜　永盛　五百文　永傳　百　毓琬

功軍瑞麟　永光　八百文　鳳金　功軍永亨　永旺　錢　永胤　文　毓生　百

鳳春　弍千文　永宣　七百文　鳳迄　各六百　功軍永柄　各弍千　永誠　永榮　乙百文　翼琇

生貢鳳彰　捌千　永道　各六百　鳳昌　生庠碩彥　永詩　毓麟　四千文　毓盛

鳳俊　壹千捌百文　永謨　鳳丹　各五百　國治　各乙千　永濟　毓琇　二千五百文

鳳喈　壹千　永光　四百文　鳳翮　生廪培元　永日　肆　功軍毓雄

鳳鷰　捌百文　毓珽　壹千文　鳳衍　永福　八百文　永倫　毓瑛　各二千　毓菀　文

鳳後　毓俊　各五百　鳳聚　永通　八百文　永紹　生庠毓崇　毓英　弍百文

鳳凝　各六百　事　蓄衍　鳳旭　永彰　七百文　功軍永彬　毓龍　繁鴻　弍千文

鳳選　七百文　祀生庠瑞麒　壹千文　鳳連　永立　軍功永祄　百　軍功毓才　各乙千　永茂
鳳堂　各　瑞相　七百文　鳳道　永昭　國珍　毓榮　囗選
鳳通　伍　文　瑞駿　伍百文　鳳吉　永來　永昌　毓薰　八百文　永代
鳳振　百　瑞桐　各四百　鳳誉　永紀　各六百　永清　毓璋　七百文　品高
鳳鐸　壹千　瑞趾　鳳修　永機　國均　文　毓蘭　六百文　品知
事　鳳仟　四百文　老耆鳳文　弍千文　鳳亨　以上各捐　永清　各五百　永統　毓萱　各四百
生廪永囗　弍千　户　鳳政　壹千文　鳳九　尒四百文　永淽　永平　毓岱

大清同治五年歲次丙寅三月　穀　旦　立

註　碑在朝東鎮秀水村毛氏宗祠（八房祠堂）左側墻壁上，清穆宗同治五年（一八六六年）刻立。碑高一五七·五厘米，寬八五·五厘米，厚二二厘米，額徑六厘米，正文字徑二·五厘米。碑石保存完好，字迹清晰。

重建傳芳堂題名記
傳芳堂出公項錢五千文，宣教堂每家出錢壹百文捐項序次於左

九九　栗木崗清江寺香田碑記

萬古流名（碑額）

大　清同治伍年吾村善士謹發誠心各施新村税地衆寺樂捐錢文請工開成香田招僧奉

將姓名勀碑為記　衆買犀牛井田壹坵新村田壹坵　税九厘二毛系五勿　新村地分人

毫乙條

李寬求施新村地長十一丈寬一丈三尺圳一截長三丈寬一尺五寸税四系　陳繼宗施新村地長七丈九尺寬三丈五尺税二厘五毛　蔣翰朝施新地長六丈寬一丈七尺税二厘二毛

李克棠施新村地長十丈五尺寬二丈五尺税五厘　李發朝施新村地長五丈五尺寬三丈税二厘　鍾賜章施新村地長五丈四尺寬一丈五尺税二厘三毛

陀繼美施新村地長七丈五尺寬二丈四尺税四厘五毛施大路湾田乙坵税二厘　陳臻陞施新村地長五丈六尺寬三丈税二厘二毛　刘昆亮施新村地長十一丈寬一丈二尺税三毛

李發光施新村地十一丈寬二丈税二厘　宋宏美施新村地長十丈五尺寬二丈税一厘　严日亮施新村地長六丈寬一丈九尺税二厘

村陳祥文弍千文　信李發廷四千文　信炭祖亮五　信李敬昌四　信李瑞珠三　信范寿康壹

李朝乾六百文　總李發朝三千文　刘高義三千文　蔣翰棋　李敬先　陳士坤百　宋芳賜百

李文科五　理宋宏美壹千六百文　羅奇光弍千六百文　刘鏡錡　陳臻謀百　何杏彩文　李克楠五

李廣亮百文　會陳定元三千文　陀繼美乙千五百文　宋恩亮　刘鏡鐸　刘芳宇二　宋賜發十

鍾美盛三百文　刘鏡鑑乙千六百文　李寬求乙千壹百文　李淹美百　陳臻隆文　陳士賢五百　李滇康文

蔣昌龍二　陳臻陞乙千四百文　陳孝進壹　刘鏡鍾　陳繼宗三　李滇美十　李安一口

嚴光浩百　刘昆亮乙千弍百文　李騰昌　羅陞陛　李何春百五十文　陳臻致文　宋廷義

刘芳还文　李彬求壹　程進旺千　李杏林　炭祖朝三　李光應二　羅益美百

李安福壹　蔣翰美乙文千百　鍾賜章　陳康仁文　李克桂　范寿宗百　士李甲春文

陳光勝　岑祥魁壹　李克棠文　刘芳安四　李長勝　李慎求　陳臻机

李宗佑　李安德　李富坤　羅奇雲　羅其安百　羅五美文　李滇應文

宋啟龍百　宋啟章千　刘芳康百八文　李以忠　李忠亮　李松光一

刘芳富　鍾賜德　蔣求托六　李騰桂百　黎春亮　李發棋五百

刘芳寧文　首陀任求文　士屄祖求百　士宋朝坤　蔣海楊　李定安十

老李光亮　李富昌　刘昆紅文　李以恩文　士蔣翰朝文　士李定雲文

陀任發三百　李滇亮百二文

同治六年季春月　立

註　碑在城北鎮栗木崗清江寺（迎水閣）内大門右側墻壁上，清穆宗同治六年（一八六七年）刻立。碑高一二二·五厘米，寬六七·五厘米。碑石保存完好，字迹清晰。

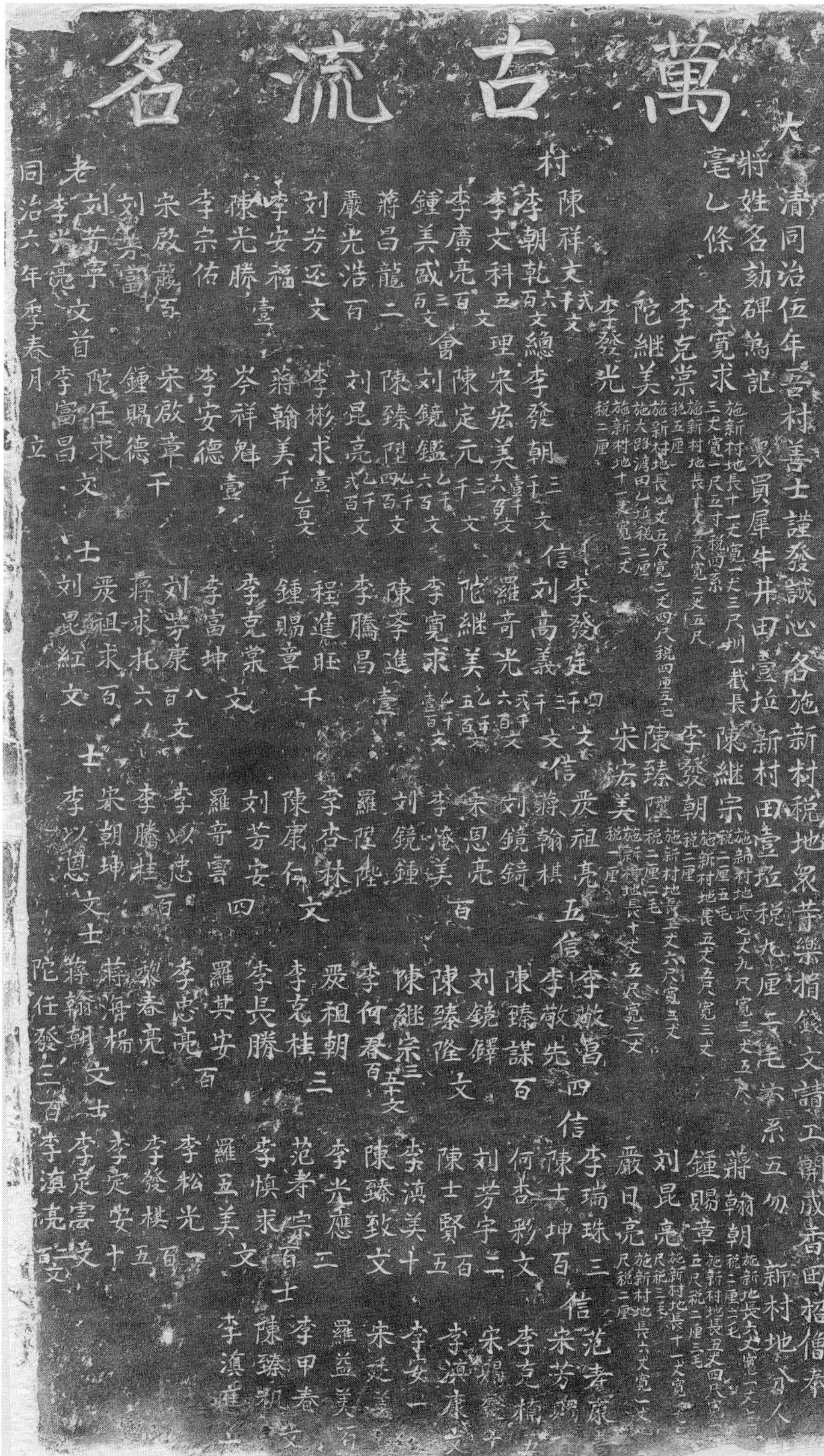
萬古流名
大清同治伍年吾村善士謹發誠心各施新村稅地眾等樂捐錢文請工開成香田招僧奉
將姓名勒碑為記
同治六年季春月立

一〇〇 富邑七都東水五源請定完納徭糧章程

奉縣勒碑（碑額）

富邑七都東水五源請定完納徭糧章程

具呈五源生員唐時雍軍功唐紹景生員唐振華任志仁周文郁奉盡文盤谷賢唐文福廖鵬舉任志達唐時中唐現龍
軍功周士文黃國乾生員唐紹章沈原川奉盡倫唐日剛唐正元任廷亮李國品沈寓璋唐友賢唐聘之任志超盤谷廉
唐紹晃監生任廷勝唐秀開任志道生員唐國昌盤瑞剛盤瑞山軍功唐振信唐仕儒李文後李欽才周品登唐佛保蔣
朝昌李洧淮奉章仁民沈孔知唐孔魁奉呈珍盤銘新唐品達唐志浩陳瑞賢鍾顯賜鍾光鏡唐益智奉之委周積元周
永興鄧源清等爲懇賞成規邀　恩批示定数勒碑永遠無弊事緣生民等東五源徭糧編銀肆拾肆両玖錢正折銀叁
拾壹両壹錢捌分捌厘本米叁拾捌石玖斗捌升五合畸畛徭糧編銀壹両肆錢柒分折銀壹両零陸分本米一石三斗
貳升五合正逐年埽户完納毫無蒂欠三項撮總共折銅錢叁百肆拾千文耗羡平餘串票一切支拆在内各户踴躍投
房完納無論銀米貴賤無添無減歷代相沿無異近因書吏更替不一竟有乘機舞弊額外加收生民等業經先後稟明
前任　楊錫二主並　藩憲均蒙批示照舊完納在案現值　仁侯蒞任三載扵兹一切徵收更加體恤生民等錢糧亦
係照舊完納但未蒙批示勒碑難免格外加收之弊是以聯名復懇　鴻慈批示每年納制錢叁百肆拾千文定数勒碑
以垂久遠以杜弊端沾　恩萬代矣謹將　楊錫二主並　藩憲批示抄粘呈驗伏乞

太老爺公祖臺前作主施行

富川縣正堂魏　批查編折銀米各户完納自有一定成数豈容書吏任意加增今據該生唐時雍等呈稟東五源編米
徭糧每年額完銀柒拾捌両陸錢壹分捌厘本米肆拾石零叁斗壹升叁項共完制錢叁百肆拾千文其耗羡平餘一切
在内向係赴房完納年清年欵現聞該户糧倉房有格外加索情弊殊属違例該徭民等仰即查明向章應完叁百肆拾
千文之數踴躍投納如銀米貴賤毋許增減倘有書役勒索該生等即指名稟究准予勒石永遠遵照可也

同治二年正堂楊　批已於蔣團紳呈内批示矣

同治三年正堂錫　批傜糧編折本米向係年清年欵毫無蒂欠本縣莅任接徵業已嚴諭户糧倉三房經書循照舊章收納兹據呈本年傜糧均已掃數全完足見該生等深明大義勸諭　國課早完誠堪嘉賞所有傜糧自應准其照舊向例完納勒碑以垂久遠可也

同治四年　布政使司蘇　批錢糧　國家正供自應年清年欵據呈該紳民等將應完傜糧銀米按年清完殊屬可嘉嗣後仍應踴躍輸納仰富川縣查照向例徵收解司毋任書吏浮收滋弊切切抄粘存

同　治　七　年　歲　次　戊　辰　正　月　吉　日　立　案存户房

註　碑現存富川縣城慈雲寺庭院左側墻壁上，清穆宗同治七年（一八六八年）刻立。碑高一五三・五厘米，寬七七・五厘米，額徑六厘米，正文字徑二・五厘米。

奉縣勒碑

富邑七都東水五源請定完納徭糧章程
具呈五源生員唐時雍軍功唐紹景生員唐振華任志仁周文郁奉書文盤谷賢唐文福廖鵬舉任廷選唐時中唐現龍
軍功周士文黃國乾生員唐紹章沈原川奉盡倫唐日剛唐正元任廷亮李國品沈富璋唐友賢唐聘之任志超盤谷康
唐紹晃監生任廷勝唐秀開任志道生員唐國昌盤瑞剛盤瑞山軍功唐振信唐仕儒李文後李欽才周品登唐佛保蔣
朝昌李清淮奉章仁民沈孔知唐孔魁奉呈珍盤銘新唐呂達唐志浩陳瑞賢鍾顯賜鍾光鏡唐益智奉之姿周顯元周
永興鄧源清等爲懇賞成規邀恩批示定數勒碑永遠無弊事緣生民等東五源徭糧編銀肆拾肆兩玖錢正折銀叁
拾壹兩壹錢捌分捌厘本米叁拾捌石玖斗捌升五合時給徭糧編銀壹兩肆錢柒分折銀壹兩零陸分本米一石三斗
貳升五合正逐年歸戶完納毫無蒂欠三項攏總共折銅錢叁百肆拾千文耗羨平餘串票一切支拆在內各戶踴躍投
房完納無論銀米貴賤無添無減歷代相沿無異迨因書吏更替不一竟有乘機舞弊額外加收往民等業經先後稟明
前任楊錫二主并潘憲均蒙批示照舊完納在案現值任侯蒞任三載於茲一切徵收更加體恤往民等錢糧亦
係照舊完納但未蒙批示勒碑難免格外加收之弊是以聯名復懇鴻慈批示每年納制錢叁百肆拾千文定數勒碑
以垂久遠以杜弊端沾恩萬代矣謹將楊錫二主并潘憲批示粘呈驗伏乞
太公祖臺前作主施行
富川縣正堂魏　批查編徵銀米各有定數完納自有一定成數豈容書吏任意加增今據該生唐時雍等呈稟東五源編米
徭糧每年額完銀柒拾捌兩陸錢壹分捌厘本米肆拾石零叁斗壹升叁合共完制錢叁百肆拾千文其耗羨平餘一切
在內向係赴房完納年清年款茲聞該戶糧倉房有格外加索情弊殊屬違例該紳民等仰即查明向章應完叁百肆拾
千文之數踴躍投納如銀米貴賤毋許增減倘有書役勒索該生等即指名稟究准予勒石永遠遵照可也
同治二年正堂楊　批已於呈內批示矣
同治三年正堂錫　批徭糧編折本米向係年清年款毫無滯欠本縣蒞任接徵業已嚴諭戶糧倉三房經書循照舊章
收納茲據呈本年徭糧均已掃數全完足見該生等深明大義勸諭國課早完誠堪嘉賞所有徭糧自應准其照舊向
例完納勒碑以垂久遠可也
同治四年布政使司蘇　批錢糧國家正供自應年清年款據呈該紳民等將應完徭糧銀米每年清完殊屬可嘉
嗣後仍應踴躍輸納仰富川縣查照向例徵收解司毋任書吏浮收滋弊切切抄粘存
同治七年歲次戊辰正月吉日立　業存戶房

一〇一　重建江東橋石礐記

重建江東橋石礐記

富江發源山谿其流陡險每水漲洪波巨浪聲勢沸騰江東橋廿餘丈橫跨其上熙來穰往者踵接肩摩坦然由之而不知其險美哉安瀾有慶矣先是以木柱為之屢為陽侯所忌同治八年己巳邑侯王公紫臣率紳民易石礐焉磐石之安自此始顧工作不堅且河水斜瀉礐基平列不能因其上流之勢而利導之水來輒橫衝其側丁丑夏五山水大發石礐七座隨波漂没於是城廂士庶理其舊料而重修之其經營較舊制頗善礐尖斜迎水勢不致有磯觸之患礐腹安箝鐵錠不致有瓦解之虞今而後吾知磴道盤空當與河山並壽所謂一勞永逸者非耶是役也誠王公倡舉之善然則非修復諸君繼舉之功不及此或曰礐固堅矣而上仍用木板亦易朽腐猶非事之盡善不知有基勿壞木腐重新亦易易耳君子忽其易而重其難天下事豈能防之至盡哉是不能無望於後之繼起者歲在昭陽洽協邑人周昌期謹誌

今將鎮武坊捐資芳名開列

□□縣選周昌期　捐錢拾貳千　義和店　各　□□□　各

周作霖　捐錢捌千文　康正□　□□□　捐

毛文治　捐錢陸千文　白良性　□□□
口例歐陽鐘敦　捐錢陸千文　全有□　□□□　錢
張地高　捐錢陸千文　毛積□　□□□
周萬興　捐錢陸千文　陳□棟　文　□□□　壹
毛文藻　捐錢伍千文　歐陽□□　□□□
毛明志　捐錢伍千文　謝來□　□□宗　千
毛明□　捐錢伍千文　生武毛文俊　□□紹
□來興　捐錢伍千文　鄧均和　□□康　文
封德心　捐錢伍千文　唐曾榮　蔡子禄　六百
毛連慶　捐錢伍千文　汪滋格　捐各　譚友和　五百
王家鼎　捐錢肆千文　毛明亮　壹銀　白文煒　四百
周召和　捐錢叁千文　陳金社　弍千　汪呈玭　四百
毛色皓　捐錢叁千文　毛文純　文百　歐陽卓　三百
楊成文　叁千文　前小水汛總司歐陽彬一千一百　汪呈玶　二百
雷殿輝　叁千文　汪呈琳　各　汪禎祥　三百
汪元嵱　貳千七百五十文　周隆期　壹
李榮興　貳千壹百五十文　周洪恩　千
歐陽哲　貳千壹百文　汪滋槁　文
鄧光輝　捐錢叁千文

註　碑現存富川縣城慈雲寺庭院左側墻壁上，清穆宗同治八年（一八六九年）刻立。碑高一二一厘米，寬六五・五厘米，額徑二厘米，正文字徑二厘米。

重建江東橋石磡記

富江發源山谿，其流陡險，每水漲洪波，巨浪聲勢沸騰。江
東橋廿餘丈，橫跨其上，熙來穰往者踵接肩摩，坦然由之
而不知其險，美哉安瀾有慶矣！先是以木柱爲之，屢爲陽
侯所忌。同治八年己巳，邑侯王公紫臣率紳民易石磡焉，
磐石之安自此始。顧工作不堅，且河水斜瀉，磡基平列，不
能因其上流之勢而利導之，水來觝橫衝其側。丁丑夏五，
山水大發，石磡七座隨波漂沒。於是城廂士庶理其舊料
而重修之，其經營較舊制頗善，磡尖斜迎水勢，不致有磯
觸之患；磡腹安箍鐵錠，不致有瓦解之虞。合而後吾知磴
道盤空，當與河山並壽，所謂一勞永逸者非耶？是役也，誠
王公倡舉之善，然則非修復諸君繼之功不及此。或曰：
磡固堅矣，而上仍用木板，亦易朽腐，非事之善者。吾不知
有基勿壞，木腐更新，亦易易耳，乃子忽其易而重其難。天
下事豈能防之至盡哉！是不能無望於後之[illegible]在
昭陽治協邑人周呂期謹誌
今將鎮戎坊捐[illegible]開列

周呂期 捐錢拾貳千文
周作霖 捐錢捌千文
毛文治 捐錢陸千文
歐陽鍾敎 捐錢陸千文
張地萬 捐錢陸千文
萬興 捐錢陸千文
毛文藻 捐錢伍千文
毛明忠 捐錢伍千文
[illegible]永興 捐錢伍千文
封德心 捐錢伍千文
毛運慶 捐錢伍千文
王家鼎 捐錢肆千文
周召和 捐錢叁千文
毛邑皓 捐錢叁千文
楊成文 叁千文
雷殿輝 叁千文
汪元嵱 貳千七百五十文
李榮興 貳千壹百五十文
歐陽哲 貳千壹百文
鄧光輝 捐錢叁千文

毛文倫
鄧均和
唐曾榮
汪滋格
毛明亮
陳全社
毛文純
歐陽彬
汪星琳 各
周隆朋
周其恩
汪滋楊 文

汪禎祥
汪呈球
歐陽[illegible]
汪[illegible]鈞
[illegible]文焯
[illegible]

一〇二　閤族置買蒸嘗捐資題名碑

今将置買蒸嘗閤族樂捐勒碑刻銘永垂

土名水　篨　椰田大小五坵粮廟四升

族　祖忠　五百　秀林　二百　恩棠　二百　有明　一百

守鷺　五　秀昌　四　印魁　二　有功　一

秀荣　五　秀雲　三　嵩明　三　有德　一

長　信鰲　五百　信謀　四百　岳昌　一　有棱　一

總　蘭芳　五　信諫　四　安慶　三　有寛　一百

守鴻　六　俊托　一　茂杞　二　观養　一

印隆　六　胤鳳　一　印唐　五百　岳恩　一

理　岳正　五百　胤鵬　四百　观口　一　邠凉　一

祥魁　五　岳寛　三　观州　一　邠東　一

美瑞　五　朝荘　三　化剛　二　邠照　一百

峯坔　二　進琦　二　观璋　一　邠吉　一

祖福　三　五福　八百　宇真　五百　邠招　一

念朝　四　印科　三　寛茂　二　邠進　一

忠魁　二百　忠亮　三百　寛福　三　鳥雄　一百

美璋　二　守鴐　乙千　金發　一　鳥佳　一

蘭陞　二　守胡　五百　化嵩　一　崑崙　一

剛税　二　观鷙　五　岳俊　二百　崑嵌　一

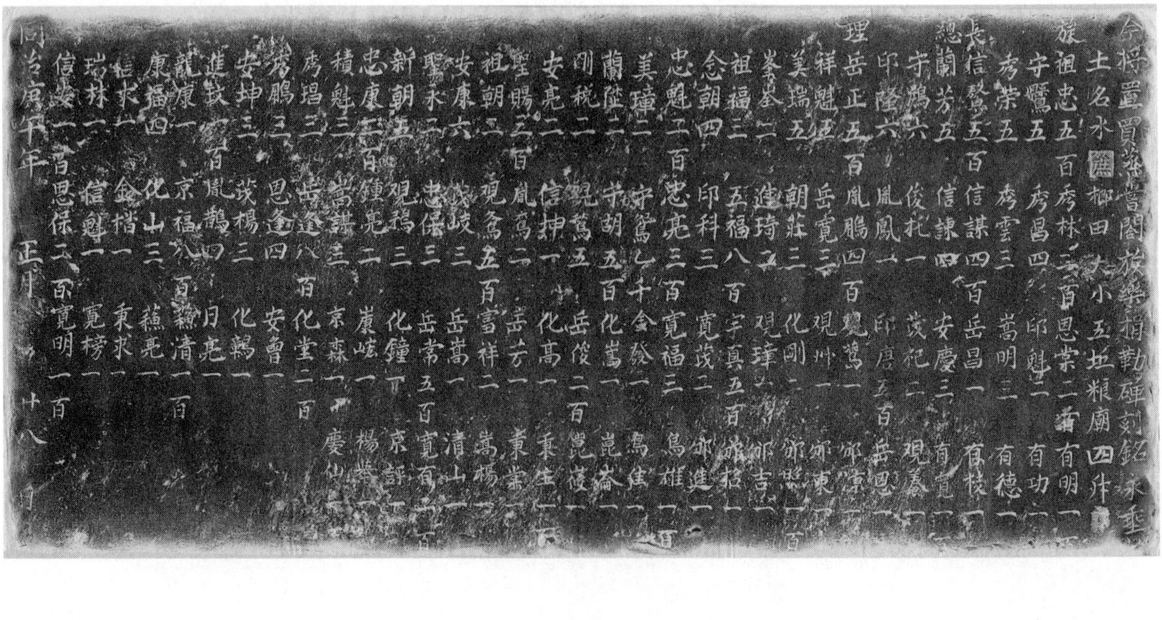

安亮 二　信坤 一　化高 一　秉生 一百
聖賜 三百　胤鳶 二　岳芳 一　秉棠 一
祖朝 二　观鴌 五百　富祥 二　嵩楊 一
安康 六　茂岐 三　岳嵩 一　清山 一
聖永 二　忠保 三　岳常 五百　寬有 二百
新朝 五　观鵶 三　化鐘 一　京評 一
忠康 二百　鍾亮 二　㟲崍 一　楊舉 一百
積魁 三　嵩謀 三　京森 一　慶仙 一
秀琩 三　岳逢 八百　化堂 二百
秀鵬 三　恩逢 四　安曾 一
安坤 三　茂楊 三　化鶓 一
進玟 一百　胤鵲 四　日亮 一
龍康 一　京福 八百　藨清 一百
康福 四　化山 三　藨亮 一
信求 一　金楷 一　秉求 一
瑞林 一　信魁 一　寬榜 一
信安 一百　恩保 二百　寬明 一百

同治庚午年正月廿八日

註 碑現存城北鎮鳳溪村岑氏宗祠大門外側墻壁上，清穆宗同治庚午年即同治九年（一八七〇年）刻立。碑高五二厘米，寬一一〇厘米。碑石保存完好，字迹清晰。

一〇三　重建鎮江慈雲寺記

重建鎮江慈雲寺記

余於同治甲子銓授粤西之富水計舟行者約五千里所過漢口荆門洞庭三湘諸巨浸迤邐抵粤泊灘江發昭潭其閒懸河倒峽曲隄陡壩絶港斷岸不下數百處一時怒濤驚浪急溜湧湍往往如山崩石裂獅吼雷鳴噴薄無際神魂失度不可為狀未嘗不歎水之神勇如斯之劇也既而抵富城又枕江每坐片時轟轟然江聲入耳與舟行者無以異心又惕惕乎不能平詢之紳耆皆以為地勢使然古形家以粤輿高亢無踰興安富次之勢若建瓴江水抵城頭急流直瀉衝刷江底穿嚙矸砐以為怪不稍為斡旋而停蓄之則煞氣太猛洩氣亦太盡涓塵纖翳之不留安得立縣為持久計以故城之南隅有古塔砥柱中流塔下有寺曰慈雲與馬鞍蟠龍二山相對峙迴護城郭然則建寺之初豈謂是助峭拔崇觀瞻已也盖江以作鎮而寺以衛塔障急流而蓄瀠洄之勢降煞氣而受和緩之脈誠邑城之鎖鑰焉咸豐乙卯朱逆陷城流賊接踵刦擄焚殺數年家則露宿室成灰燼而斯寺亦蕩然無存邇来地方肅清政通人和廢脩墜舉邑之紳耆士庶因其舊址而重新之事竣問記於余余適公暇親詣其地江楓掩映黄花亂開時同治丁卯之重九日也迺進野老而問歲遍野黄雲晚稻熟也迺招名品以索題滿城風雨紫蟹肥也迺登寶塔俯江城山原曠其盈視川澤盱其駭矚浩浩乎有秋水長天之概焉盖自閱歷形勢以來見夫翻轉地軸斡旋地脈未有如斯之妙造稳固者也若夫寺塔齊輝蔚為梁棟風水相遭皺為文章旋源洄湍蓄為富庶相與享安瀾之福慶流澤之長也是又余之所厚望也夫爰書之以為記

道銜署潯州府知府前任富川縣事鉅野魏　篤撰 
同治壬申歲進士候補儒學訓導邑人周昌期書丹 
石匠郭盛光刻字

註　碑現存富川縣城慈雲寺内大雄寶殿前左側墻壁上，清穆宗同治十一年（一八七二年）刻立。碑高一一六厘米，寬七〇厘米，額徑二·五厘米，正文字徑二·五厘米。碑石保存完好，字迹清晰。

重建鎮江慈雲寺記

余於同治甲子銓授粵西之富水計舟行者約五千里所過漢口荊門洞庭三湘諸巨浸迤邐抵粵泊灘江發昭潭其間懸河倒峽曲隄陡壩絕港斷岸不下數百處一時怒濤驚浪急溜湧湍往往如山崩石裂獅吼雷鳴噴薄無際神魂失度不可為狀未嘗不歎水之神勇如斯之劇也既而抵富城又枕江每坐片時轟轟然江聲入耳與舟行者無以異心又惕惕乎不能平詢之紳者皆以為地勢使然古形家以粵輿高亢無踰興安富次之勢若建瓴江水抵城頭急流直瀉衝刷江底穿嚙砑砍以為怪不稍為斡旋而停蓄之則煞氣太猛洩氣亦太盡涓塵纖翳之不留安得立縣為持久計以故城之南隅有古塔砥柱中流塔下有寺曰慈雲與馬鞍蟠龍二山相對峙迴護城郭然則建寺之初豈謂是助峭拔崇觀瞻已也蓋江以作鎮而寺以衛塔障急流而蓄瀠洄之勢降煞氣而受和緩之脈誠邑城之鎖鑰焉咸豐乙卯朱逆陷城流賊接踵刦擄焚殺數年家則露宿室成灰燼而斯寺亦蕩然無存邇來地方肅清政通人和廢脩墜舉邑之紳者士庶因其舊址而重新之事竣問記於余余適公暇親詣其地江楓掩映黃花亂開時同治丁卯之重九日也迺進野老而問歲過野黃雲晚稻熟也迺招名品以索題滿城風雨紫蟹肥也迺登寶塔俯江城山原曠其盈視川澤盱其駭矚浩浩乎有秋水長天之概焉蓋自閱歷形勢以來見夫翻轉地軸斡旋地脈未有如斯之妙造穩固者也若夫寺塔齊輝蔚為梁棟風水相遭皺為文章旋源迴湍蓄為富庶相與享安瀾之福慶流澤之長也是又余之所厚望也夫爰書之以為記

道銜署潯州府知府前任富川縣事鉅野魏　篤撰

同治壬申歲進士候補儒學訓導邑人周昌期書丹

石匠郭盛光刻字

一〇四　秀山村胡艾誥封碑

奉天誥命（碑額）

奉

天承運

皇帝制曰資父事君臣

子篤匪躬之誼作忠

以孝國家宏錫類之

仁爾胡艾迺廣西鎮

安府教授胡景禧之

父善積於身祥開厥

後教子著義方之訓

傳家裕堂構之遺茲

以覃恩封爾為文林

郎錫之勅命於戲殊

榮必逮於所親寵命

用光夫有子尚宏佑

啟益勵忱恂

誥命

同治拾一年拾月初九日

之寶

註　碑現存古城鎮秀山村東面山下，胡永年墓冢旁，清穆宗同治十一年（一八七二年）刻立。碑高五九厘米，寬九七·五厘米，碑石保存完好，字迹清晰。

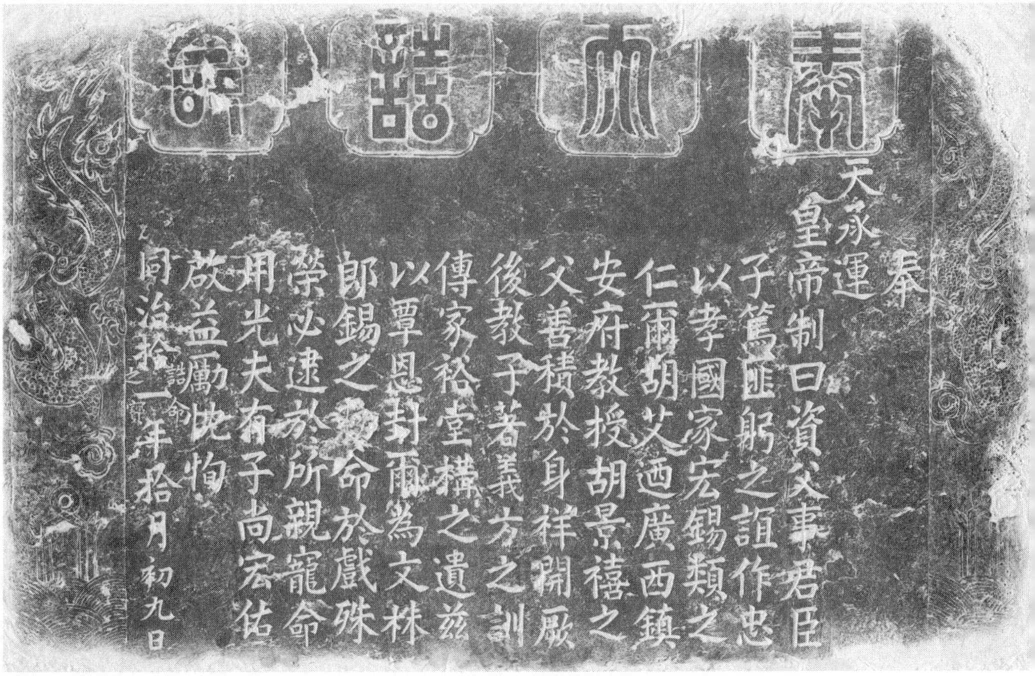

一〇五　長慶塘重建東邊門樓題名碑記

今將重建門楼所有捐資于後

何兆圻　壹

會　兆壷　各

畅然　千

純祖　式

首　何德章　捐　盛章　各　七

德全　百　呈章

兆發　何有章　百

祖祥　錢　文　本章　捐　式

何祖應　各　玖　求應　十

士烶　百　藍章

其傑　壽章　錢　文

耀祖　捐　六　何兆科　各　六

何福章　十　品章　捐　百

奇章　神保

現章　錢　文　求神　尒　文

同治拾式年癸酉歲次八月十七日立

註　碑在富陽鎮長慶塘村村内東边門樓墻壁上，清穆宗同治十二年（一八七三年）刻立。碑寬六一・五厘米，高四六・五厘米。碑石保存較好，字迹清晰。

一〇六　栗木崗修路碑記

自明嘉靖二年立居斯土名曰栗木崗前以大石砌路每見雨集坭滑男婦興嗟跋涉迄清同治十三年仲冬吉日命匠鳩工不若細石扎街恒得晝夜步履老幼咸歌康莊因以媲美宅埸而昌隆於後世者也工竣余村樂捐孔方勒石以誌　奇雲　叙并書

首　羅奇雲　四　李何春　三　羅五美　各
宋啓章　百　羅奇安　劉鏡鈉　𠆥
嚴祖亮　七百　羅陞陛　劉鏡銘
李發朝　一千百五　蒋翰其　劉鏡錸
陳定元　一千文　蒋翰美　劉鏡鑰　一
陀任求　五　宋宏美　宋芳賜
李正瑞　百文　鍾現聲　劉鏡鍇　百
李克桂　四　陳臻隆　百　李光亮
李慎求　劉鏡鏑　范壽康　文
李瑞珠　百　陳士坤
事　陳臻陞　文　羅益美
信　李發廷　一千　李以忠

劉鏡鑑 七百
李寬求 六
羅奇光
嚴祖求 百
陀継美
劉鏡鐸 五
嚴康仁 百
鍾賜章 四
岑継光
劉昆亮
陳康保
程善科 百
鍾賜德 三
陳継宗
陳臻科
羅奇亮
岑康宏
李滇亮
蔣海洋 百
陀雲廷
李騰桂

何杏彩
李聖昌
李滇應 文
陳秀積 各
李定安
李應亮
羅奇明
劉芳宇
李滇康
蔣翰朝 錢
宋朝坤
劉昆生
陳士賢
陳詩進
李忠楊
宋恩亮
宋恩統
李滇美
李甲春
劉昆宏
李杏林 百

蔣求托　　嚴賜恩
程善榜　　李長勝
程善舉　　李滇英
李正宏　　陀任發
李克棠　　岑進琦
士　李常發　文　　嚴賤亮　文

註　碑在城北鎮栗木崗村内上門樓墻壁上，清穆宗同治十三年（一八七四年）刻立。碑高四五厘米，寬一三一厘米。碑石保存較好，字迹清晰。

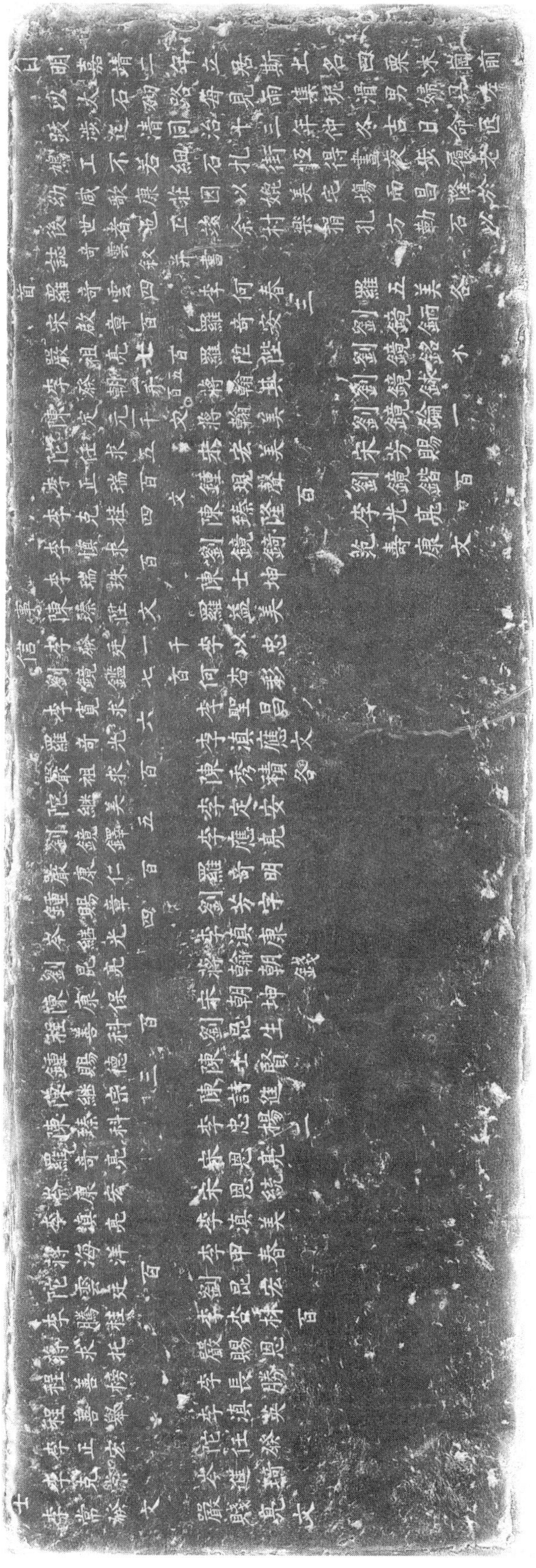

一〇七　栗木崗建造門樓碑記

旹　清同治十三歲次甲戌丙子月

壬戌日癸卯時大利建造門楼

一座針甲山庚向兼卯酉分金

今將造主刻名扵左

村　李文科　各　宋恩充　乙千四

陳祥文　李杏林　弍千一

李安福　錢　李正瑞　乙千五

宋啟龍　弍　李杏樘　乙千四

陳孝進　程善舉　七百文

宋啓章　百　李正京　五百文

程進旺　李杏森　各

李騰昌　文　李正平　錢

老　李發琪　錢九百文　蔣國興　三

首　蔣求托　捐乙九千百文　李杏桓　百

宋恩泰　弍千　宋家罩　文

陳康保　弍千四　李杏棓　各

事　李正宏　乙千五　蔣著英　錢

信　李發朝　弍千三　陳開枝　弍

李騰桂　乙千一　陳開榜　百

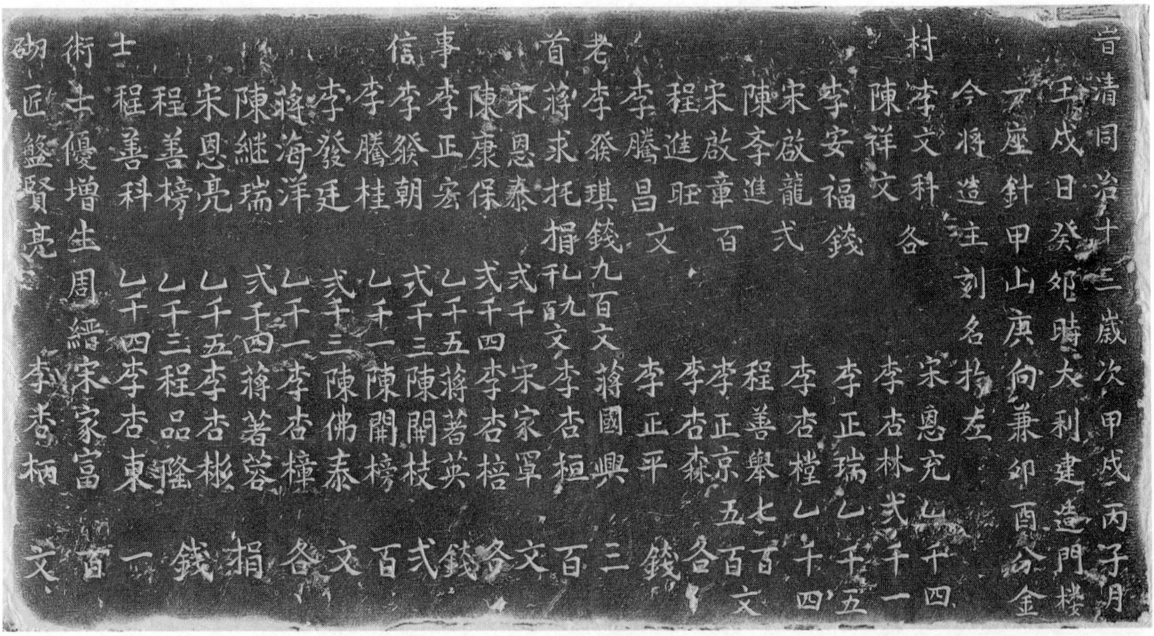

李發廷　弍千三　陳佛泰　文

蔣海洋　乙千一　李杏樟　各

陳継瑞　弍千四　蔣著蓉　捐

宋恩亮　乙千五　李杏彬　錢

程善榜　乙千三　程品隆

士　程善科　乙千四　李杏東　一

術士優增生周縉　宋家富　百

砌匠盤賢亮　李杏柄　文

註　碑在城北鎮栗木崗村内上門樓墻壁上，清穆宗同治十三年（一八七四年）刻立。碑高四一・五厘米，寬七八・八厘米，厚一一厘米。碑石保存較好，字迹清晰。

一〇八　蔣惟一祖父母誥命碑

奉

天承運

皇帝制曰考績報循良之最用獎臣勞推恩溯績累之遺載揚祖澤爾蔣世仁乃同知銜蔣惟一之祖父錫光有慶樹德務滋嗣清白之芳聲澤留

再世衍弓裘之令緒祜篤一堂茲以覃恩貤贈爾為奉政大夫錫之誥命於戲聿修念祖膺茂典而並勵新猷有穀貽孫發幽光而丕彰潛德

制曰册府酬庸聿著人臣之茂績德門輯慶式昭大母之芳徽爾毛氏乃同知銜蔣惟一之祖母箴誠揚芬珩璜表德職勤内助宜家久著其賢聲

澤裕後昆錫類式承乎嘉命茲以覃恩貤贈爾為宜人於戲播徽音於彤管壺範彌光膺異數於紫泥天庥允劭

皇帝制曰求治在親民之吏端重循良教忠勵資敬之忱聿隆褒獎爾蔣正元乃同知銜蔣惟一之父禔躬純厚垂訓端嚴業可開先式穀乃宣猷

之本澤堪啟後貽謀裕作牧之方茲以覃恩贈爾為奉政大夫錫之誥命於戲克承清白之風嘉茲報政用慰顯揚之志昭乃遺謨

制曰朝廷重民社之司功推循吏臣子懔冰淵之操教本慈幃爾楊氏乃同知銜蔣惟一之母淑慎其儀柔嘉維則宣訓詞於朝夕不忘育子之勤

集慶澤於門閭式被自天之寵茲以覃恩贈爾為宜人於戲仰酬顧復之恩勉思撫字載煥絲綸之色允賁幽潛

制曰朝廷重民社之司功推循吏臣子懔冰淵之操教本慈幃爾葉氏乃同知銜蔣惟一之母淑慎其儀柔嘉維則宣訓詞於朝夕不忘育子之勤

集慶澤於門閭式被自天之寵茲以覃恩封爾為宜人於戲仰酬顧復之恩勉思撫字載煥絲綸之色用慰劬勞

光　緒　元　年　捌　月　拾　叁　日　誥　命　之　寶

註　碑現存葛坡鎮岐山村李氏宗祠内，清德宗光緒元年（一八七五年）刻立。碑高一九〇厘米，寬一〇〇厘米，厚一五厘米，兩邊有龍紋雕飾。

奉

天承運

皇帝制曰考績報循良之最用獎臣勞推恩溯積累之遺載揚祖澤爾蔣世仁廼同知銜蔣惟一之祖父錫光有慶樹德務滋嗣清白之芳聲澤留

再世衍弓裘之令緒祜篤一堂茲以覃恩貤贈爾為奉政大夫錫之誥命於戲聿修念祖膺茂典而並勵新猷有穀貽孫發幽光而丕彰潛德

制曰冊府酬庸聿著人臣之茂績德門輯慶式昭大母之芳徽爾毛氏廼同知銜蔣惟一之祖母箴誡揚芬珩璜表德職勤內助宜家久著其賢聲

澤裕後昆錫類式承乎嘉命茲以覃恩貤贈爾為宜人於戲播徽音於彤管壹範彌光膺異數於紫泥天庥允劭

皇帝制曰求治在親民之吏端重循良教忠勵資敬之忱聿隆褒獎爾蔣正元廼同知銜蔣惟一之父褆躬純厚垂訓端嚴業可開先式穀遒宣缺

之本澤堪啟後貽謀裕作牧之方茲以覃恩贈爾為奉政大夫錫之誥命於戲克承清白之風嘉茲報政用慰顯揚之志昭乃遺謨

制曰朝廷重民社之司功推循吏臣子懍冰淵之操教本慈幃爾楊氏廼同知銜蔣惟一之母淑慎其儀柔嘉維則宣訓詞於朝夕不忘育子之勤

集慶澤於門閭式被自天之寵茲以覃恩贈爾為宜人於戲仰酬顧復之恩勉思撫字載煥絲綸之色允賁幽潛

制曰朝廷重民社之司功推循吏臣子懍冰淵之操教本慈幃爾葉氏廼同知銜蔣惟一之母淑慎其儀柔嘉維則宣訓詞於朝夕不忘育子之勤

集慶澤於門閭式被自天之寵茲以覃恩封爾為宜人於戲仰酬顧復之恩勉思撫字載煥絲綸之色用慰劬勞

光緒元年捌月拾叁日誥命之寶

一〇九　鳳溪村大眼門樓捐資碑記

重修門楼捐資姓名開列

街　蔣鵬康　二　蔣秀棠　四　陳添福　二　蔣秀科　乙
翟安恩　捌　翟功榜　百　陳添祥　翟托寛
蔣信發　各　蔣信欽　叁　蔣聖法　百　陳東厚　百
蔣信楊　錢　陳添昭　蔣秀芝　蔣春富
陳添發　二　蔣秀廷　百　蔣應由　翟艷高　文
長　翟户謀　百　蔣秀仙　文　翟户諒　麦暈明　百伍
總　陳諫俊　壹　麦青棚　各　翟功鑾　文　蘇蔣芳
翟功棋　仟　翟求养　錢　翟安應　各　蔣慶茂　文
蔣鎮幹　百叁　蔣信鵬　蔣信安　陳治才　各
理　蔣秀寛　文　陳貴寛　弍　蔣信楠　陳治棠　錢
首　翟春亮　五　蔣信强　陳勝魁　錢　翟平昌
麦青養　三　蔣信胡　陳貴莊　翟平珊
蔣拔進　二　蔣信堂　百　翟臯松　翟平生
蔣鎮邦　百　蔣秀慶　千一　蔣慶基　翟安積　五
目　蔣應寛　乙百　翟羽法　各　翟臯福　壹　蔣鎮魁
翟陞耀　捌　翟户謀　翟户高　翟艷保
翟佛經　百　蔣鎮交　弍　翟艷才　翟艷昌　一
蔣信榜　各　蔣鎮謀　蔣鎮斌　蔣鎮明

翟春楊 錢　翟佛俊　蔣鎮皆 百　蔣鎮坤

翟安由 六　周金通 百　翟㒷存　蔣憲軍

翟安成 百　翟户棠　蔣憲章 文　翟户剛

翟户明 文　翟臯楊　蔣秀明 百六　蔣正福

木匠翟陞翷 四　蔣拔諫　翟平治 壹　蔣正寿

翟敬求 百　陳諫魁　蔣秀斌 百　翟户吉 文

大明蔣鎮廷 文　蔣信周 文　翟平章 文　翟功堂

光緒丙子年正月廿七立

註 城北鎮鳳溪村大眼門樓内側墻壁上，清德宗光緒丙子年即光緒二年（一八七六年）刻立。長八二厘米，高四六·五厘米。碑石保存完好，字迹清晰。

一一〇 栗木崗建造門樓題名碑記

旹清光緒元年歲次乙亥丙戌

月丙午日辛卯時大利建造

門楼一座針立卯山酉向兼

甲庚三分向迎龍旺是真機

水合陰山正可宜我輩築成

昌後裔來孫永代着朱衣今

将造主刻名扵左

総　羅奇雲　各　衆　李慎求　各

李寛求　　　范壽宗

嚴祖亮　錢　刘鏡錡

首　李發朝　　李滇應　錢

會　李克桂　一　李滇康

劉鏡鑑　千　刘鏡鐸

李滇亮　八　歲賜恩　乙

羅奇光　　　李中楊

首　陳臻陞　百　刘昆亮

門　陳光勝　各　陳臻科　千

李文科　錢　羅奇亮

李廣亮　　　刘鏡鍇　八

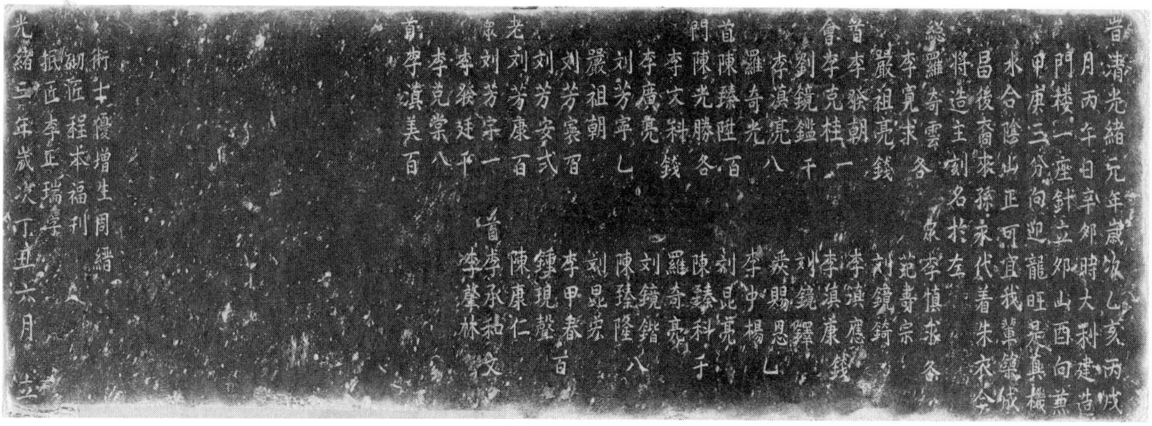

刘芳寧 乙 陳臻隆
嚴祖朝 刘昆宏
刘芳寰 百 李甲春
刘芳安 式 鍾現聲 百
老 刘芳康 百 陳康仁
衆 刘芳宇 一 首 李承和 文
李發廷 千 李肇林
李克棠 八
首 李滇美 百

術士優增生周縉
砌匠程本福刊
抿匠李正瑞字
光緒三年歲次丁丑六月 立

註 碑在城北鎮栗木崗村内中門樓墻壁上，清德宗光緒三年（一八七七年）刻立。碑高四五厘米，寬一六三・五厘米。碑石保存完好，字迹清晰。

一一一　龜石嶺重修門樓兼路碑記

重修門樓兼路碑記（碑額）

陳邠莊　一千五百文　李廷諫　七百文
黃正中　一千文　李廷楊　七百文
黃求復　六百文　何少魁　六百文
黃刘京　三百文　尹富茂　六百文
庠生黃中亮　二百文　李印京　六百文
尹彩求　二百文　陳邠福　六百文
黃鵬光　二百文　黃奠方　六百文
文　蘇定求　二百文　李廷猷　五百文
魁　李廷松　二百文　黃聖京　五百文
黃陞翰　二百文　李忠炭　五百文
黃奠榔　五百文
大老　黃刘源　二百文　監生陳紀綱　五百文
庠生黃鐘鳴　二千五百文　李中机　五百文
利　黃奠榕　一千乙百文　黃剛崑　五百文
總　黃刘慶　一千五百文　黃剛鄭　五百文
黃聖錫　一千五百文　黃應賜　五百文
理　黃素清　五百文　何少奇　四百文
首　黃奠發　二千文　黃泮亮　四百文

黄奠猷　一千三百文
黄奠楷　一千二百文
黄綱巃　一千二百文
程春菁　七百文
黄奠京　七百文
黄綱郵　七百文
黄英璨　六百文

事

黄綱櫺　五百文
黄鳳鳴（貢生）　二千五百文
黄正亮　二千三百文
黄大鵾（庠生）　一千五百文

信

李廷智　一千五百文
黄綱逢　一千五百文
黄恩錫　一千五百文
陳邠燦　一千四百文
黄綱嵩　一千四百文
黄綱崟　一千四百文
陳献文　一千四百文
陳邠栄　一千二百文
黄奠楊　一千文

黄英璋　四百文
麥宋斌　四百文
蘇聖荘　四百文
黄永林　四百文
尹富瑞　四百文
李印評　四百文
蘇聖猷　四百文
黄英琼　四百文
黄張斌　四百文
李廷発　三百文
黄刘楷　三百文
黄刘智　三百文
岑進奇　三百文
黄應章（術士）　三百文
黄奠林　二百文
黄綱樬　二百文
翟安賜　二百文
黄綱桂　二百文

士　黄奠松　一千文
程天榜　八百文
光緒五年　　冬月竪立

註　碑在城北鎮龜石嶺村村西門樓外墻上，清德宗光緒五年（一八七八年）刻立。碑寬一五〇厘米，高四一厘米。碑石保存完好，字迹清晰。

一一二　油沐村重修門樓碑記

繼美流芳（碑額）

重修門樓碑記

余村先達於中路鼎立門樓一以作闔鍵一以壯觀瞻洵善舉也乃歷年久遠風霜雨雪傾圮崩頹所存者僅遺基耳村之人目觸而心傷之思有以復其舊爰簽首集腋督率興修仍其規模新其氣象針作癸山丁向兼子午分針課用光緒九年二月二十四日辰時之吉庶乎前人之手澤於茲而未墜焉是序 廩生義咸和 撰書

都緣 何才清　捐錢弍千陸百文　胡文士　各助

結緣 胡日宣　捐錢弍千陸百文　周啟新　錢四

總理 蔣文傑　捐錢壹千文　胡日昭　百文

勸 蔣芳徽　捐錢壹千文　蔣全德　各

首 蔣芳耀　捐錢壹千弍百　蔣文軏　助

何才紳　捐錢壹千四百　蔣文輕　錢

胡昌訌　捐錢壹千文　周繼睦　弍

蔣文宣　捐錢八百文　胡日映　百

蔣芳存　胡昌訓　文

蔣全世　各錢柒百文　胡明新　各助

蔣芳桂　各　　胡文秀　錢壹
蔣文鐸　捐　　胡昌言　百六
蔣文發　　　　胡昌識　十文
蔣芳祈　錢　　蔣瑞懷　各助
蔣芳華　陸　　蔣芳富　錢壹
蔣芳崴　　　　蔣芳明　百文
周繼朕　百
何才廸　　　　一門樓中不許村人
蔣芳連　文　　在此燒火打荳
蔣芳文　捐錢五百文　一門樓中不許村人
蔣全福　捐錢五百文　堆積柴草污穢之
蔣芳遠　捐錢三百文　物違者公罰
大清光緒十年仲夏月穀旦立

註　碑現存朝東鎮油沐村大門樓左側墻壁上，清德宗光緒十年（一八八四年）刻立。碑高六七厘米，寬一〇一·五厘米，額徑八·五厘米，正文字徑二厘米。碑石保存完好，字迹清晰。

一一三　重修集賢橋碑記

重建鼎新（碑額）

予境集賢橋口創自前人雖非畫雕棟梁亦可栽培風水上修天面下尽人工一以避風雨
一以済行人迄今日久年煙遭風雨之倾頽往来者莫不交相嘆曰傷哉
梁橋坯矣吾村之風水何以培往来之行人何以済幸有值年橋梁之首事寺倡首率從而
楽施者不謀而合遂命匠鳩工採龍門之桐以為勝任捨銅雀之口用備遮修謹擇於光緒
庚辰年十月二十三日竪柱上梁針作艮山坤兼寅申分金不日而工告竣属問記於余予
謹数言是以為序以垂不朽之云　每頭各户捐木一根用过錢玖拾仟文

都　周継清　周文伸　捨欖板木　祀　周子業　祀　李如秀　周子魁
結　周才慱　祀　周才孝　周子後　李中㒷　祀　周子暉　術士李顕鐸
督　周子明　周才善　周子書　周啟文　周子宣　木匠周月德
管　周才純　周子正　周子陵　周継杰　周盛岐
理　李青蕃　李如珍　周子文　周継魁　周文籍
勸　何瑞懷　周子旺　户　周文行　周継烈　周才披
周子言　周継耀　李青芸　周継吉　周才纉
周文密　周家澤　捨木一根　李青芳　周継經　周才良
周家上　周才覺　周文僎　周子傳　周才德
周才兹　周才信　周文寶　周子緒　周才賔
周子連　周才翰　周文龍　户　周子鐸　何氏彩新　捨木一根
首　周子瑞　户　周才漢　周文安　周子祈　周才智

上村何才伸捨木肆根　周才满　祀　周文定　户　周子礼

大清光緒十一年乙酉歲桐月立　寶石慶匠蔡鴻發　刊

註　碑現存朝東鎮油沐村委崗中村集賢橋上，清德宗光緒十一年（一八八五年）刻立。

重建閘新

子境集賢橋創自前人雖非盡雕棟梁亦可栽培風水上修天面下盡人工一以避風雨
一以清行人迄今日久年湮遭風雨之傾頹往来者莫不交相嘆曰傷哉
梁橋坯矣吾村之風水何以培往来之行人何以濟幸有值年橋梁之首事寺倡率從而
樂施者不謀而合遂命匠鳩工採龍門之桐以為勝任擒鋼雀之老用備遮修謹擇於光緒
庚辰年十月二十三日豎柱上梁針作艮山坤兼寅申分金不日而工告竣屬問記於余予
謹敘數言是以為序以垂不朽之云　每頭各户捐木一根用过錢玖拾仟文

都周継清
結周才懴
督周子明
晉周才紀
理李青爺
勸何瑞懷
周子言
周文密
周家上
周才祢
周子連
首周子瑞
上村何才伸捨木肆根

周文伸捨揽板木　祀周子業
周才孝　周子後
祀周才喜　周月書
周子正　周子陵
李如珍　周子文
周子旺　户周文行
周継耀　李青芸
周家澤捨木一根　李青芳
周才覺　周文僎
周才信　周文寶
周才翰　周文龍
户周才漢　周文安
周才滿　祀周文定

李如秀　周子魁
祀李中興　祀周子暉　術士李顯鐸
周啟文　周子宣　木匠周月德
周継杰　周盛岐
周継魁　周文籍
周継烈　周才拔
周継吉　周才纘
周継經　周才良
周子傳　周才德
周子結　周才賓
户周子鐸　何氏彩新捨木一根
周子行　户周才智
户周子礼

大清光緒十一年乙酉歲桐月立　寶石匠蔡鴻發刻

一一四　文昌會賓興捐欵碑序

鼎建十甲文昌會賓興捐欵題名碑序（碑額）

考之周禮地官大司徒以三鄉物教萬民而賓興之其詳不可得聞大率不離□□□□材者近是典至鉅也後世賓興之設義蓋取諸此或闔郡或闔邑以及一鄉一都隨□□因其志之同集腋成裘用昭美舉雖地之廣狹貲之多寡相去或□倍蓰其軒□□□使學者激昂青雲則一也余忝以辛巳歲秉鐸富邑四易寒暑於茲□夏間□□□□□□生輒造門請為賓興碑序俾題名以垂久遠為詢其詳李生具以巔末□□□□□□□侯王公有闔邑賓興之議爾時上鄉八都董其事者為永清蔣君及□□□□□□□□□奈築室道謀垂成旋敗所捐資復使帰趙厥後廷賜蔣君縉周君□□□□□□□□父者謀曰欵項具在不能成豹獨不可見一斑乎即儲此以為吾鄉□□□□□□□□□將毋同僉曰唯唯遂聯為文昌會每值大比之年致祭於□□□□□□□□□□□□給川費若干其歲科兩試進庠者加以獎賞迄今舉行有日矣□□□□□□□□□意寓焉惜其細已甚不足為外人道云云余聞喟然曰善哉是所□□□□□□□□□□觀富川全圖八都位乎東北有據上游之勢左連標嶺右接秀峯□□□□□□□□在目是宜其間雲蔚霞蒸人□□出因以拔千尋勝萬里也亦□□□□□□□□□□一說矣而人事之栽培更有得乎古者成材之意其後起詎可□□□□□□□□□□□出之告余者備書以付俾都人士咸知是舉之成失東隅而收□□□□□□□□□□□□以善其後也豈非觀風者所厚望哉是為序

持授富川縣訓導乙亥舉人陸惠昌敬撰

註　碑現存葛坡鎮岐山村村口路邊水溝旁，具體刻碑時間不詳，陸惠昌於光緒辛巳即光緒七年（一八八一年）任富川教諭，此碑當在光緒十年後所作。碑高一三〇厘米，寬七三厘米，厚八厘米。碑石保存現狀堪憂，不少字迹已無法辨識。

新建大昌會賓興捐款題名碑序
周禮地官大司徒以三鄉物教萬民而賓興之其詳不可得聞大[illegible]
近是與至鉅也後世賓興之設義蓋取諸此或闔郡或闔邑以及一鄉一[illegible]
因其志之同集腋成裘用昭美舉雖地之廣狹貲之多寡相去或倍蓰[illegible]
學者激昂青雲則一也余忝以辛巳歲來令富邑四易寒暑於茲[illegible]
生諫造門請為賓興碑序俾題名以垂久遠[illegible]
侯王公有闔邑賓興之議爾時[illegible]

一一五　福溪村改建大砥橋碑記

改建大砥橋記（碑額）

宅之東有一水焉名曰大砥江是江也発源於長摽迤邐数里許越荆楚而又入粤滙大　江而注蒼梧姑不具論独是水也一以阻來往客商一以阻耕樵蒭牧臨流　太息孰能葦渡乎原我蔣族先人鼎建一橋中竪二石墩架木爲梁板鋪其上厥　號板橋然而木板易毀具興而屡廃況值春霖瀑漲木板蕩去者有之迄今　傾圮衆發誠心合族僉立首事因而募化諸善士傾囊樂助命匠鳩工於甲　申冬即伐石而更易囗又将橋之首尾捍以石隄防水衝突兹則功成告竣　衆善樂捐姓氏並列碑陰

魯子蔣延德撰書

延後　各弍千伍百　祀　延嗣　各乙千五百　延開　各伍　延貴　四

首　延世　弍千文　延正　乙　延囗　延光　各百

蔣延鐸　延囗　先仁

先志　乙千六百　延思　千　延囗　先遠　文

先登　乙千四百文　先見　文　延富　延求　叁百

延囗　壹　延囗　六百文　先平　先興　弍

延囗　捐　先行　捐　延囗　捐

先保　千　户　華囗　伍百文　延門　佰文　捐

囗德　文　延年　囗囗　寳慶石匠蔡揚名刋

囗囗　華盛六囗　華燦　何其孔　肆

囗囗　周常節　其相　六百文　海荣　百

口口　周常惠　千　福口　肆　周福生　錢

口口　錢乙千文　常德　錢文　福口　錢百　口吉　文

文學　何鳳起　八百文　福本　文　何海旺　三百文

大　清　光　緒　十　二　年　丙　戌　歲　季　春　月　立

註　碑在朝東鎮福溪村村口路邊涼亭外側墻壁上，清德宗光緒十二年（一八八六年）刻立。碑高一五五厘米，寬七四厘米，厚一一厘米。碑石保存一般，部分字迹難以辨識。

改建大砨[illegible]記

室之東有一永馬名曰太砨江是江也[illegible]源於長標迤邐數里許越荊楚而又入
[illegible]滙大[illegible]江而注蒼梧姑不具論獨是水也上以阻來往客商一以阻耕耘農
牧臨流[illegible]太息孰能葦渡乎原我蔣族[illegible]建一橋中豎二石墩架木爲梁
[illegible]鋪[illegible]土[illegible]號板橋然而木板易毀且興而屢廢況値春霖淫潦木板漂去者
有之迭各傾圮衆發誠心合族僉立首事四而易之諸善士傾囊樂助命匠
鳩工於甲申冬即伐石而更易之又將橋之首尾擇以石隄防水[illegible]水則
功成告竣衆善樂捐姓名逐列碑陰魯子蔣延德撰[illegible]

延[illegible]各[illegible]　延嗣各[illegible]　延[illegible]各伍[illegible]　延貴四[illegible]
延[illegible]　延[illegible]各[illegible]　延[illegible]各百文
先[illegible]　延[illegible]　先仁
先[illegible]　延[illegible]　先[illegible]文
延[illegible]　延求叁百
先[illegible]　先興弍百
延年　華盛
周常[illegible]　周常[illegible]
捐
共孔肆
何海榮
福生百
周[illegible]吉錢文
何海旺[illegible]二百文
何鳳起

寶慶石匠[illegible]刻

清光緒十二年丙戌歲季春月　立

一一六　廣西巡撫部院沈示碑

廣西巡撫部院沈示（碑額）

州縣為民父母　分應除弊恤民
據報命盜案件　勘驗必須躬親
照例輕騎速往　認真約束隨人
夫馬飯食自給　不染民間一塵
倘有需索擾害　苦主指實上呈
定必從嚴查辦　當思自顧考成
各屬奉到此示　城鄉布告分明
勒碑衙前豎立　永遠垂誡遵行

註　碑現存富川縣城慈雲寺庭院左側圍墻墻壁上，具體刻碑時間不詳。碑高九一厘米，寬五八厘米，額徑六厘米，正文字徑五厘米。碑石保存完好，字迹清晰。

廣西巡撫部院沈示

州縣為民父母
據報命盜案件
照例輕騎速往
夫馬飯食自給
倘有需索擾害
定必從嚴查辦
各屬奉到此示
勒碑衙前豎立

分應除弊恤民
勘驗必須躬親
認真約束隨人
不染民間一塵
苦主指費上皇
當思自顧考成
城鄉布告分明
永遠垂誡遵行

一一七　大園村東塘坊鼎建門樓碑記

光緒十五年歲次己丑十二
月初一日申時東塘坊鼎建
門樓正作亥山巳向兼乾巽
丁亥丁巳分金上吉今將樂
捐芳名勒碑於後富貴雙全
庠生盤日新　各八千　奉林賢　各八
首監生沈逢瀾　二千五百　奉念祖
生庠沈逢春　二千　奉紹祖　百五十
奉寅照　乙　盤中活　七
沈茂蘭　捐八千　盤中珠　百五十
奉輝珂　百　盤中明　七百
沈聖華　乙　奉獻祖　捐六
盤正興　千七百　余安昌
盤正旺　錢乙四百　岑安慶　四
事　盤求恩　千三　沈廷明　三
奉常祖　各乙　奉佛聖
盤中寳　千二百　盤成美　百
生庠盤上林　乙　盤肇照
盤康蕃　岑忠亮　錢文

盤辰光 捐 沈廷智 乙百五十

盤明光 千

奉世忠 錢

沈美賜 文

註 碑在富陽鎮大圍村八角神亭後巷子内一門樓墻壁上，清德宗光緒十五年（一八八九年）刻立。碑寬六九厘米，高三九·五厘米。碑石保存完好，字迹清晰。

一一八　重修南門城樓暨塑北帝神像碑記

重修南門城樓暨塑

北帝神像各捐資芳名刻列於後

署理富川縣正堂萬方達　捐錢式千文

銜署 舒森階熊柏香 陳香林陳耀庭 各捐伍百文　歐光庭捐三百文

總理　石乾春　捐錢壹千文　諸葛贊思　以

總理　陸玉湘　捐錢壹千文　劉代隆

總理　生監蕭文郁　捐錢壹千文　楊福春

總理　廖秉彝　捐錢壹千文　梁呈光　上

總理　生庠諸葛含溪　捐錢壹千文　何啟宗

盧位正　捐錢壹千文　石乾德

鄧國祥　捐錢捌百文　何正芳　各

生庠王克家　捐錢捌百文　雷兆發

蕭榮光　捐錢捌百文　王有封　捐

王明德　捐錢捌百文　雷福冀

徐錫祥　捐錢捌百文　楊代恩

林中苾　各　潘福隆　各　毛福先　錢

吳國弼　捐　陸洪昌　捐　義佳瑞

李光榮　錢　劉文耀　錢　劉代昌

徐步廷 陸　陸大昌 伍　林啟瑞 弍

蕭文光 百　汪啟佑 百　奉宗生

吴品堦 文　陸貴昌 文　陳兆林

貢拔蕭文清 以　吴桂森 各　楊文質 百

生庠蕭文炳 上　生庠李正芳 捐　田天來

生庠蕭向榮 各　吴品球 四　盧雲龍 文

陳啟壽 捐　楊順發 百

毛宗照 錢　王有錫 文　歐陽初貴 各

歐陽忠純　翟玉魁 各　歐陽積太 捐

歐陽上榮 伍　唐亨光 三　歐陽積春 乙

汪呈玶　雷水保 百　楊仙賜 百

唐亨亮 百　毛求瑞 文　楊文彬 文

李天喜 文　石匠唐運江捐尓六百　木匠譚同興捐尓四百文

光緒十六年歲次庚寅三月初三日立

註　碑現存縣城古明南城樓墻上，清德宗光緒十六年（一八九〇年）刻立。

一一九　大圍村鼎建門樓捐資碑記

光緒十八年壬辰歲正月初六
日鼎建門楼二座填平坊樂捐
坊名勒碑於後　翟志安　陸
生庠盤　文　弍千五百　盤炳光
沈求美　盤朋光　百文
盤照華　各壹千七百　盤志璋　伍百
盤學光　盤承光　肆
奉聖忠　弍千三百　盤肇智
奉奇慶　盤照致　百文
盤廷彥　弍千乙百　盤照瑞　肆
沈世光　壹千九百　盤志興
沈世榮　壹千八百　盤鎮光　百文
生庠盤慶芳　捐　盤照文　叁
盤昌光　壹　盤聖保
盤秋光　千　盤聖朝　百文
盤照熙　六　盤致光　叁
盤照貴　百文　盤恒光
盤啟雲　壹千　盤曾光　百文
盤正光　七百　沈衡珠　弍

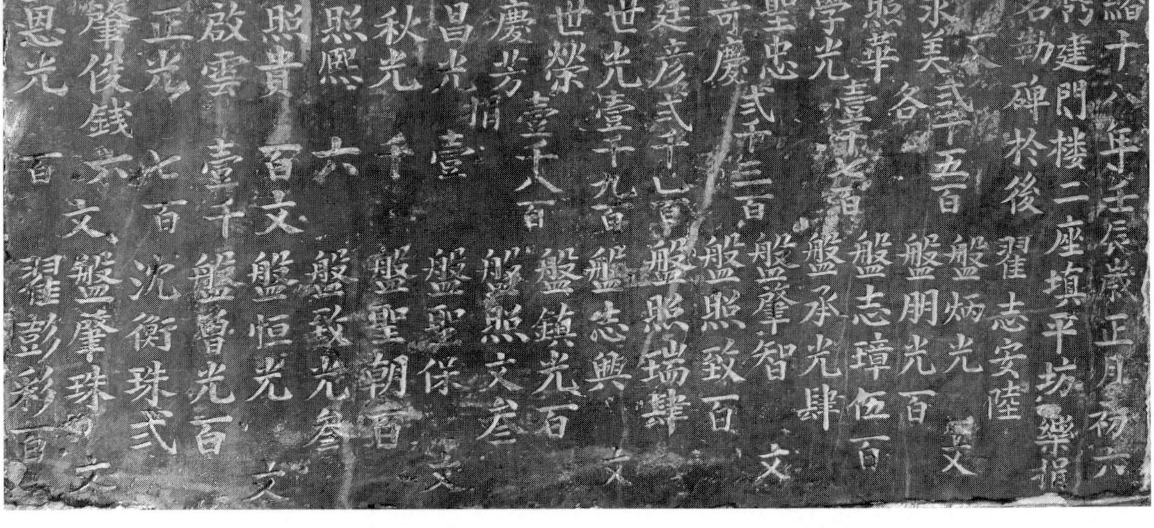

盤肇俊　錢六　　　盤肇珠

盤恩光　百文　　　翟彭彩　百文

註　碑在富陽鎮大圍村八角神亭左側門樓墻壁上，清德宗光緒十八年（一八九二年）刻立。碑寬六七厘米，高四〇厘米。碑石保存完好，字迹清晰。

一二〇　重修新塘溪叟深涸二路碑記

重修新塘溪叟深涸二路碑記　何鼎志　四
周文仲　百　曹進先　各　周氏錦嫦　尓二百文
陳祖琳　各　乙千八百　陳光暄　各　何正昌　文　助　廖荣紹　捐　陳穆修　乙百六十文
首　莫兆榜　乙千八百　陳道昌　莫兆仁　各　何秀煥　助　何正逢　已　何鼎静
陳荣芳　乙千六百　周啓礼　捐　何其亮　錢　曹燦紹　何鼎璧　鍾繼千
陳道華　乙千六百　助　周繼休　義道遠　三百　周長左　尓　鍾振餘　上　何顕祚
陳昭鑑　乙千六百　何文學　義仕紹　四十　鍾克明（生監）　鍾義昌　何朝爵
陳世龍　捐　乙千六百　毛積奇　錢　唐昌福　文　義昌言　二　鍾仁寿　各　何朝用
周祚璉　乙千六百　曹福慶　陳祖興　各　廖開佩　鍾振倫　何增然
周繼清　乙千六百　曹福昌　四　陳昭成　鍾振智　百　黄科亮　捐　鍾仁利
事　周文成　錢　乙千六百　曹福亮　百　周祚玩　四百　鍾義衡　陳祖仁　何林貴
陳光礼　捐錢六百文　范學信　文　陳荣旺　捐　曹如亮　文　陳光珠　曹善休
陳祖遠　捐錢六百文　盤隆昌　陳當正　陳顕邦　各　陳世玩　尓　鍾如成
助　陳盛世　捐錢六百文　周繼伸（捨各）　各　陳當益　周啓義　捐　陳光旺　乙　鍾如周
陳昭賢　捐錢六百文　周長任（丈一路）　捐　陳昭能　錢　周永銀　陳昭貢　鍾義達
陳昭盛　捐錢六百文　米才倫　陳光濟　陳光瞋　陳荣上　百　鍾如紅
陳昭满　捐尓六百文　莫兆可（各一丈）　錢　陳昭昌　三　陳昭烈　尓　陳盛鐸　首荣德
陳昭吉　捐錢四百文　曹鴻業（生監）　四　陳昭文　陳盛明　二　周啓平　已上各

陳昭仁　捐錢四百文　緣　何正君　百　陳祖耀　百　緣　朱成松　緣　周祚份　文　捐錢乙

陳祖衍　捐ㄅ四百文　鍾繼静　文　周祚璞　陳世禄　百　陳昭斗　百文正

緣　陳光体　捐ㄅ四百文　生庠鍾洪音　陳盛亨　文　陳世德　周祚得　正　周啓新　百三文

光緒乙未年六月吉立　譚正懷　文百四　僧本盛　文百四　功軍陳祖賜　文　陳道盛　文百二　陳榮璠　百二文

註　碑在朝東鎮青龍風雨橋橋廊北端，清德宗光緒乙未年即光緒二十一年（一八九五年）刻立。碑高一〇六厘米，寬七一厘米，厚一五厘米。碑石保存完好，字迹清晰。

重修新塘溪漊溪圖二路碑記

陳祖玩　莫兆榜　各乙千八百

陳榮芳　陳道華　陳昭鑑　陳世龍　周祚珅　周繼清　周文成　各捐錢乙千六百

陳光礼捐錢六百文

陳祖遠捐錢六百文

陳盛世捐錢六百文

陳昭賢捐錢六百文

陳昭盛捐錢六百文

陳昭滿捐錢六百文

陳昭吉捐錢四百文

陳昭仁捐錢四百文

陳祖衍捐錢四百文

陳光体捐錢四百文

光緒乙未年六月吉立

陳光膾　陳道昌　周啓礼　周繼依　何文學　毛積奇　曾福慶　曾福昌　曾福亮　范夢信　盤隆昌　周繼伸　周長任　朱才倫　莫兆可　曹鴻葉　何正君　鍾繼静　鍾洪音　各捐錢四百文

何勝志四百　何正昌　莫兆仁　何其亮　義道遠　義仕紹　唐昌福　陳祖興　陳昭成　周祚玩　陳榮旺　陳當正　陳當益　陳昭能　陳光濟　陳昭昌　陳昭文　陳祖耀　周祚璞　陳盛亨　僧本盛　各捐錢二百文

廖榮紹　何秀煥　曹煠紹　周長左　鍾克明　義昌言　廖開佩　鍾振智　鍾義衡　曹如亮　陳顯邦　周啓義　周永銀　陳光膾　陳照列　陳盛明　朱成松　陳世禄　陳世德　陳祖賜　各捐一百二十文

周氏錦嬌一百文　陳穆修乙百六十文

何勝静　何正逢　何勝璧　鍾振餘　鍾義昌　鍾仁壽　鍾振倫　黄科亮　陳祖仁　陳光球　陳世玩　陳光旺　陳昭貢　陳榮上　陳盛鐸　周啓平　周祚份　陳昭斗　周祚得　陳道盛　各捐一百二十文

何勝静　鍾繼千　何顯祚　何朝甯　何朝用　何增然　鍾仁利　何株貴　曹善休　鍾如成　鍾如周　鍾義達　鍾如紅　首榮德　已上各捐錢乙百文正

周啟新一百三十文　陳榮璠一百二十文

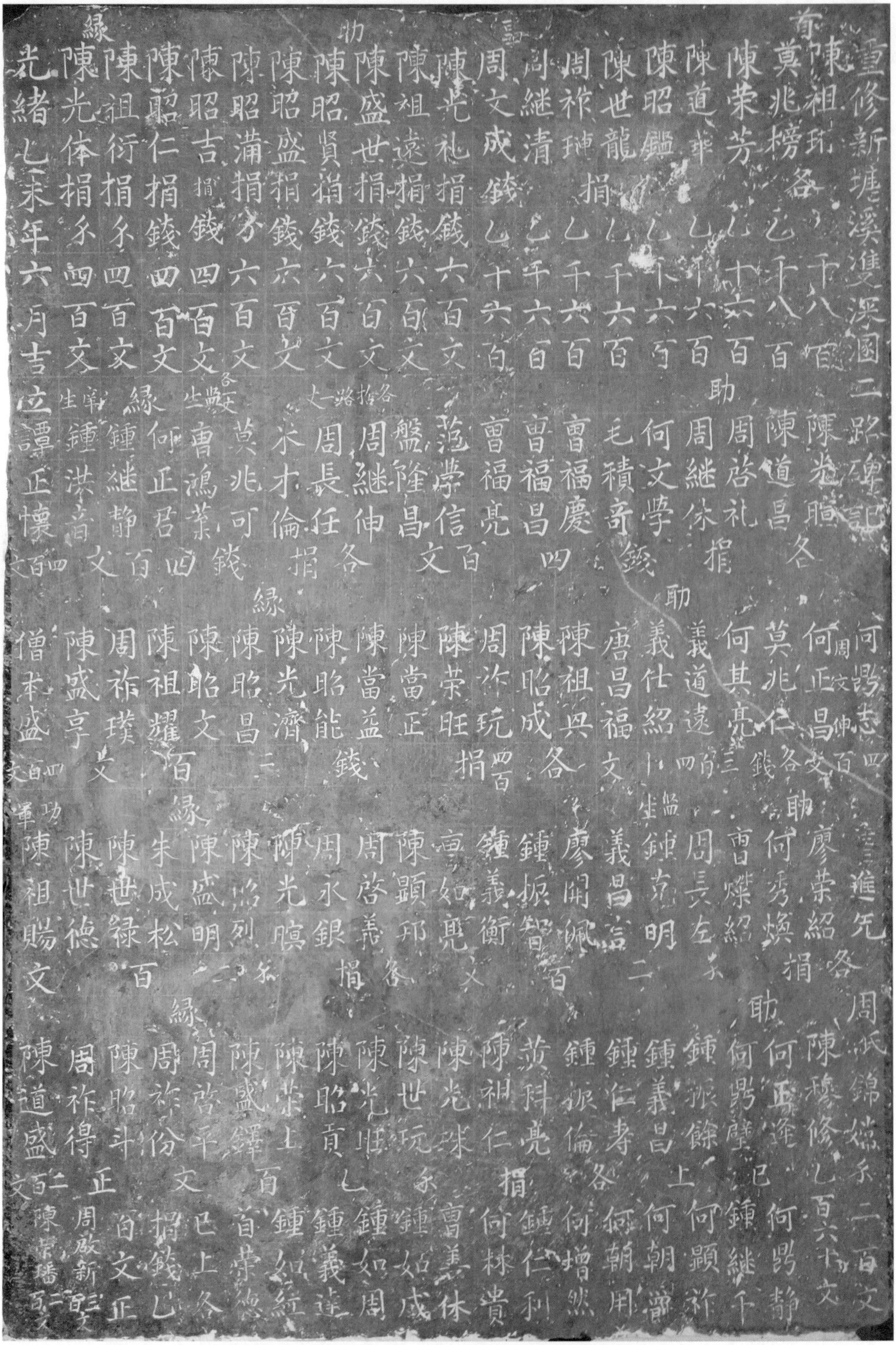

一二一　創修美舉題名碑記（碑文兩塊）

創修美舉勒碑顯名（碑額）

第一塊

創建兩廊及重修圍墻並涼亭序

聞之創修廟宇　帝君所垂訓也盖不創則莫為之前雖美弗彰不修則莫為之繼雖盛弗傳凡事皆然况廟宇為棲神之所乎吾村北隅有　豐澤殿　馬王廟前人所創以棲神者也外築藩垣半堵涼亭一座望之顏顏翼翼足壯觀瞻自明迄今修葺不一奈因地處窊下時值春雨暴漲洪水常浸廟堂圍墻屢被蕩壞实难以妥神聖而伸悃忱村人覩此惻然傷之於光緒壬午八年已行遷建陞上一層但因捐貲無幾未能百廢具興至甲午春鄉人同心協力簽首事五十餘人謀作創修之舉乃募化村人各施囊金命匠鳩工創建兩廊修理圍墻增高数尺俾規模丕振而神威益顯赫焉至於涼亭雖仍舊貫而榱題畫棟亦焕然一新矣夫修理咸宜神棲得所則一坊之保障在是即四姓之興起亦庶幾在是行見功垂勿替萬斯年皆行此福蔭于無窮也功竣首事請誌於予予非敢能文然不獲辭爰因其事而畧述之以為記

術士何逢吉頓首拜撰并書丹

總　何逢樂　捐各
　　蔣先棟　弍仒　首　何萬圭　各　何其正　各　周俊輝　各　蔣延口　各三百　何其美　各　何本來　各
　　陳冋科　千　何萬豪　仒　蔣延俥　捐　周俊吉　蔣延丹　五十文　何經識　何經保
理　周英甲　文　蔣先福　五　蔣延徹　仒　蔣先魁　捐　周常榮　各　何經齊　何其壽
首　陳廷治　各　周俊上　百　周英能　何逢著　周常才　何經志　何明彩
　　蔣延嗣　周俊榮　各　周福生　三　何逢俊　仒　周常川　何文啟　何恭己　捐
　　何經貫　陳冋河　捐　周英玄　百　何逢傑　周常學　何其有　捐　陳冋運

周俊傑捐　何學海（生庠）錢　周英元　何逢武　周常耀　何寬順　陳錫圭
何文教　周英靈四　周常道文　周秀章五　周英鐸　何明節　陳闬貴
何逢吉　陳闬慶百　周日平各　何逢治　周英文捐　何明達　陳闬全錢
何經教錢　何本德文　何常綱捐　何其賢　周英和　何逢斌　陳常國
何寬裕　何其獲各　何福後　何寬綽百　周俊琨　何鍾祥錢　陳錫祐
事　何萬邦　何經學　何仲鐸錢　何恭整　周俊民　何其陞　陳宏福

第二塊

口口口　蔣先傑五　何經衛弍　趙口桂百弍文　周俊口　何其聚　何發甫各
周俊福　陳錫恩　何文科百　周英感各　周俊合各　陳錫口各　何經春弍
周英仲千　周英來百　何福堂　周英典　周俊士　陳闬爵　何萬國
周俊壽　何明理　何廷树文　周英秀　周俊富　陳闬口三　何萬回
何逢文文事　陳道平文　周英口各　周俊經　蔣延算　陳闬吉　陳錫甯百
何廷槵各　村老助緣　周英棣百乙　周俊慶　蔣先興　陳廷東　陳錫禅
周英仕　蔣延世捐尒八百文獻柱四根　何福維文　周俊正　蔣先立　陳道富　何經敦
何文業　蔣延年各　祀户助緣　周俊賢　蔣先雄　陳道貴　何經訓
首　何文山　周常師　何文士各　周俊豪　蔣先行三　陳宏魁百　何廷學文
何明海　周常寛捐　周俊文百乙　周秀文　何海榮　陳錫平　何其盛
陳闬第八　周常吉　陳廷教文　蔣廷鐸　何海盛　陳道昌　陳錫文各
蔣先志　周常斌錢　周俊得各尒　蔣先登　何發宮　何常仁　周俊作捐
周秀發百　周常誼　陳廷棟八百　蔣先儒　周祚明　何發善　何常文

周英旺　周英松　四　周英仁　各　何本正　四　何其先　何萬吉　文　何荣闬　尓
何啟增　文　周英義　陳闬後　尓　何逢時　何其世　周英極　各　何常繡　乙
周俊琠　各　周英祥　百　何思隆　何囗準　何廷興　百　周英皇　捐　蔣延畏　百
何廷璋　捐　周英梧　何逢詩　百　何文曲　何其邦　蔣延貴　蔣先仁
何本立　六　周俊珅　何恭德　文　何文斗　百　何經信　蔣先達　尓　陳錫禄　文
陳闬化　百　周俊義　文　周英富　各　何逢喜　何經爵　蔣先學　式
何常修　文　蔣延德　三各　周英華　尓　陳錫遜　何經通　蔣延光　百
何海旺　各尓　何經明　百　周英哲　五　陳錫保　何文典　蔣延富
事　何萬儀　五百　何福本　文　周英姿　百　陳道泰　文　何其保　文　何本闬　文
信婦蔣門何氏貞如另囗囗囗囗

大清光緒二十一年乙未歲天中節穀旦立　六丈餘

註　碑現鑲嵌在朝東鎮馬王廟左側圍墻上，清德宗光緒二十一年（一八九五年）刻立。碑石共兩方，均高一二八厘米，寬六八厘米。現保存較好，僅少數字迹難以辨識。

創修美舉

創建万廟及重修圍墻並涼亭序

聞之創修廟宇帝居所垂訓也蓋不創則莫為之前雖美弗彰不修則莫為之繼雖盛弗傳凡事皆然况廟宇為棲神之所乎吾村北隅有豐澤殿馬王廟前人所創以棲神者也外築藩垣半堵涼亭一座望之顏々翼々足壯觀瞻自明迄今修葺不一奈因地處濱下時值春雨暴漲洪水常浸廟堂圍墻屡被蕩壞实难以妥神聖而伸悃忱村人覩此惻然傷之於光緒壬午八年已行遷建陞上一層但因捐貲無幾未能百廢具興至甲午春鄉人同心協力僉首事五十餘人謀作創修之舉乃募化村人各施囊金命匠鳩工創建兩廊修理圍墻增高數尺俾規模丕振而神威益顯赫焉至於涼亭雖仍舊貫而榱題畫棟亦焕然一新矣夫修理咸宜神棲得所則一坊之保障在是即四姓之興起亦庶幾在是行見功垂勿替萬斯年皆行此福蔭于無窮也功竣首事請誌於予予非敢能文然不獲辭爰因其事而畧述之以為記

術士何逢吉頓首拜撰并書丹

總理首事

何逢樂 蔣先揀 陳開科 周英甲 陳廷治 蔣廷嗣 何經貫 周俊傑 何文教 何逢吉 何經教 何寬裕 何萬郡

首事

何萬圭 何萬豪 蔣先福 周俊士 周俊榮 陳開河 何學海 周英靈 陳開慶 何本德 何其獲 何經學

何其正 蔣廷律 蔣廷徽 周英能 周福生 周英玄 周英元 周常道 周日平 何常綱 何福後 何仲鐸

周俊煇 周俊吉 蔣先魁 何逢著 何逢後 何逢傑 何逢武 周秀章 何逢治 何其賢 何寬緯 何恭整

蔣廷叙 蔣廷丹 周常榮 周常才 周常川 周常學 周常耀 周英鐸 周英文 周英和 周俊琨 周俊民

何其美 何經識 何經元 何經志 何文故 何其有 何寬順 何明節 何明達 何逢斌 何鍾祥 何其陞

何本來 何經保 何其壽 何明彩 何恭已 陳開運 陳錫圭 陳開貴 陳開全 陳常國 陳錫祐 陳家福

一二二一　栗木崗重修門樓碑記

自嘉靖二年居村建造門楼爲一村
之主人丁千口烟火百家然後分
造三門豈非此門以為之主哉今
重修于大清光緒庚寅立向去乙辛
作卯酉後接雁嶺仙峯蜿蜒而至
前朝鳳溪山水灣曲而來乃門亭
之秀氣寔山川之鍾毓也其後人
丁興盛財帛豐隆後之人喜曰此
門造得甚宜　　　門老李長勝
門　陀繼美　信　宋賜發　術士李子純
陀任求　　李滇亮　木匠李正瑞
陳繼宗　　蔣翰美
鍾賜章　　李敬先
李光應　　李何春
羅奇安　　羅陞陛
宋宏美　　何杏堂
宋芳賜　　陀廷智
李忠亮　　李寄生
蔣翰其　　李杏棓

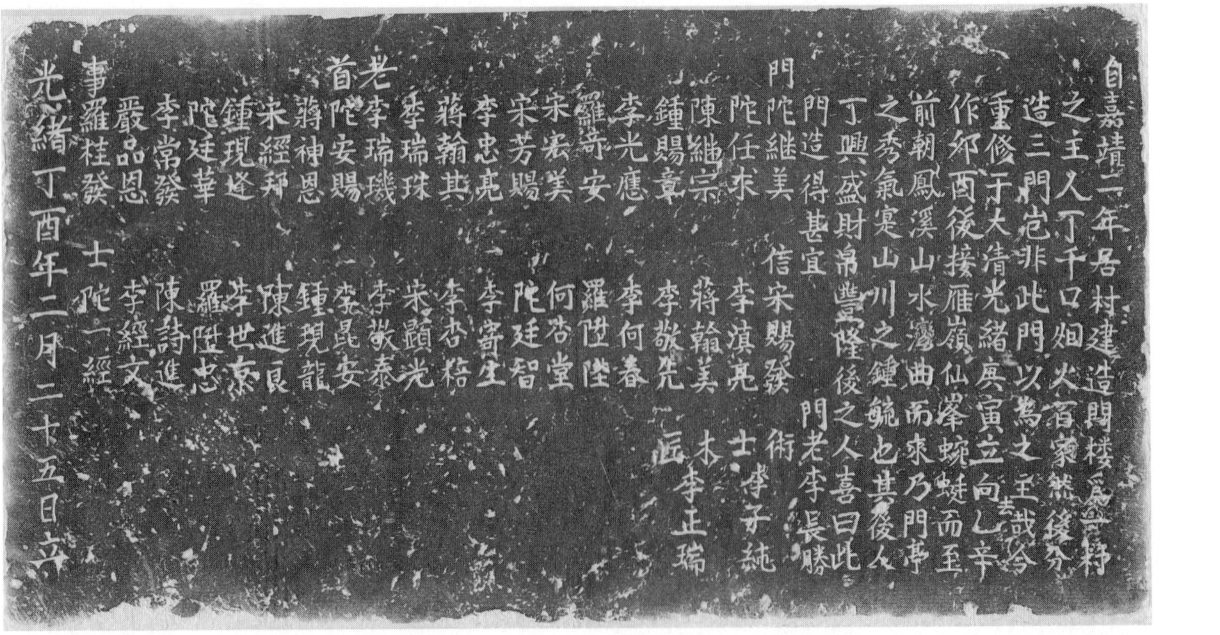

李瑞珠　宋顯光

老　李瑞璣　李敬泰

首　陀安賜　李昆安

蔣神恩　鍾現龍

宋經邦　陳進良

鍾現逢　李世京

陀廷華　羅陞忠

李常發　陳詩進

嚴品恩　李經文

事　羅桂發　士　陀一經

光緒丁酉年二月二十五日立

註　碑在城北鎮栗木崗村内下門樓墻壁上，清德宗光緒丁酉年即光緒二十三年（一八九七年）刻立。碑高四六厘米，寬八八厘米，厚一二厘米。碑石保存完好，字迹清晰。

一一三　小水村武聖宮香田碑記

聖神之德洋溢久矣吾　武廟創自乾隆庚寅年至今顯應非常緣因咸豐丙辰歲被賊焚毁

正殿接經陸續重修然而汛内軍民稀鮮廟宇寥寥兼之地方脊苦公項全無祭祀不供香資

不給前經汛内街人在於汛傍靶道邊餘地苗水開荒成田数畝曾經　前汛主朱　稟明

麥嶺營都閫府歐　蒙批准歸入

武聖宮每年收租折錢弍千八百文以作香資之費誠幸汛主　張公涖任斯汛十餘年軍民同樂

衆姓咸欣每歲見

聖誕之期祭祀不周諸般寥寂蒙查街民先後陸續開墾成田数十坵約寬十餘工並未增租之

議心始概然於是即傳開墾各户齊詣

武聖宮殿前湆湆開導當時各自欣然開出所墾田業若干工願納租穀若干觔總而計之共得租

穀千餘觔以成善舉永遠勒石免致後人謀佔則是與修有助祀事有資俾有益於後世矣

謹將開墾各户姓名及田工租穀数目開列於後

何翠然墾田大小十坵寛四工每年租穀四百觔

卿得勝墾田大小八坵寛二工半每年租穀三百二十觔

蘇得發墾田大小八坵寛二工半每年租穀二百觔

林仕泰墾田大小四坵寛一工半每年租穀一百二十觔

唐玉林墾田大小六坵寛一工半每年租穀一百二十觔

林仕得墾田大小五坵寛一工每年租穀八十觔

林仕明墾田大小三坵寛半工每年租穀二百觔

譚呈光墾田 一坵寛半工每年租穀四十觔

譚呈英墾田大小三坵寬半工每年租穀四十觔

口口口墾田 一坵每年租穀口口四觔

以上合共開墾田乙十四工每年共納租穀一千叁百二十四觔誠恐年歲荒旱由

各户先行通知值年首事禀明　汛主臨田四六均分四分歸廟種者占六理合明註

大清光緒二十四年歲次戊戌季春月　吉日立

註　碑在朝東鎮小水村關聖廟前，清德宗光緒二十四年（一八九八年）刻立。碑高一二四厘米，寬八〇厘米，厚九厘米，無額，正文字徑二厘米。碑石保存完好，字迹清晰。

聖神之德洋溢久矣吾 武廟創自乾隆庚寅年至今顯應非常緣因咸豐丙辰歲被賊毀
正殿接經陸續重修然而汎內軍民稀鮮廟宇寥寥之北方寺吉公項全無祭祀不供香資
不給前經汎內街人在於汎傍驛道邊餘地苗水開荒成田數畝曾經前汎主朱 稟明
參贊營都閫府歐 掌批准歸入
武聖宮每年收租折錢弍千八百文以作香資之費誠幸汎主張公蒞任斯汎十餘年軍民同樂
眾姓咸欣每歲見
聖誕之期祭祀不周諸般寥寂叅查街民先後陸續開墾成田數十坵約寬十餘工並未增租之
議心始概然於是即傳開墾各戶齊詰
武聖宮殿前渲渲開導當時各自欣然開出所墾田業若干工願納租穀若干觔總而計之共得租
穀千餘觔以成善舉永遠勒石免致後人謀佔則是與修有助祀事有資俾有益於後世矣
謹將開墾各戶姓名及田工租穀數目開刻於後
何翠然墾田大小十坵寬四工每年租穀四百觔
鄉得勝墾田大小八坵寬二工半每年租穀三百三十觔
蘇得發墾田大小八坵寬二工半每年租穀二百觔
林仕泰墾田大小四坵寬二工半每年租穀一百二十觔
盧王林墾田大小六坵寬一工半每年租穀一百二十觔
林任得墾田大小五坵寬一工每年租穀八十觔
林仕興墾田大小三坵寬半工每年租穀二百觔
譚呈光墾田一坵寬半工每年租穀四十觔
譚呈英墾田大小三坵寬半工每年租穀四十觔
[illegible]墾田一坵每年租穀[illegible]
以上合共開墾田七十四工每年共總租穀一千叁百二十四觔誠恐年歲荒旱由
各戶先行通知值年首事稟明汎主踏田四六均分四分歸廟種者占六理合註明
大清光緒二十四年歲次戊戌季春月 吉日立

一二四　敕建濟公祠堂碑記

敕建濟公祠堂碑記（碑額）

敕建濟公祠堂□□

光緒二十有六年□□士民請於有司曰前縣濟公之殉節也

□□祠祀時兵暴民□□□□□□□□□祀公於□頭墟□閱四十餘□□□□

□將公治行忠節□□□館□何以慰我士□□望總督合肥李公□□□□

□□□可□□右地□□□□□□工□自治□□未数月而祠落成□□□

京□□□□□□□同□□□□□於公于之言□公治績及死節狀□□□□

□□□內訪府人當□□□于富川□□公仕臨桂令大吏以知兵□□□□

□行成□□民兵□守備□□平決□公或□□夜走□循士事人□□□□

二再攻縣城公登得拒守□□□□賊□□□□城攻□忽飛彈中公□□□

門毀比□殺人火四起一城□□賊人公□事不□為□置朝服拜

闕民□公欲出公□□曰吾為國□□□城存亡死分耳爾等其去賊至□□□

六十有二幕友二人復五人殉焉□□清殘尸首□路隅有識公者瘞□□

例贈道銜予雲騎尉世職建立專祠嗚呼富川處兩粵□交北毗南楚實為桂□□

見死以□實合古人死事之義宜其血食兹土矣□道咸之間承平日久□□

□興十餘年方得獮難廓清而無遺使金田謀變□□縣令能如我公相□□

於始事復不得大展所為以殄寇而建功豈□悲□□日劉逆出掠麥嶺□□

至忽去守責無知其由後降人告方攻城時□□□□人提兵大呼殺賊始□

始由舉人任江西知縣馭吏□所狀察所至有□□□變歸改發廣西署陽□

□□之祠既建為門三堂三楹室六楹石坊一□□□祀死難幕友西室附□

滿□於庭牲捐於爼濟濟蹌蹌終事維虔環門而觀□歌舞相屬皆冀公醉□

桂□兮□漿薦□□兮筥筐公之靈兮在堂頸血碧兮□徉待公不來兮我民

富水南北麥嶺崇巄兮以陟以息公少留兮樂無極公□兮斯土福我士女兮

誥授光禄大夫頭品頂戴兵部侍郎都察院右副都御史廣東巡撫兼署兩廣總督李鴻章

誥授資政大夫花翎二品頂戴奉宸苑卿正黃旗參領正白旗□□□□現任粵海關□□

光緒二十七年太歲在重光赤奮若夏四月癸巳　　　　　　　　　　　立石

註　碑鑲嵌在富川縣城慈雲寺左側圍墻墻壁上，清德宗光緒二十七年（一九〇一年）刻立。碑高一一一厘米，寬八一・五厘米，額徑九厘米，主文字徑二・五厘米。碑石保存不佳，表面有裂縫且磨損嚴重，很多字無法辨識，且被遮蓋，不知缺幾字。

敕建濟公祠堂碑記
誥授光祿大夫頭品頂戴兵部侍郎都察院右副都御史廣東
誥授資政大夫花翎二品頂戴奉宸苑卿正黃旗參領正白旗
光緒二十七年歲次在重光赤奮若夏四月癸巳

一二五　深坡街重修宗祠暨公議禁約碑記（碑文三塊）

第一塊

都　鄉進士署理武緣縣教諭世培捐錢口十千文

緣　先循　捐　柒千陸百文　功傳　捐　壹拾壹千文

緣結　生庠世馨　貳拾貳千　生庠世澤　壹拾一千

總　生庠正基　壹拾捌千　功普　壹拾一千

理　超琠　貳千五百　口口　壹拾千

首　武信校尉正光　陸拾五千　世魁　八千五百

賜魁　貳拾千　錦蓮　捌千肆百

興麟　壹拾壹千　世忠　七千捌百

嘉麗　拾千七百　口口　柒千肆百

遠慶　拾千二百　紹吉　陸千三百

陞隆　玖千　文　錦謹　陸千

口相　八千八百　錦翠　伍千九百

錦環　五千八百　錦顯　伍千柒百

知和　五千　口光　伍千柒百

功成　五千　德茂　伍千肆百

能一　四千　口茂　伍千叁百

佛兆　三千　口口　伍千二百

德旺　二千七百　功輝　伍千二百

滋松　壹千六百　超正　伍千

事
發道 錢 一千二百文　發回 肆千玖百
欽賜副榜廷楷 捐 六十千　口和 肆千五百文
增生璠母 唐氏伍拾千文
例貢生廷佐 四十七千　佛佑 肆千肆百
庠生呈猷 四十二千　功德 肆千肆百
功慶 叁十壹千　守輝 肆千叁百
如鏡 叁十 千　先發 肆千叁百
附貢生琳 貳拾四千　錦淡 肆千壹百
庠生廷賜 貳拾肆千　紹盛 肆千
監生選鵬 貳拾二千　世則 肆千
庠生世滋 貳拾壹千　如薰 叁千伍百
庠生廷貴 貳拾 千　守經 叁千伍百
庠生選魁兄弟 貳拾 千　開道 叁千肆百
孔高 拾叁千叁百　守倫 叁千叁百
守仁 拾貳千七百　致豫 錢 叁千叁百文
庠生選元 錢 拾貳千肆百　長德 壹千

第二塊

成森 壹千肆百文　能賞 捐 一千伍百文
三戒 捐 叁千弍百文　德維 捐 一千二百文
發永 叁千壹百文　日燦 錢 各 一

能廣　三千　文　紹得　千
日惠　貳千九百文　孔楷
龍先　貳千捌百文　興隆　一
超珪　錢　二千柒百文　孔保　百
榮茂　貳千柒百文　超仁
世勳　貳千柒百文　孔圭　文
能得　貳千柒百文　能美　錢　各　一
正礽　貳千陸百文　滋維
榮先　捐　貳千陸百文　功引兄弟
得昌　貳千陸百文　能榜
世安　貳千五百文　孔錫
達倫　各　貳　能圭
能亮　千　世賢
能典　錢　四　世法
錦隆　百　興為　捐　千
錦祥　文　加義
三省　貳千三百　知賞
功全　二千三百　達常
得先　捐　二千三百文　滋高
如芸　貳千二百　加貴
紹章　二千二百　興紹

求美　貳千壹百　　超志
加德　弍千一百文　　錦繡　錢
成章　錢　各　弍　　加祥　文
達謨　　陞金　各　玖
陞福　千　　孔勳
日明　　加常　捐
德華　文　　仁安　百
興德　壹千玖百　　孔科
得榜　一千玖百　　錦賢
如蘭　錢　壹千八百文　　長策　錢　文

第三塊

加勇　捐錢各　叁　　呈緒　捐錢各　貳
道成　　儒旺
知禮　百　　成珍
陞明　文　　世用　百
錦智　捐錢各貳佰　　榮華
天生　文　　富貴　文
興廣　捐錢叁百文

一祠內理宜肅静以妥　先靈除讀書外一切
等事不許入內紛擾其門前廊下左右墻邊

亦不許堆放穢物如違以不孝論

一改建　宗祠地一大所原丁銀六分正係廷楷璠母唐氏世培叔姪等捐入廷楷再捐祠前田大半坵方正祠地及後裔樹幟便用撥税二分正

一懸弟公後裔共捐井水山脚田一坵該禾三十稛原税壹分伍釐正又下塘坪田一坵該禾六拾稛此業係價重無税

一置土名下面山四方秧田壹坵禾八十稛（此田無税）

一中元會期祭田東昇塘塘邊田一坵嶺脚一坵該禾壹百稛又宅頭源羊牯岩田一坵又買石岩山唐紹福兄弟四方秧田壹坵腰帶田一坵木粟田壹坵面前長塘田一坵大小肆坵共四工半

編銀叁分四厘折銀八厘本米一升正逐年除粮尒壹百捌拾文中元會首事親交

以上諸税交入惠嚴寺僧古熙之户内其逐年首事務宜將粮錢先期找入以便完納不得違悮

一公議吾族宅地及未分山塲地段前人已有定例一概不許賣出異姓如違即將此業歸

衆所管決不寬貸

一議馬道坪地一段係外墕馳射處永遠不準

開地滅道如違決不姑容

吾村前之左右各立一門樓上開兩虎眼下設一

大門所以鎮煞而運財也門前直達河边宜寬濶

以吞秀氣後之人兩旁起造宜遠不準遮蔽樓上

兩虎眼與大門如有犯封抗禁故造正中合族共

攻毀拆

光緒丙午年合族會同封禁

註　碑現存葛坡鎮深坡村蔣氏宗祠內，鑲嵌在大門左側墻壁內，無碑額，清德宗光緒丙午年即光緒三十二年（一九〇六年）刻立。碑石共三方，均高五七厘米，第一方寬一二一·五厘米，第二方寬一一七·五厘米，第三方寬一四五·五厘米，部分字迹有人爲鑿過的痕跡。

一二六　鳳溪村新建頭門捐資碑記

今將建造頭門資名列口

族長京良	拾三毫	京榮	叁毫	遠燦	六毫
總生監肇勳	拾三	京華	肆	遠明	弍
五品頂戴庠生思睿	拾弍	京鸞	伍	慶美	三
莊態	拾	京忠	弍	先貴	三
思孝	拾弍	京文	弍	世玢	四
理生貢啟泰	拾五	京才	半四	世通	三
生監文光	拾弍	京通	弍	世坤	拾
秀芹	十五	京富	六	世隆	拾
秀棠	三	京泰	四	世清	陸
秀喜	六	京寬	四	世光	拾
秀恩	五毫	京玉	四毫	世恩	拾毫
秀賢	四	京聰	弍	世馨	拾
秀洋	拾	京名	弍	世剛	拾
秀朋	六	京德	三	世勛	拾
秀才	拾	京俊	弍	世昌	拾
秀宣	三	京知	弍	世寬	弍
茂山	三	京飛	弍	世高	弍
茂彬	弍	京猷	弍	世標	五

嘉正 弍
嘉彥 弍
嘉文 拾
嘉林 拾 毫
嘉福 拾弍
嘉罩 四
嘉富 三
嘉鴻 五十
嘉賜 四
嘉囗 囗
嘉恩 囗
嘉泰 弍
嘉珍 三 毫
嘉謀 三
嘉敦 弍
嘉仁 弍
嘉容 三
諫廷 三
諫發 拾
莊恩 三
誕熊 六

京志 弍
京維 弍
京伐 弍 毫
京授 弍
蔭槐 弍
蔭堂 弍
蔭發 三
欽忠 三
東莊 七
東清 六
東良 三
東文 三
東賜 八 毫
東林 囗
東永 捌
東應 四
東海 弍
東有 弍
東森 三
東發 三
東唐 弍
遠章 六

世櫟 弍
世旺 弍
世吉 弍
世玉 三 毫
世文 弍
世化 弍
世楷 弍
世和 弍
世强 弍
世繁 弍
世雄 弍
永賜 拾弍
永瑞 弍
永盛 弍 毫
永晋 弍
[永]錫 弍
永囗 弍
永亮 [弍]
永鎮 弍
永昌 弍
永翔 弍 毫
天保 拾

誕養 八 遠富 七
誕亮 八 遠進 四 毫
京章 三 毫 遠德 四
京保 拾
治鳴 八

光 緒 三 十 三 年 夏 日 立

註 碑在城北鎮鳳溪村陳氏宗祠大門右側墻角，清德宗光緒三十三年（一九〇七年）刻立。碑寬一二〇厘米，高三九厘米。碑石保存較好，字迹清晰。

一二七　新修大路碑記

新修大路碑記　毛紹皆另捐銀六十毫

村右百武許有崎嶇之古路歷来未修迄今数百餘年矣吾寺生於斯長於斯余村下砂稍遠元氣洩漏以便前有道途春雨之泥濘湟足誰不嘆步履之艱難不可不急修也戊申春月口合村謫議簽立首士毛色珍羅賢潔等

唱百和鮮弗樂捐命匠鞭石將路築高是一舉而兩得也雖山徑之小而往来不絶固不獨為耕種入山之所由且上通湖南下達平郡之通衢也將狹者廣之陂者平之低者填之缺者補之一如古人之錬石補天焉功成㞎記於予予愧無文畧敘数言而名諸石以垂不朽云耳

總　毛色珍　各　壹百十乙毫　祀　王賢登　各　四十　毫

理　羅賢潔　壹百五毫　毛紹普　三十五

首　毛色美　六十　毫　毛紹謙　三十

毛自湧　六十　毫　毛紹正　三十

毛紹後　三十五毫　毛色玉　三十

羅賢方　捐　三十五毫　羅賢義　捐　三十　毫

上　毛色文　三十五毫　毛自高　二十五

毛自清　三十五毫　毛色成　二十五

祀　羅賢清　五十　毫　毛自端　二十五

毛色祥　五十　毫　毛色龍　二十

羅賢正　五十　毫　毛色輝　二十

毛色進　銀　四十五毫　毛自来　銀　二十毫

户　毛洪宣　四十　毫　户　羅社皆　十

毛自貴　四十　毫　太學生族弟鶴翔撰書丹

大清光緒戊申年穀旦立　宝慶石匠艾新發

註　碑在麥嶺鎮黄侯泉村，清德宗光緒戊申年即光緒三十四年（一九〇八年）刻立。碑石保存較好，字迹清晰。

一二八　秀山村誥封文林郎胡艾暨謝孺人墓碑

誥贈文林郎胡君暨謝孺人合塟墓誌銘

君諱艾字永年世居山下村考諱時行以孫景禧由廩貢生軍功保舉署鎮安府教授遇　覃恩貤贈文林郎妣謝氏贈孺人生二子長縣學生延次即君與兄相友愛怡怡和悅性樸誠坦易篤於故舊而好施與當咸豐改元吾鄉多故萑苻口騷靡有安居凡附郭村莊焚刼一空君村離城十餘里城屢陷而所居獨無恙鄉人指為福地避難者多就焉君與羣從兄弟等無論識與不識咸分宅居之並各出藏穀以食之相與慰勞而嘆曰時事未可知此遂長為安樂鄉乎脱變出意外是齎盜糧也其所見遠而慷慨如此君恥為章句懶於進取獨其教子弟則不然嘗以為陶靖節責子詩譏不好紙筆韓文公示苻詩欲不把犁鋤世或諱言之然庭前將植芝蘭乎將植荊棘乎以故聘名師延益友每逢朔望館課君則拿榼提壺與塾師暢飲談讌而課諸友作文置塾師次第而甲乙之率以為常故子弟人人切劘自勵未幾而飆於庠遊口泮者名相聯踵相接皆君之所育成也性不好武而亦兼通射藝凡挽强命中之技翹闗負重之科遇暇則為子姪輩口講而指畫之常言吾人進身非文則武凡以他途進者皆苟道也君之孫名大綱者遂以武庠顯人謂君之所貽甚達不享於其身而光於後嗣未有涯也君生於嘉慶辛酉年十一月初九日戌時殁於光緒戊寅年十二月初一日卯時春秋七十有八元配謝孺人能以勤儉持家亦内助之賢也先數年卒孺人生於嘉慶辛酉年四月二十三日卯時卒於癸酉年十月十二日酉時享壽六十有四合塟於外浰山之原正作丑山未向兼丑未分針君之子景禧乞銘馨愧不能文然回念少時與諸郎君共硯嬉戲徵逐猶如昨日而滄桑刼換故交零落追思多可悲者是安得以不文辭也乃為銘曰植行篤衛生足絶盜踪矯澆俗卹難民出儲粟啓藏書貽嗣續繼前修留芳躅我銘幽勒山曲億萬世來瞻矚

欽加同知銜候選知縣甲子科解元姻家眷弟毛德馨頓首拜撰

皇清誥封

文林郎　胡　公諱　艾字　永年　太　爹　之墓

孺人　母　謝　氏　奶

註　碑現存古城鎮秀山村東面山下，胡永年墓冢旁，清德宗光緒年間刻立。碑高一一二厘米，寬五三厘米。碑石保存完好，字迹較清晰。

清誥封
文林郎胡公諱艾字永年太爹
孺人胡母謝氏太奶
之墓

一二九　鼎建八角神亭並戲臺碑記

今夫革故鼎新者人事之常吾村先進有八角神亭原為神遊停驂之地邇來蒙仙妃大顕聲靈屢有稔歲逐年遇遊玩之期即作臺演戲殊屬勞勞今衆等倡議將神亭革故而鼎新並建戲台斯固永逸之美舉也是以功成而烏革壯其觀樂奏而風雅新其聽不亦神人之共樂與

庠盤上林　各　叁仟文　首　沈聖賜　各　壹五

總　奉璋莪　弍仟六百　盤朝亮　仟四百

盤上銘　叁仟文　沈廷魁　四

盤日新　拾陸仟　沈茂富　壹

沈逢源　弍千六百　沈蘭彩

生沈逢貴　弍千二百　盤芳福　仟

沈學賜　叁仟文　沈茂常

沈裕賜　弍千文　沈彥賜　弍

盤呈照　捐　弍千五百　沈茂萸

盤義全　弍仟文　沈蘭華　百

沈蘭榮 弍千二百
盤常彩 壹千六百 事
沈正憲 壹千六百
沈正惠 壹千六百
盤求恩 弍千五百
盤祖富 錢 壹千八百
理 沈正新 壹仟文
首 盤正興 弍仟六百
監生 沈逢瀾 各 弍仟五百
奉寅照 弍仟二百
奉奇常
沈世輝 弍
盤肇星
盤任光 文
奉肇康 仟
盤照乾
盤中寶 乙仟八百
沈正懋 乙仟七百
沈肇賜 捐 壹
盤肇俊
盤紹元 仟

盤玩盛
盤照光 文
蔣玉彭 乙千文
沈茂蘭 各 弍仟
沈正念
沈茂葆 壹 八
奉奇慶 七百
奉惟忠 六
盤正旺 仟 六
盤紹吉 五百
盤正昌 捐 五
奉宋崙 五百
蔣天佑 五
盤朝志 壹 四
奉聖忠 四
沈聖魁 三百
奉常祖 三
盤朝光 錢 仟 三 文
沈正亮 各 壹
沈茂荧
奉世忠 仟

盤照昌　六
沈聖華　百
奉盡禮
歐敬宗　文
奉林乾　乙
沈茂苹　錢　千
事
盤照瑞　五
盤肇安　百

盤礼珍　式
蔣美壽
岑安慶　捐　百
翟志安　文
沈茂崑　壹
奉紹祖　仟
盤肇傑　一　文
盤德彰　錢　百

註　碑現存富陽鎮大園村八角神亭内，此碑當在清光緒年間刻立。碑高四一厘米，寬一四六厘米。碑石保存完好，字迹清晰。

今夫革故鼎新者，公事之常。吾村先進有八角神亭，原為神遊傳駿之地，通來蒙仙姬夫頭摩靈展有總歲逐年邀遊玩之期，即作堂演戲，殊屬勞。今象等倡議將神亭革故而鼎新，並建戲台，斯固永逸之美舉也。是以功成而鳥革翬其觀，樂奏而風雅新其聽，不亦神人之共樂與。

庠 盤上林 各叁仟文　　首 沈聖賜 各壹五
總 奉瑋裁 式仟六百　　盤朝亮 四百
盤上銘 叁仟文　　沈廷魁 仟四
盤日新 拾陸仟　　沈茂富 壹
沈逢源 式千六百　　沈蘭彩
生 沈逢貴 式千二百　　盤芳福
沈學賜 叁仟文　　沈茂常
沈裕賜 捐式千文　　沈彥賜 式
盤呈照 式千五百　　沈茂英
盤義全 式仟文　　沈蘭華 百
沈蘭榮 式千二百　　盤玩盛
盤常彩 壹千六百　　盤照光 文
沈正憲 壹千六百　　事 蔣玉彰 乙千文
沈正惠 壹千六百　　沈茂蘭 各式仟
盤求恩 式千五百　　沈正念
盤祖富 錢壹千八百　　沈茂祿 壹八百
理 沈正新 壹仟文　　奉奇慶 七百
首 盤正興 各式仟六百　　奉雅忠 六
監 沈逢瀾 式仟五百　　盤正旺 仟六百
奉富照 式仟二百　　盤紹書 五百
奉奇富　　盤正昌 捐五
沈世輝　　奉宗裔 五
盤肇星 文　　蔣天佑 五百
盤任光 仟　　盤朝志 壹四
奉肇康　　奉聖忠 四
盤照乾　　沈聖魁 三百
盤中顯 乙仟八百　　奉富祖 三
沈正懋 乙仟七百　　盤朝光 錢仟三文
沈肇賜 捐　　沈正洸 各壹
盤肇俊 仟　　沈茂文
盤紹元　　盤社珍 式
盤照昌　　奉世恩 仟
沈聖華 百　　蔣美壽
奉書禮　　岑安慶 捐百
歐啟宗 文　　翟志安 文
奉林乾 乙　　沈茂崑 壹
沈茂華 錢千　　奉紹祖 仟
盤照瑞　　盤肇傑 錢一千文
事 盤肇密　　盤德彰 百

一三〇　深坡街重修上下門樓碑記（碑文兩塊）

重修上下門樓樂捐芳名（碑額）

第一塊

頭　庠生　選璋　捐銀壹百二十毫　致敏　捐銀拾貳毫
庠生　選德　捐銀百廿毫　暉吉　各
監生　炳光　捐銀百廿毫　成志
庠生　世澄　捐銀叁拾毫　惟鐸
庠生　瑞芝　捐銀貳拾毫　惟清　捐
首　惟謙　捐銀貳拾毫　惟典
即用縣丞　培榮　捐銀壹百陸拾毫　盛懷
監生　佳元　捐銀壹百伍拾毫　如義　銀
庠生　葆元　捐銀壹百毫　如甫
州同銜　錫齡　捐銀捌拾毫　成仁
庠生　煜士　捐銀陸拾毫　接發　拾
例貢生　廷拔　捐銀伍拾毫　仙靈
州同銜　選璧　各　成錫　毫
惠吉　捐　庠生　選文
功回　銀　從九品銜　選昌　捐
庠生　森　叁　功士

惟書妻(林氏) 拾
加名 毫
惟器 捐銀肆拾毫
庠生 選英 捐
名教
致元 銀
音超
音宮
如宗 貳
功道 拾
如鏡母(林氏) 毫
功情 捐
成廉 銀
如桅 拾
加存 伍
惟恩 毫

惟熙
惟廉 銀
致相
致存
正明 拾
道林
正興
惟金 毫
惟言 各
致賢 捐
惟緒 銀
正才 捌
名盛 毫
成芳 捐銀柒毫
先旺 捐銀陸毫
致亮 捐銀陸毫

第二塊

致用 捐
致林
致高 銀

作壽 捐
如春
名旺 銀

致旺
成茂 陸
惟吉
惟龍 毫
加節 捐
佛成
成安
加懿 銀
惟類
惟訓
加信 伍
惟堯
惟常
如櫟 毫
茂和
先盛
致明 捐
正全
惟保
孔養 銀
致孔

全功
惟益 伍
功志
惟高 毫
惟周 伍
正冬 毫

仁福

致慶　伍

致仁

惟康

尚友　亳

宣統元年秋月吉日　立

註　碑現存葛坡鎮深坡街村北門樓墻壁上，清宣統元年（一九〇九年）刻立。第一塊碑寬一〇七厘米，高六七厘米；第二塊碑寬一〇二·五厘米，高七一·五厘米。碑石保存較好，字迹清晰。

一三一　孔氏宗祠源流序碑

孔氏宗祠源流序

始祖明朝宣德時人也諱玄貞字榮玖貞字行乃大成至聖六十三世孫也来自山東曲阜縣昌平鄉遷福建数年乃卜宅扵牛岩坊謂此地後山翔而前溪繞安汝止後必昌但地闢人稀以未克圖佔廣遠僅管東至界上塘南至圳脚山西至狗洞山竹鑑平水溝爲界北至清井坪十字路等處悉報册呈官立孔賢書民户爲下九都四甲里長管下户口数十娶始祖妣陳氏生六子長才興次道緣三新保四法清五才政六才旺扵成化二十年由龍岩及馬尾洞白竹洞開成阡陌報税八十八畝後長三四三房絶五房才政無嗣生女宅妹贅刘文舉爲婿又接孔喜聰爲子後文舉孫刘朝用吞食喜聰家業幸才旺公之孫福海告官審寔爲契吞佔遂付給帖二張各管原業不意才旺之後亦絶惟二房道緣公至五世而分四大房朝綸朝京朝豪朝綱但山東族譜已遭回禄其排行失序迨本朝康熙丁粮漸增而朝綸公之第六代德尊公創業倍豊置買民餘猺田税艮五六十两（兄士英士道）公迁徙勒竹洞自爲一村税有十餘兩朝京朝綱亦守其舊所有刘文舉至嘉慶年間刘观賜絶其田塘産業盡屬囗宗及是時丁業更興舉貢叠出而書香頗紹田宅漸增皆我祖在天之靈默佑至此扵是閤族議建祠堂以妥先靈議総理首事捐化精蚨共建斯堂以壯厥观也扵是老者命序余曰序者敘其事耳兹幸有喜聰與刘姓之給帖乃識原委故歷歷後而序之以記不忘先人之寔蹟云耳

十四世孫優貢生珖書敘

長房孫德尊捐錢捌千
生貢珗捐錢拾陸千六百
生庠瓚捐錢拾五千文
生口憲章捐錢拾五千
生庠玿捐錢拾肆千文
員職瓆捐錢拾肆千文
生庠瑺捐錢拾弍千文
生庠珪捐錢拾千捌百

憲猷捐錢拾壹千
生庠憲堯捐錢捌千文
生庠珍捐錢五千文
生庠憲武捐錢五千文
憲時捐錢五千文
慶善捐錢五千文
成雄捐錢五千文
成功捐錢五千文

瑤 憲昌 憲儀 成勳 各捐四千文
璋
生庠璨兄弟捐錢玖千又捐祠堂地

憲銘 生庠憲中 生庠憲志 憲廷 人舉憲元 憲周 各捐三千文

生庠憲德 憲典 郊能 憲恕 生庠憲雲 和能 各捐三千文

超彥 超賢 超越 憲型 成荣 成書 各捐三千文

註 碑現存福利鎮紅岩村紅岩小學内的孔氏宗祠舊址，當做地板石鋪在地上，碑高一一〇厘米，寬八七·五厘米，字徑三厘米，楷書陰刻，碑刻保存完好，字迹較爲清晰。不知碑刻刊刻的具體時間，當在清嘉慶以後。

孔氏宗祠源流序

始祖明朝宣德時人也，諱玄貞，字榮玖，貞字行乃
大成至聖六十三世孫也，来自山東曲阜縣昌平鄉[illegible]
謂此地後山翔両前溪繞，安汝止從必昌，但地闊人稀[illegible]
界上塘南至抑[illegible]山西至向洞[illegible]平水[illegible]
册呈嘗立孔監普[illegible]
長才與次[illegible]三新[illegible]法[illegible]
竹洞闊成[illegible]百般[illegible]十八[illegible]
举為婿，又接孔[illegible]
官審[illegible]為契[illegible]
五世而分四大房[illegible]
康熙丁粮漸[illegible]両朝[illegible]公之[illegible]
両士[illegible]公迁從勤竹[illegible]自[illegible]一[illegible]
嘉慶年間刘[illegible]賜[illegible]
紹田宅[illegible]
事捐化精[illegible]共[illegible]堂以[illegible]
聰與刘姓之給[illegible]乃[illegible]原[illegible]故[illegible]

長房孫[illegible]章捐錢[illegible]千
生[illegible]琥捐錢拾陸千六百
生[illegible]瓚捐錢拾五千文
生[illegible]章捐錢拾五千文
生[illegible]瑤捐錢拾肆千文
[illegible]捐錢拾肆千文
生[illegible]瑞捐錢拾式千文
生[illegible]珪捐錢拾千捌百

十四世孫[illegible]貢生琥[illegible]
[illegible]獻捐錢拾壹千文
[illegible]堯捐錢捌千文
[illegible]珍捐錢[illegible]千文
[illegible]武捐錢五千文
[illegible]時捐錢五千文
慶[illegible]捐錢五千文
成雄捐錢五千文
成功捐錢五千文
生[illegible]燦兄弟捐錢玖千文又捐祠堂地[illegible]

一三二一　深坡街璣公祠堂記

璣公祠堂記（碑額）

富川深坡街蔣氏為邑中望族代有聞人向分三大房其長房子姓尤蕃衍至十一代有祖曰璣配唐孺人為春台坊歲貢生興國州判唐公璧之愛女于歸時粧資甚厚且有田三庒曰白鳩下庒曰猿猴山庒曰黑牛洞庒維時璣公雖貧然志操高雅有鮑宣梁鴻之風見孺人服御之華若惟恐少君孟光累其清德也者孺人窺知之乃以黑牛洞一庒歸還外氏其白鳩下一庒則命三子均分之惟猿猴山一庒共田若干畝及未分之山塲地叚若干處每年共得租息百餘金命作蒸嘗之費有餘則儲之使勤慎者司出納焉自是以来子孫率遵遺教至今不衰所積儲益厚乃建專祠祀璣公及孺人而以璣公以下之祖考妣配之以為敬宗收族地甚盛事也夫吾蔣氏之族衆矣其分布於嶺右者不知其幾千萬也欲本敬收之義聯之以譜牒而此願未可遽償亦各族之財力限之耳今璣公之裔獨能謹守遺訓不愆不忘以光大其前業豈偶然哉余姊夫文君肇元設帳於深坡街多歷年所故得知其梗概囑序於余余不敢以不敏辭因揮毫而樂為之記

前清光緒甲午科舉人署福建順昌縣事灌陽蔣士奇鞠躬謹撰

灌陽廩生肇元氏文檀浣手敬書

發起刋碑後裔孫　從九職銜增榮　州同職銜峻榮

石匠　張星庭　蔣克勇

民國元年歲次壬子仲冬月穀旦立

註　碑現存葛坡鎮深坡街村璣公祠内，中華民國元年（一九一二年）刻立。碑鑲嵌在璣公祠大門右側墻壁上，碑高一三四·五厘米，寬六七·五厘米。碑石保存完好，字迹清晰。

璣公祠堂記

富川深坡街蔣氏為邑中望族代有聞人向分三大房其長房子姓尤蕃衍至十一代有祖曰璣配唐孺人為春台坊歲貢生興國州判唐公璧之愛女于歸時粧資甚厚且有田三庄曰白鳩下庄曰猿猴山庄曰黑牛洞庄維時璣公雖貧然志操高雅有鮑宣梁鴻之風見孺人服御之華若惟恐少君孟光累其清德也者孺人窺知之乃以黑牛洞一庄歸還外氏其白鳩下一庄則命三子均分之惟猿猴山一庄共田若干畝及未分之山塲地段若干處每年共得租息百餘金命作蒸嘗之費有餘則儲之使勤慎者司出納焉自是以來子孫率遵遺教至今不衰所積儲益厚乃建專祠祀璣公及孺人而以璣公以下之祖考妣配之以為敬宗收族地甚盛事也夫吾蔣氏之族衆矣其分布於嶺右者不知其幾千萬也欲本敬收之義聯之以譜牒而此願未可遽償亦各族之財力限之耳今璣公之裔獨能謹守遺訓不愆不忘以光大其前業豈偶然哉余姊夫文君肇元設帳於深坡街多歷年所故得知其梗概屬序於余余不敢以不敏辭因揮毫而樂為之記

前清光緒甲午科舉人署福建順昌縣事灌陽蔣士奇鞠躬謹撰

灌陽廩生肇元氏文檀浣手敬書

發起刊碑後裔孫　從九職銜增榮　州同職銜峻榮

民國元年歲次壬子仲冬月穀旦立　石匠　張星庭　蔣克勇

一三三二　富川八景

富川八景（碑額）

西望屏山興有馀幾重煙翠繞清虚欲将
此景帰图畫淡抹輕描総不如　屏巒聳翠
神源倒峡石龍降迤邐東南滙富江廻抱
狂瀾千頃雪浪花飛剪送輕艭　富水奔濤
幾層浮塔倚斜曛題雁猶憐舊日文一柱
天南撑半壁倒垂尖影破江雲　塔影穿雲
山水泠泠静也清一篇寒碧雨初睛終帰
河海為膏泽遍润田桑樂歳成　山泉飛瀑
藹然平地起嶙峋青豁眉端翠爽神那許
桂峯称獨秀故留峭壁待诗人　秀峰挹爽
曾見鍾山一鎮雄萬家阡陌曉煙籠数聲
布穀催東作人在霏微霧露中　鍾鎮畊煙
麦嶺雲高龍虎關将軍耀武服群蛮八门
九子連環蹀聲在千岩萬壑间　麥嶺團操
好似平湖水一湾江如匹练月如環渔舟
唱晚传空谷稳住風波任往還　西湾放艇

壬子夏　華　春　胡樫

萬岫排西郭遥瞻積翠多箇中

奇絶處層磊叠青螺　屏巒聳翠
富水推波急狂翻走巨鰲海門
朝夕浪恍惚落雙橋　富水奔濤
古塔撑江岸玲瓏玉一簪浮光
氹直射不碍入雲深　塔影穿雲
高瀉仙源水山腰湧浪花甘泉
休用禱長此潤桑麻　山泉飛瀑
富嶺皆環列孤標獨此名雨餘
千碧合嵐靄一峰晴　秀峯挹爽
易市歸田舍而今雨澤匀緑雲
團野色無地不農人　鍾鎮畊煙
武偃修文日英雄老白頭閒来
勤訓練還看擁輕裘　麥嶺團操
曉月浮溪白山花夾岸紅客舫
随曲水不借一帆風　西湾放艇

壬子夏　栗齋　張衍曾

註　碑鑲嵌在縣城慈雲寺瑞光塔下的墻壁上，刻碑時間在民國元年（一九一二年）。碑高二九·五厘米，寬一〇一厘米，額徑五厘米，正文字徑一·五厘米。碑石保存完好，字迹清晰。

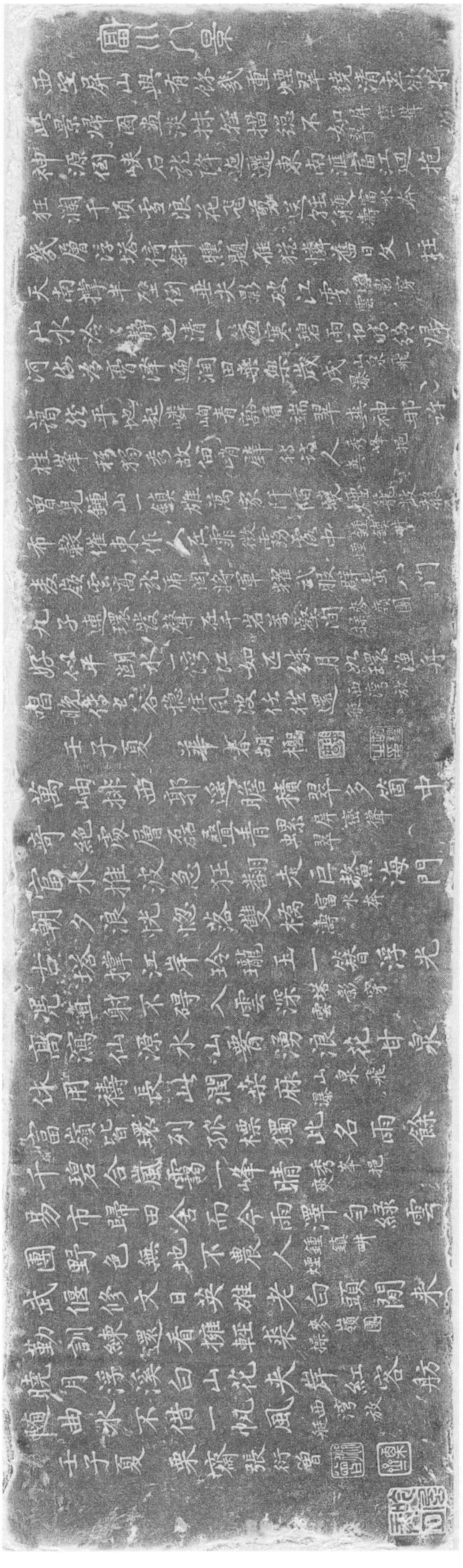

一三四　陸榮廷題記

廣西耀武上將軍陸公榮廷於民國四年乙卯仲夏巡閱桂平聞富邑匪亂頻年派兵搜勦迄未奏效因親督大兵繞道富陽駐節數日縱覽山川形勢指示諸軍方畧並勉勵各鄉團紳准領槍械聯團自衛隨往各學校廵視一週奬銀以資鼓勵維時適届端節遂公乃偕同官紳出遊慈雲寺見其風景頗佳留題三首惟寺前舊路臨河地既低窪且被波濤齧蝕泥淖難行遊客往來或瀕危險　陸公慨然憂之面囑韋正司令榮昌陳團長坤培與周紳懷新蕭紳日榮以及如山等設法改修築以堅石長約六十餘丈寬六尺有奇路綫經過適當蕭君晉榮田中佔面積約一畝蕭君慨然捐助而修理經費則由韋公籌集不數月遂化曲徑為坦途遊人稱便爰將　陸公留題勒石以為紀念云邑人蔣如山謹記周炳熙書周鴻基刻

遊富川城南慈雲寺

戎馬奔馳憶卅年好從仙佛證因緣瘡痍
未起衆生苦欲借楊枝洒大千
征驂小駐憇三軍寺壒登臨迥出塵一覽
佛頭青未了却從天外禮慈雲

古壚矗岩阿煙雲幻象多大王風過處仍
是舊山河　廣西督軍使者陸榮廷題

註　碑現存富川縣城慈雲寺瑞光塔下，中華民國四年（一九一五年）刻立。碑高一〇九厘米，寬一二九·五厘米，正文字徑四厘米。碑石保存完好，字迹清晰。

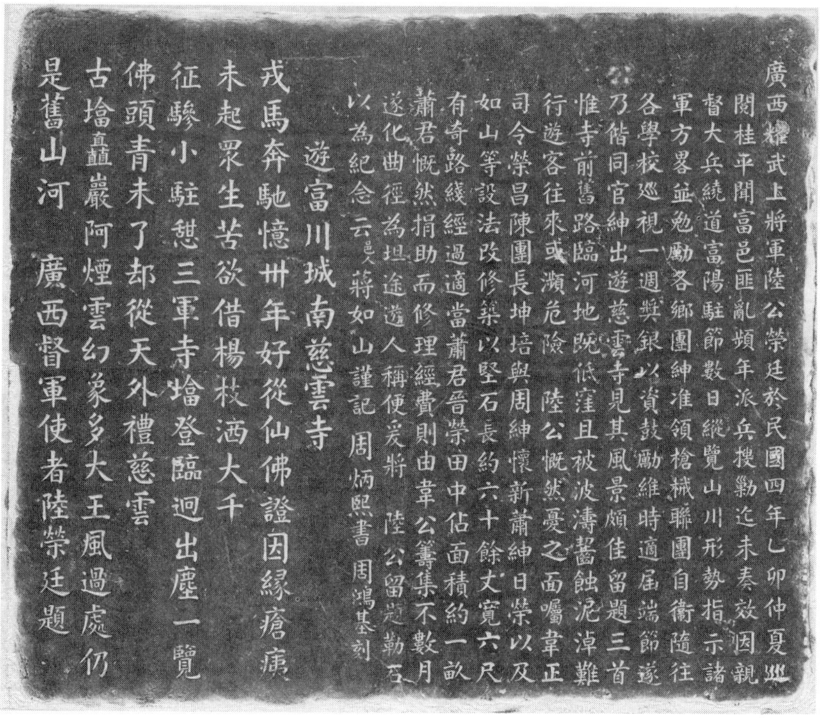

一三五　鳳溪村重修戲臺並神亭捐資碑記（碑文兩塊）

第一塊

重修戲臺並神亭資捐芳名列後（碑額）

老源 翟恩祥　銀三毫　麥亓才　五毫　盤賜章　各　黃進明　各
户 翟邦魁　六毫　翟高亮　各　陳京德　陳世寬
刘登高　三毫　翟高養　刘登恩　翟罩養
長 陳東賜　各　翟官河　陳鴻光　捐　岑顯宗　捐
月 翟彨先　銀　翟聖保　蔣正泰　陳治堂
陳東良　四毫　盤冬明　翟户廷　銀　岑化章　銀
岑書文　十毫　盤賜宝　蔣拔先　陳京富
甲 翟開東　四毫　翟高盛　捐　陳啓俊　陳世通　二
總 翟高祥　各　麥亓亮　蔣志馥　三　陳覌玉
翟高保　銀　盤聖轉　蔣志禄　黃應東　毫
翟仙才　四　陳佛亮　陳東林　毫　翟鳳鳴　各
理 岑份東　毫　岑書正　蔣鎮坤　各　岑榮福
翟芳榮　十五毫　岑秉東　麥生林　翟開鳥
陳永賜　十五毫　盤中有　刘登榜　翟鳳郎
岑書魁　各　岑肇德　銀　陳皆東　捐　翟聖隆
翟鳳章　捐　麥亓貴　蔣志還　岑槐崑
盤化君　銀　麥亓旺　岑崑東　陳世光

刘登福 十 蔣品恩 陳皆德 陳京文 二
翟户剛 翟正恩 翟聖明 銀 岑槐亮
翟托寬 毫 盤東源 翟興有 岑崑名
蔣春隆 各 陳鴻名 四 蔣邠山 翟春京
翟安成 銀 陳世隆 岑秉雄 陳京平 毫
翟鴻賓 八 陳世恩 翟庸正 二
翟飛昌 毫 陳世勛 盤萬龍
翟貝吉 各 翟飛成 盤秀龍
翟官有 麥貝榮 毫 岑秉生 毫

第二塊

翟官枝 各 蔣正壽 各 翟善保 各
翟鴻貝 蔣志和 岑罩寬
翟永隆 銀 蔣志勛 銀 翟鳳養
岑佛恩 六 翟平東 四 岑有寬
翟高安 岑槐轉 毫 岑秉枝
陳世昌 毫 翟高陞 各 岑邠進
翟功鸞 各 翟高林 陳諫貝 捐
蔣鎮魁 翟聖華 盤化寶
蔣春緑 岑宇生 捐 翟庸兵
蔣憲有 捐 刘聖照 岑岳恩

蔣鎮謀　翟鳳興　陳京玉
蔣春逢　翟永保　陳東海
蔣邠吉　翟鳥枝　翟芳陞　銀
蔣憲軍　銀　翟聖寬　岑有崗
陳皆欽　翟鳳復　銀　翟正章
陳京保　岑荣貴　陳京才
陳京良　翟官賜　陳茂山
翟永應　陳佛养　陳京泰
翟鳳軍　五　盤賜郎　三　岑化江　二
翟官海　岑肇東　盤新文
麥㒷登　翟正功　翟户吉
盤化卿　翟羽棠　翟飛德
岑書德　翟飛源　翟喜罩
翟鴻玉　毫　黄仙榮　毫　岑榮華　毫
盤化通
翟飛廷　毫三　萬　福　攸　同

民国乙卯年花月吉旦立

註　碑在城北鎮鳳溪村戲臺對面的神亭內，中華民國乙卯年即民國四年（一九一五年）刻立。碑石有兩方，均碑高五五·五厘米，寬八六厘米，厚一一厘米。碑石保存完好，字迹清晰。

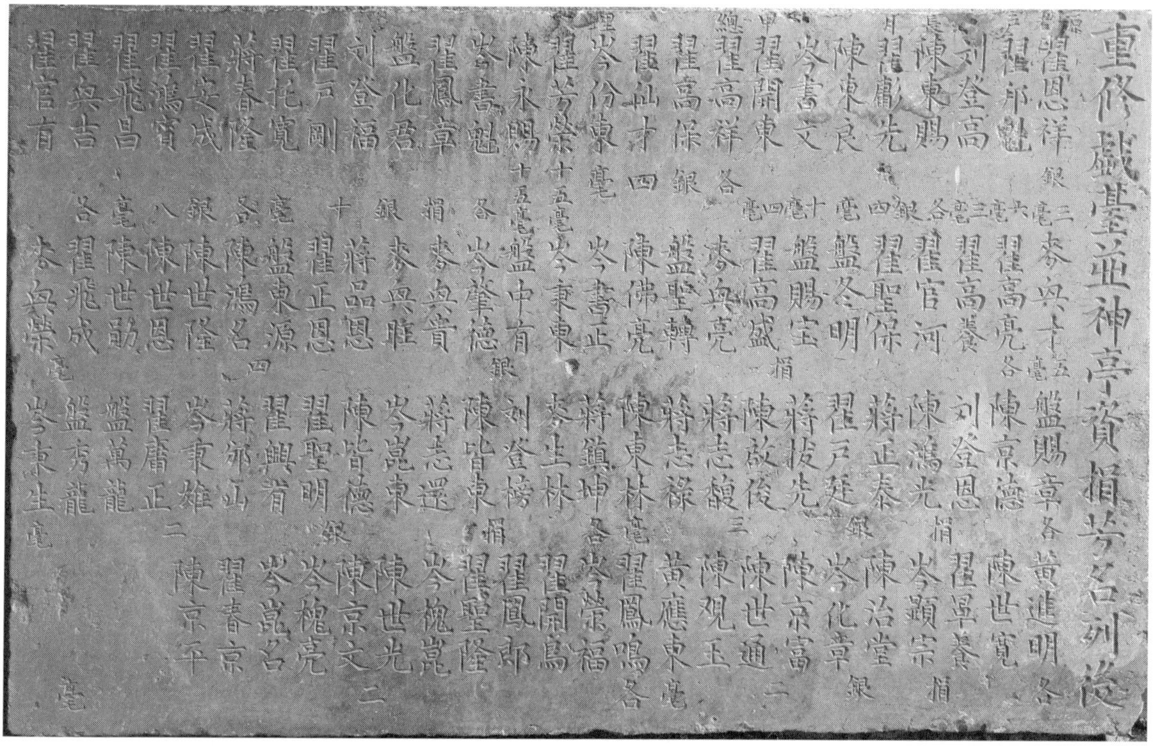
重修戲臺並神亭資捐芳名列後

萬福攸同
民國乙卯年花月吉日 立

一三六　昇平上坊修建東岳宫題名碑

昇平上坊

東嶽宫買受座西朝東瓦屋一間捐資芳名開列

柳春浦 各　毛嶽華 各　全至誠 各
高永泰 捐　柳家善　周孝先
蔣惟荣 艮　何足金　吕國才
鄧龍秀 弍　何現官　鄭安利 捐
鐘士林 元　林夃寅　蕭少喜
柳求昌 各　蔣含中　何任青
周神亮　歐陽上連　柳世光 艮
柳求勝 捐　汪寛亮 捐　王先求
任先求　周元杏　陽長先 五
甘求恩　周佛光　周神洪
毛明光　胡良云　周上林
毛瑞現 銀　胡秉東　李兆泰 毛
石成玉　石先明
毛明七　蔣正發
楊順恩　胡祥林
高寛勝　林樹青 銀
林曾貴 壹　江克標

同興店　　　　刘文標
李興利　　　　刘文星
周得利　　　　鍾先福
何少賢　　　　柳世恒
何清金　元　　王文禎
毛嶽秀　各　捐　王文祥
陳茂仁　八艮　毛　何占保
石明亮　捐艮七毛　何孝官
石先品　各　捐　楊順友　伍
歐陽肇東　六艮　毛　任占妹
王文保　各　　毛天德
李兆轉　　　　王文勝
莫永清　捐　　毛天春
屈大要　　　　刘文光
楊毓林　銀　　管十三
蔣天貴　　　　陳連曾
莫恩佑　五　　石先勝
蕭金养　毛　　刘文玉　毛
民國丁巳年　　冬月立

註　碑現存縣城古明城慶遠樓下，中華民國丁巳年即民國六年（一九一七年）刻立。碑高五一·五厘米，寬九九·五厘米。碑石保存完好，字迹清晰。

東嶽宮買受昇平上坊座西朝東瓦屋一間捐資芳名開列

柳春浦 高永泰 蔣惟榮 鄭龍房 鍾士林 各捐良弍元

柳求昌 周神亮 柳求勝 任先求 甘求恩 毛明光 毛瑞現 石成玉 毛明七 楊順恩 高寬勝 林曾貴 同興店 李與利 周得利 何少賢 何清金 各捐銀壹元

毛嶽秀 陳茂仟 石明亮 石先品 各良八毛捐

譽華東 王文保 各良七毛捐

李兆轉 莫永清 屈大要 楊毓林 蔣天貴 各良六毛捐

莫恩佑 蕭金泰 各捐伍毛

毛嶽華 柳家善 何足金 何現官 林興寅 蔣含中 歐陽上連 汪寬亮 周元杏 周佛光 胡良云 胡東東 石先明 蔣正發 胡祥林 林樹青 汪克標 刘文標 刘先星 鍾世福 柳文恒 王文禎 王占祥 向李保 何順宧 楊占友 任天妹 毛文戀 王天勝 毛文春 刘文光 曽十三 陳連曽 石先勝 刘文玉 各捐銀伍毛

全至誠 周孝先 呂國才 鄭安利 蕭少喜 何任青 柳世光 王先求 陽長先 周神洪 周上林 李兆泰 各捐良五

民國丁巳年

一三七　鳳溪岑氏修建宗祠神像捐資碑記

謹將修建宗祠雕華先祖神位以
及彩粧儀容所有後裔資捐芳名
開列於左　　　　榮福　八
長族 上楨　十一　書正　十　榮華　四　毫
副　發嵩　各八　書魁　各十二毫　榮貴　八
崑嵚　六　世保　四　飛成　四
書德　十六毫　世佑　十　飛昌　十
長　榮光　四　應廻二房　飛楊　八
總　崑崙　十　化忠　聖引　三
份東　十一　化章　四　聖安　三
青山　七　岳恩　四　應運房有德　二
理　書文　廿一　宇生　八　有寬　六
應進房　捐　宇恩　捐十　有崗　四
京平　六毫　宇荣　十　邠照　十
崑東　六　宇廷　十　邠吉　八
崑名　四　青源　二　邠昭　十毫
應週房　青湖　四　邠進　三
日亮　五　青安　四　邠山　四
安曾　四　秉枝　三　肇莊　十

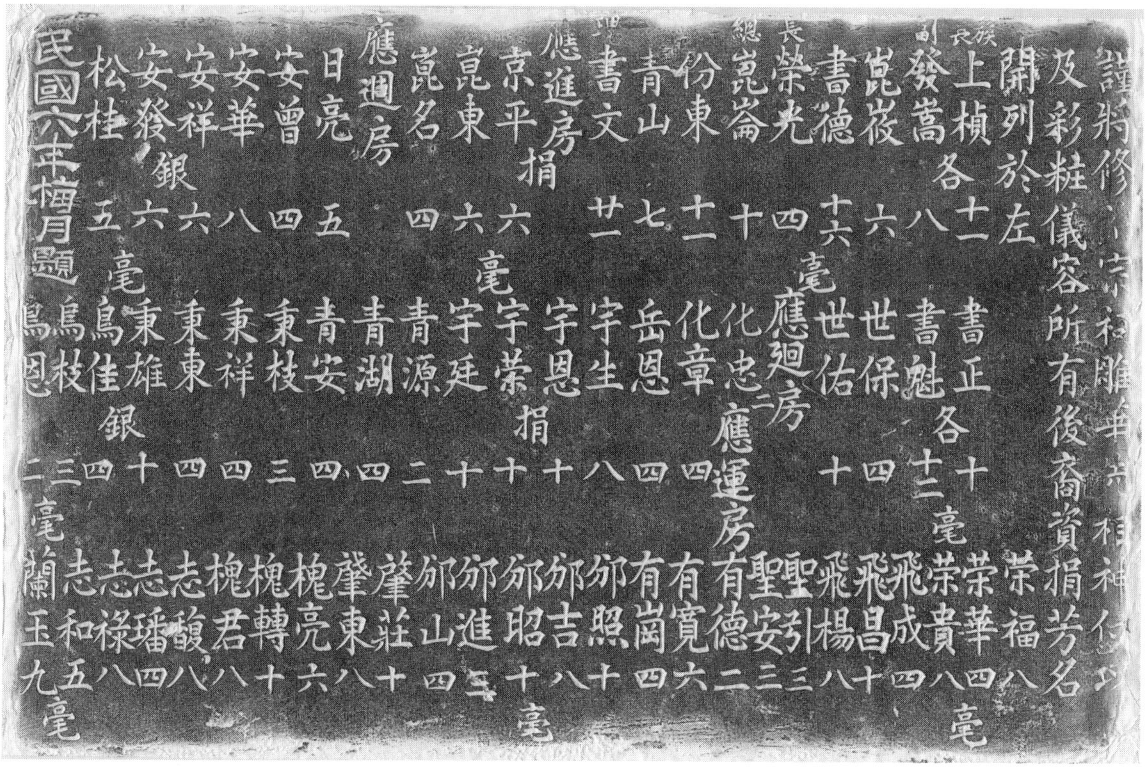

安華八　秉祥四　肇東八
安祥銀六　秉東四　槐亮六
安發六毫　秉雄銀十　槐轉十
松桂五　鳥佳四　槐君八
鳥枝三毫　志馥八
鳥恩二　志璠四
志禄八
志和五毫
蘭玉九

民國六年梅月題

註　碑鑲嵌在城北鎮鳳溪村岑氏宗祠大門外側墻壁上，中華民國六年（一九一七年）刻立。碑高四四厘米，寬六六・五厘米。碑石保存較好，字迹清晰。

一三八　修整豐山廟助緣題名碑記

修整豐山廟助緣題名記（碑額）

天下事有興必有口口剝必有復雖時勢之使然實賴人之有以振舉耳村右有廟曰豐山供奉廣福靈王自明迄今年煙代遠其間經風雨之摧殘遭虫蟻之剝融已不足以肅观瞻而昭祀典丁巳歲復為暴風撓傾廟宇聖像毀壞不堪村人觸目驚心因倡議重修之舉于是簽立首事共募若干金皆出自村人因庀匠鳩工舉凡棟宇之衰折盖瓦級磚之崩壞靡不鼎新革故今而後可以妥神可以將敬村人士所以禱祀于其間以迓神庥者當在是矣工竣命予為記予不文因誌其事及樂捐芳名以告來者　石匠刘竹青　刊

高等小學畢業生楊正蘭謹撰　孟宗泰書

總　孟永囍　捐　銀捌圓　孟昌富　孟俊傑　各　孟永登　各　楊正昌　各　楊正祐
楊天榮　捐銀陸元　坊　孟宗瑜　賀叁肆元壹毫　孟宗侃　楊永程　楊正春　楊永統
何彥琨　捐銀肆元　楊紹銑　各　何彥開　捐銀伍元　孟宗室　楊永武　何承送　楊永儀　各
楊天鳳　捐銀叁拾圓　何維達　賀　孟永囍　各肆　孟宗元　楊天祐　何維玉　捐　楊永亮
楊天袾　捐銀伍元　何維春　銀　畢業生楊正蘭　捐　楊正蕃　捐　楊天成　孟永送　楊正懷
何祥椿　捐銀伍元　楊天富　壹　楊正森　銀元　孟永福　楊正輝　捐　楊天英　銀　楊正齡
理　孟俊美　捐銀伍元　孟永志　元　楊正靚　各　何盛華　楊正耀　何盛雄　楊志満
孟宗泰　捐銀肆元　何承福　十毛　孟永潘　何盛進　銀　楊永生　何世昌　壹　楊正萱　捐
孟宗昆　捐銀肆元　何福平　各　孟俊潘　捐　楊天德　孟宗金　何承甫　楊正堃
孟俊鴻　捐銀肆元　何祥有　賀　孟俊湘　楊天發　孟宗耀　何萬錫　元　楊正錫　何太保　各
何盛富　捐銀肆元　孟永富　陸　孟俊保　銀　楊天祧　孟永緒　銀　孟永保　各捐　楊正芳　孟永享
何福泰　捐銀叁元　老　孟永恩　毫　孟永玉　叁　孟俊榮　式　孟永縉　孟永修　陸　楊志達　何盛林

頭　何維祐　捐銀叁元　祀　楊永盛　銀捐壹拾圓　何維修　元　楊永茂　孟永尚　楊天興　毫　何承吉　银　何盛蕃　捐
何盛登　捐銀叁元　楊天寶　捐　伍　何彥琜　各　何承達　孟善德　孟永選　各　何承利　何盛旺
何承貴　捐銀弍元　楊天祥　銀　元　何先耀　孟宗倫　元　孟善修　孟永春　何茂林　楊正緣　銀
孟善長　捐銀弍元　楊天福　各　肆　何先政　捐　楊紹佑　各一伍　孟永裕　壹　孟俊旺　捐　何茂福　孟善政
何彥榮　捐銀弍元　何先慶　何萬春　銀　何萬善　捐元毫　何茂緣　孟永樂　何茂成　伍　孟永輝　伍
首　何萬祥　捐銀弍元　何盛宗　捐　何承家　孟永興　各捐　何茂增　孟永廣　銀　何彥修　孟永逢
坊　楊永愷　賀叁元毫弍　何彥璋　何承盛　弍　孟俊明　銀　何茂英　孟永科　何運周　孟永貴　毫
老　楊永新　銀弍元　户　孟俊華　銀　元　何彥才　元　楊天栩　壹元　何運際　元　楊天秀　伍　何運清　毫
楊正玉　毫　何盛口

中華民國捌年歲次己未十月初八日酉時上梁大吉穀旦

註　碑在朝東鎮岔山村村口豐山廟右側，中華民國八年（一九一九年）刻立。碑高一六一厘米，寬八七厘米，厚一六厘米，額徑六厘米，正文字徑二厘米。碑石保存較好，字迹清晰。

修整豐山廟助緣題名記
天下事有興必有廢，雖時勢之使然，實賴人之有以振舉耳。村右有廟曰豐山，供奉慶福靈王，自
朝迄今年湮代遠，其間經風雨之摧殘，遭虫蟻之剝蝕，已不足以肅觀瞻而昭祀典。乎己歲復為暴風撓傾，廟
宇聖像毀壞不堪。村人觸目驚心，因倡議重修之舉，于是僉立首事，共募若干金，皆出自村人。因庀匠鳩工，舉
凡棟宇之要，杵盖瓦級，磚之崩壞，靡不鼎新，革故今而後可以妥神，可以將敬，村人之所以禱祀于斯者，以迓
神庥者，當在是矣。工竣，命予為記，予不敢因誌其事及樂捐芳名以告來者。 石匠 刘竹青 刊
高等小學畢業生楊正蘭謹撰 孟宗泰書
中華民國捌年歲次己未十一月初八日酉時上梁大吉穀旦

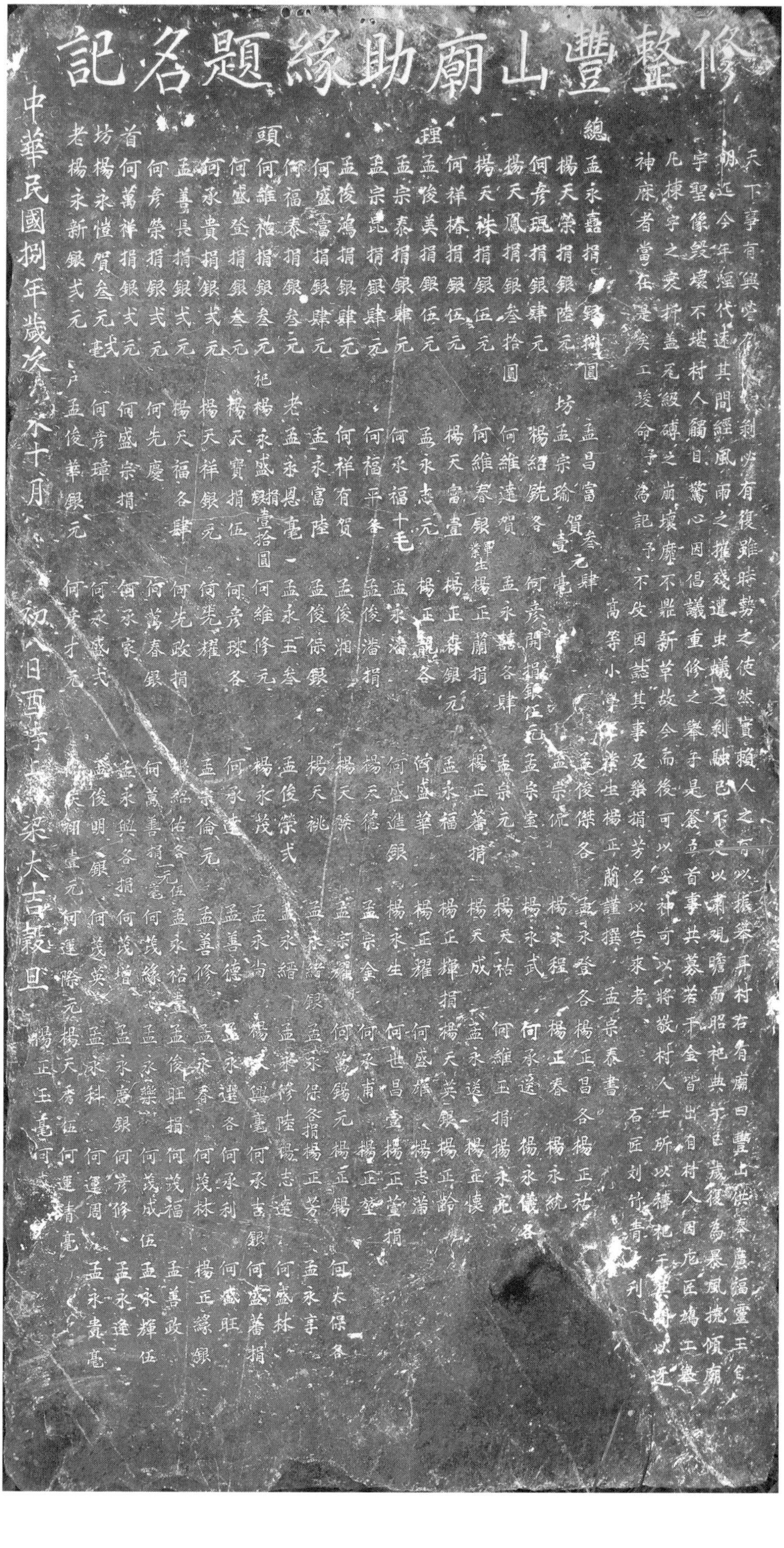

一三九　清柘獨標

清　時在民纪
柘　十八年歲
次己巳蒲月
梦蝶山人
獨　富江世昌
標　蔣炳然寫意

註　碑現存富川縣城慈雲寺瑞光塔下，鑲嵌在塔墻上，中華民國十年（一九二一年）刻立。碑高三九・五厘米，寬一〇三厘米，額徑三厘米，正文字徑二厘米。

一四〇　崗中村重建門樓記

重建門樓記　粵稽　貴族系出姬囗
江派同道脉継濂譜之家風由襄陽而
發跡宋遷富邑族聚沐龍前人建立門
楼以作関鍵以培風水一門衍慶四壁
光輝前績昭垂後昆丕顯無乃民國時
代世運乱離匪風蠭起縱火焚爛不堪
觸目故諸君合志力修卜吉已未十月
初八日竪柱上梁棟宇重新規模循舊
不日落成告峻則上継前功下維後裔
吾知自此後英才輩出豪傑挺生莫非
由岐山鳴盛濂水之流長耶聊掇数言
以勒石端是為記　蔣榮春撰書

都　盛棠　銀拾弍元　子訓　壹元壹
　　盛作　銀肆元弍　盛用　銀壹元壹
結　文福　銀弍元玖　盛份　壹元
　　文麒　銀壹元柒　文明　壹元　文成　肆毫
　　盛相　銀壹元肆　興謨　壹元　老盛仁肆毫
　　文玉　銀壹元肆　興賢　玖毫　文魁　肆毫
　　文學　銀壹元叁　盛求　玖毫　盛德　肆毫

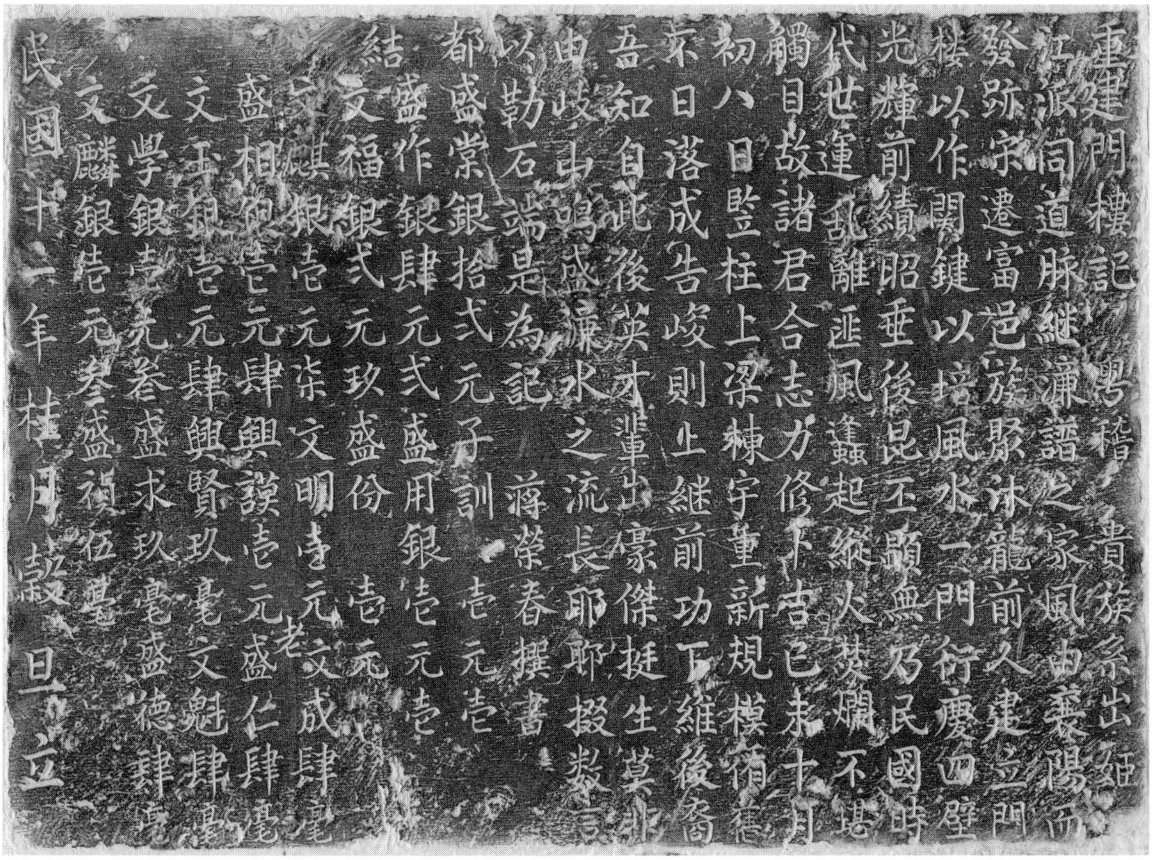

文麟　銀壹元叁　盛禎　伍毫

民國十一年桂月穀旦立

註　碑現存朝東鎮油沐村委崗中村，中華民國十一年（一九二二年）刻立。碑石完整，字迹較爲清晰。

一四一　深坡街恕堂書屋記

恕堂書屋記（碑額）

古者家有塾黨有庠州有序國有學學雖不一要皆藉官力提公費以贊其成若夫一介書生困居鄉里而能輸己財立義學者十無二三焉有之自富川蔣氏　恕堂先生始　先生諱登雲恕堂其別號例貢生世居富川之深坡街為吾粤詩禮巨族冠　先生性寬和樂施與見族中子弟貧富不齊富者固可向學貧者力有不足教育不能普及職是之故　先生引為己任樂捐田租叁百叁拾叁把半為延師束脩費并建學舍於村之南遂使族之英髦皆得講習其中彬彬焉多蔚為國器嗚呼　先生垂念宗族嘉惠後學其功豈不偉歟而　先生冡嗣名山以鄉貢屢膺教鐸次名水亦蜚聲庠序食餼天家孫曾濟濟繼美鳳毛天之所以報施善人者有如是哉聞者可以興起矣　先生殁後族人慨念高風每逢　先生誕日率學中子弟設主致祭并將　先生之弟邑庠名永清配享其間歷久弗替周禮有言曰凡有道德死則以為樂祖祭於瞽宗　先生無愧焉第　先生所捐之學舍田租尚未刊碑恐時事變遷有失考據　令姪孫希齡增榮安吉等因為此慮函商於余欲將先生立學之意樂捐之業付諸貞珉并議定章凡族人及　先生後裔不得侵爭亦不得變賣以期教澤長被於菁莪耀後世而垂無窮此則　先生之志而希齡輩亦善繼善述而不忍聽其湮没也余生也晚未能親炙於　先生幸嘗舘於　先生之族得交　先生之子姪歷有四載故於　先生之梗概獲悉大略囑記於余義不容辭爰濡毫而敬為之記

清明地田柒坵割雞井柒坵共租壹仟捌佰陸拾斤　上塓仔田拾式坵熟地式塊租壹仟式佰斤

清明地田拾玖坵租壹仟肆佰斤　斑竹山面前田乙坵寄名石田式坵租叁佰斤

新買雞公墜田弍坵壹百伍拾花　七香廟田乙坵禾陸拾花　戍家塓田乙坵禾伍拾花

清明地田拾柒坵租捌百斤　合共税拾乙畝乙分五厘

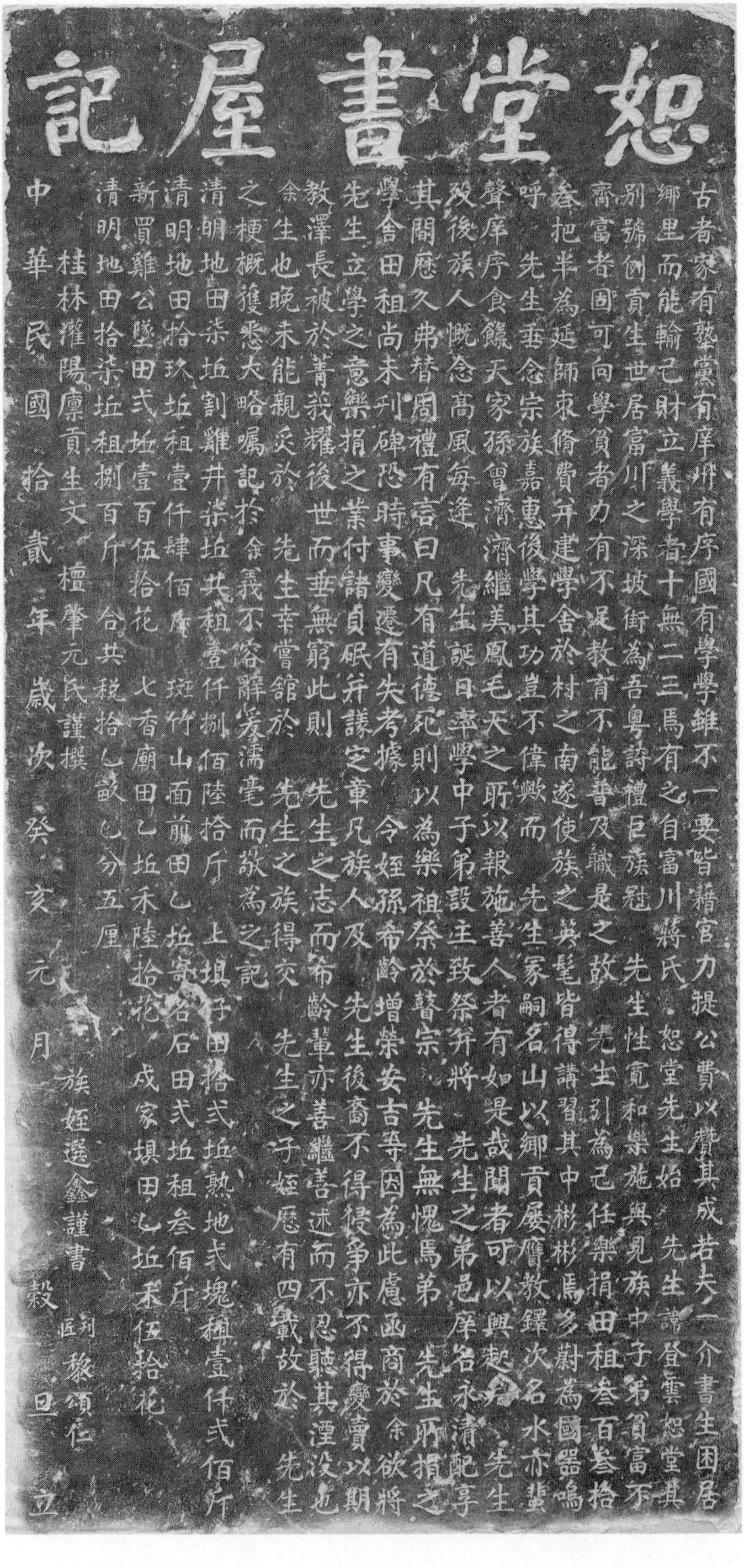

桂林灌陽廩貢生文　檀肇元氏謹撰　族姪選鑫謹書　刊匠黎頌仁

中華民國拾貳年歲次癸亥元月穀旦立

註　碑現存葛坡村恕堂書屋內，中華民國十二年（一九二三年）刻立。碑高一五〇厘米，寬七四厘米，厚一二厘米。碑石保存完整，字迹清晰。

一四二一　秀水村重建戲臺題名碑記

重建戲臺題名記（碑額）

傳芳堂 捐銀柒拾元並結緣 祀 毛蕃久 柒元 毛興根 獻地一座 祀 毛毓明 各 祀 毛周氏 各捐 祀 毛興憲 各
正祀房 每房首 毛毓福 叁元 毛蕃焄 伍元 毛蕃達 各 毛毓蕙 毛福龍 弍元 毛興盛
上元房 各捐 毛蕃泰 叁元 毛永熙 各 毛蕃道 毛蕃瑜 毛毓高 各拾 毛興猷 壹
宅地房 銀貳 毛蕃孝 叁元 毛永烱 祀 毛蕃意 叁 毛宏秀 毛毓致 陸毫 毛興口
上江房 毛蕃森 叁元 師範畢業 毛常飛 捐 毛興雲 毛蕃蒸 毛毓長 各 毛興愷 元
下江房 拾元 毛蕃川 叁元 毛毓鵠 毛興鴻 元 毛蕃舉 捐 毛毓春 毛興綱
族 毛鳳勝 伍元 毛興旺 叁元 毛蕃澤 肆 毛建城 毛蕃登 毛毓贏 捐 毛興宜 伍
總理 毛鳳騰 伍元 毛蕃口 叁元 毛毓茂 毛永隆 各 毛蕃茂 毛蕃松 毛建初
房 毛永高 肆元 毛蕃荊 貳元五毫 毛蕃陞 毛永占 毛蕃鶩 毛蕃虞 毛建和 毫
首 毛風清 伍元 毛永馨 貳元 毛興鳳 元 毛永熾 毛蕃進 毛蕃波 銀 毛蕃敏 壹元四毫
長 毛永仕 叁元 毛永運 貳元 毛永沛 各 毛毓彥 捐 毛蕃逢 銀 毛蕃樟 毛毓全 各
前清監生 毛之華 柒元 毛蕃口 貳元 毛永濟 毛毓皆 毛蕃益 毛蕃長 毛吉廷
前清監生 毛光裕 陸元 毛蕃德 貳元 毛毓蕒 捐 毛毓煥 毛蕃篤 毛蕃錫 壹 毛蕃唐 壹
毛蕃樂 伍元 毛蕃盛 貳元 毛有餘 毛毓宜 銀 毛蕃順 毛蕃珮 户 毛蕃麟
毛永翔 肆元 毛蕃亨 各捐 毛毓球 銀 毛毓祥 毛蕃莊 毛蕃安 元 毛蕃譜 元
毛毓泰 肆元 毛蕃琇 壹元 毛蕃珊 毛毓遺 毛興貴 貳 毛蕃班 毛永成
毛毓騰 肆元 毛興邦 毛興廷 毛毓通 毛興明 毛蕃元
毛毓蔄 肆元 事 毛興能 伍毫 毛蕃熙 叁 毛毓鎮 貳 毛興隆 毛蕃增 伍 毛蕃壁書

毛興龍　肆元　毛毓隆　壹元四毫　毛蕃室　毛毓隆　毛興洪　高小畢業毛鴻清　毛毓聘刊
前清監生毛志霄　叁元祀户　毛蕃璧　柒元　毛蕃杰　元　毛毓普　元　户　毛興懷　元　户　毛蕃輝　毫
事　毛毓述　叁元　毛毓桐　陸元　户　毛蕃濟　户　毛毓傳　毛興艷　毛蕃蒸
中華民國拾捌年歲次已巳季夏月　穀旦立

註　碑在朝東鎮秀水村毛氏宗祠左側墻壁上，中華民國十八年（一九二九年）刻立。碑高一四二厘米，寬六七厘米，厚一五厘米，額徑八厘米，主文字徑二厘米。碑石保存較好，字迹清晰。

一四三　富川縣第一市場序

富川縣第一市場序（碑額）

民國肇造百度更新建設一端尤當急務是以通都大邑市政改良貨物別類分行商務口自洪楊之役兵燹連年人民流離破産闤闠自此蕭然嗣雖逐漸重修然而因陋就簡日口同人等有見及此始議建築市場卜地於縣城之東半里北啣永明大道東貫道縣江華口山攝衣而上可俯全城之景緻右臨流水舉竿得魚狀似松江之鱸遠近民商可稱便利口上段為永興樓公有下段為何萬勝私業當即分頭接洽每年認租給銀兩處業主俱明口共二十八間内為擺攤場所中間馬路暢行不憂日晒不懼雨淋便民利商莫逾於此於口夘冬季越明年三月告成名之曰富川縣第一市場因以其義一而二二而三有加無已口時傑任商民會務識本凡庸曾参末議爰因公益不敢後人幸賴

富川縣長何公其英悉心維持蔣君如山周君懷新等極力贊助其歐陽君上德黄君口口丹銘等尤為不避勞怨慘淡經營地方人士亦樂為贊美始克相與有成至今汽車往來口男有如山陰道上循此以往地方繁盛左券可操惟市場草創誠恐風雨摧殘尚冀熱心口不朽也於是乎序

前桂林東南北等區警察署署長暨桂口

蔣如山　侯廣棧　歐陽幹甫　廣泰油房　李瑞麟　呂達卿

莫神昌　楊同昌　何和興　陽人和　義達五　段貴口

歐陽上德　龍熾甫　吳連城　李永勝　何宏益　周昌口

蔣開俊　毛華林　鄧富欽　周懷新　如意店　高永口

建築市場集資人毛丹銘　何中著　蔣如林　李興利　程應期　廖均口

黄寅賜　莫培高　何子雄　周玉林　蔣振鴻　王又口

周緝新　龍瑞廷　程錦華　何萬興　文林書局　楊才口

黄邦榮　蔣英傑　毛呈志　何萬興棧　馮利興　何華口

毛南生　毛善祥　蕭汝才　全勝隆　鄧長興　周賜口

中華民國二十一年歲次壬申六月　日立

註　碑現存富川縣城慈雲寺庭院左側圍墻墻壁上，中華民國二十一年（一九三二年）刻立。碑高九九・五厘米，寬七八・五厘米，額徑二・五厘米，正文字徑二・五厘米。碑石保存較好，字迹清晰，但碑文内容不完整，底部被蓋住。

富川縣第一市場序

民國肇造百度更新建設一端尤當急務是以通都大邑市政發展貨物別類分行商務
自洪楊之役兵燹連年人民流離破産闤闠自此蕭然嗣雖逐漸重修然而因陋就簡旦
同人等有見及此始議建築市場卜地於縣城之東半里北鄰永明大道東貫道縣江華
山攝衣而上可俯全城之景緻右臨流水舉竿得魚狀似松江之鱸遠近民商可稱便利
上段為永興樓公有下段為何萬勝私業當即分頭接洽每年認租給銀兩處業主俱明
其二十八間內為擺攤場所中間馬路暢行不憂日晒不懼雨淋便民利商莫逾於此於
卯冬季越明年三月告成名之曰富川縣第一市場因以其義一而二二而三有加無已
時係任商民會務識本庸愚敢不讓爰因公益不辭後人幸賴
富川縣長何公其英悉心維持蔣君如山周君懷新等極力贊助其歐陽上德黃君
丹銘等尤為不避勞怨慘淡經營地方人士亦樂為贊美始克相與有成至今汽車往來
男有如山陰道上循此以往地方繁盛左券可操惟市場草創誠恐風雨摧殘尚冀執
不朽也於是乎序

前桂林東南北等區警察署署長陳桂

建築市場集資人

蔣如山　侯廣棧　歐陽幹甫　廣泰沖號　李端麟　呂達卿
莫神昌　楊同昌　何和興　陽人和　義達五　錢貫
歐陽上德　龍熾甫　吳連城　李永勝　何宏盛　周昌
蔣開俊　毛華林　鄧富欽　周懷新　如意店　高永
毛丹銘　何中著　蔣如林　李興利　程應期　廖均
黃寅賜　莫培高　何子雄　周玉林　蔣振鴻　王又
周緝新　龍瑞廷　程錦華　何萬興　文林書局　楊才
黃邦榮　蔣英傑　毛呈志　何萬興棧　鴻利興　何華
毛南生　毛善祥　蕭汝才　全勝隆　鄭長興　周賜

中華民國二十一年歲次壬申六月　日立

一四四　胡天樂舊居營建紀略

營建紀畧（碑額）

余自遜清末年十六即入廣西陸軍小學校卒業後升陸軍第四中學校轉民國入陸軍第二預備學校継升陸軍軍官學校八年卒業服務行間歷經排連營團長副師長旅長等戢轉戰珠江長江各行省盖自束髮以來常守　口父印川公璋為國瑞為家之　嚴訓也十九年余年三十九自滬回桂復任少将團長方事剷除國内惡勢力以期政治之漸循常軌不意功未半而瑞弟病故之噩耗至迴憶民十五　先口父之見背也適余任團長隨國民革命軍第七軍轉戰德安九江間不得歸視含殮然猶以瑞弟在忠孝不兩全也茲瑞弟復歿　萱堂之承

歡乏人使余為國之心不得不轉而為家矣噫嘻天下事不如意者十常八九自稔生平經過亦可謂險阻艱難備嘗之矣殊形之不足以厄者厄余心志之不足以撓者撓余情寗非天哉雖然動心忍性又安知非所以曾益其所不能耶余既歸里决成　先口父未竟之志先建屋舍俾六合堂各家得以分居幸承[三五]叔父及各兄弟之贊成由六合堂劃與屋地歸余獨力自建再由六合堂建足正屋五座為其餘五家分領并立有合同契約二紙分存六合堂及余家以示後嗣此議既定遂從事屋舍之計劃屋基之築成以及木石磚瓦各材料之準備至廿一年九月一日乃得安門砌牆預期完成之日須在廿二年也此數年間人工材料之需費無

論已而種種之拂逆尤使余勞心而焦思諺云田塘易置四角難成信不誣也特誌其經過之概畧以見物力之維艱成志之不易兼使後人知志之不可不立行之不可不勉而物力之不可不惜則余之精神雖經百世猶一日也

天樂識并右書

中華民國二十一年九月立

註 碑在古城鎮秀山村胡天樂舊居大門門楣上端墻上，中華民國二十一年（一九三二年）刻立，碑高四七厘米，寬二一〇・五厘米。碑石保存完好，字迹清晰。

一四五　麥嶺新造村規民約碑

吾村自先祖立宅以来何午倈廣達等與数姓共立源頭塘即塘頸塘数姓之田畆皆頼此塘水灌溉自古以来輪流放魚而吾族等六年名占二年向来無異不意地家村桃李園村心術不軌意圖強佔即将塘内開田由是伸明鄉長村長理論不許該兩村不服訴訟縣政府經派楊委員飭同兩造及鄉村長勘明繪圖後經縣政府訊判照旧管業該兩村仍猶不服上訴平楽分院桂林高等法院均判法吾何姓所有兩造不許開田皆存有判詞恐後失憑特立此碑

為誌

富川縣長刘寿僑　鄉長　羅崇德　李樹芬

平楽分院長梁軫　羅永旺

桂林高等法院第一　毛光得

分院判長林世材　村長　羅國民　申成考

何発安　何年発　何年後

何武後　発沛　秀得　萬選　春貴　求後

発東　光應　開禎　肇東　方貴
普運　廷智　発康　光慈　恩貴
光忠　肇宗　発宣　光惠　祭安
萬求　進才　秀才　秀翰　東貴
武春　普有　祭義　秀富　從章
善燦　開祥　祭考　普才　從発
求開　維考　正後　肇照　普貴
発遠　從海　肇昆　萬明　肇貴
発求　武得　年春　秀求　普高
何普秋　正昆　光聰　発崇　萬仕

中華民國弍拾伍年丙子歲三月初一日立

註　碑在麥嶺鎮新造村，中華民國二十五年（一九三六年）刻立。碑石保存完好，字迹有些模糊。

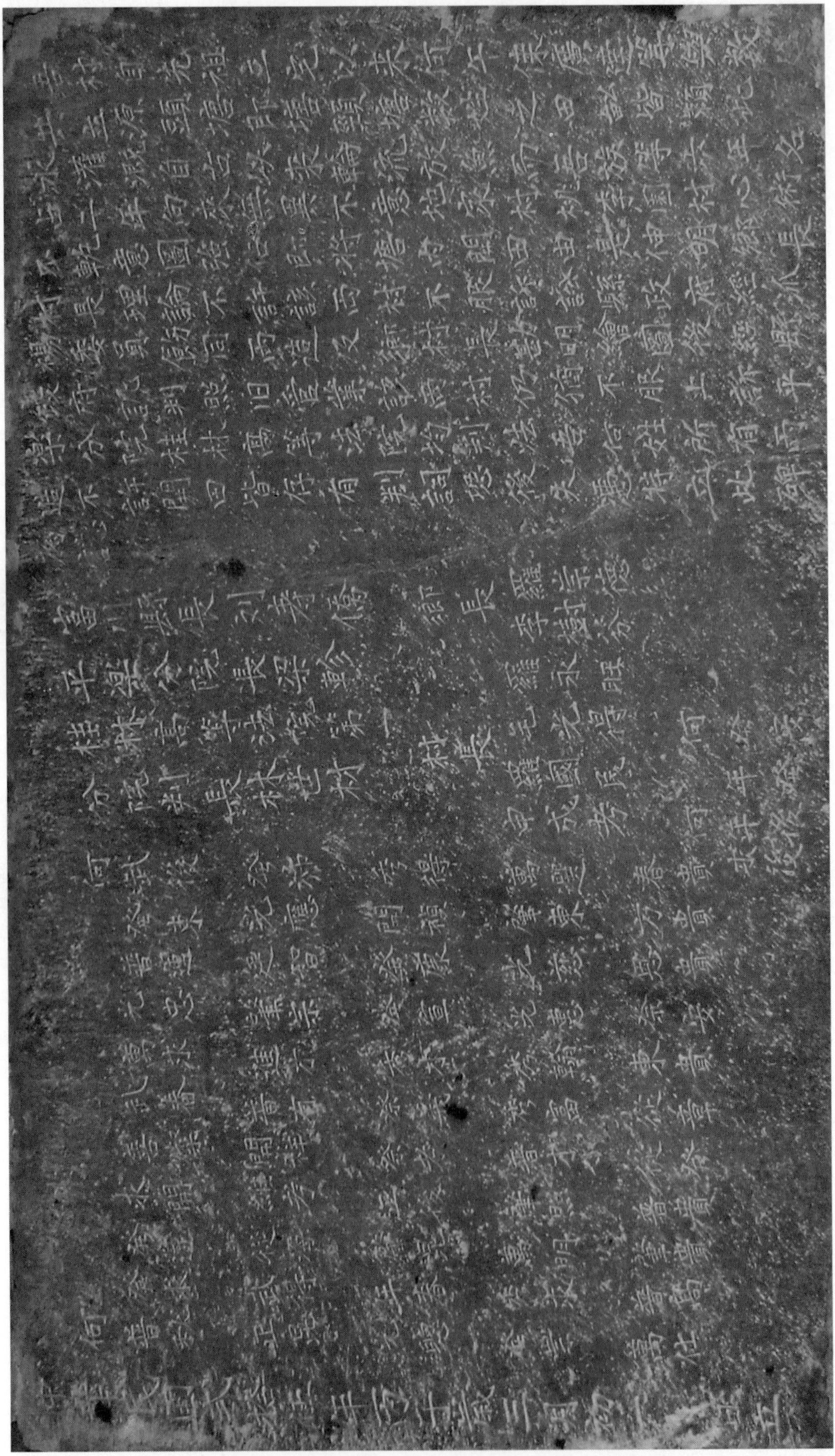

一四六　新建昇泰橋碑記

竊思道路平坦足稱如砥之安津迷嶔崎每致臨歧之歎兹因市場要道地狹途傾泥濘乏渡春雨愁潦躑躅行人水漲波流咨嗟過客但興工修築必須破費擔勞何以達王喜元等為義所激不憚煩難於是發起得我邑仁人善士努力樂成盛事共襄橋名昇泰出自仙乩從此步趨用適羣欽濟衆之仁履道周行咸樂無疆之福矣

發起人王喜元　何以達　何中勤　歐陽上德　各　李梯雲　銀　周官保　各

毛呈孝　侯課能　蔣泰清　汪裕和　周德祥　楊六林

何以達捐銀弍拾壹元　高永祥捐銀壹元伍　毛成利　各　周振昌　陳永春　壹　陳習宗　銀

侯廣棧捐銀伍元　高禎泰捐銀壹元伍　白盛興　黄有恩　唐炳洸　曾華春

何中勤捐銀弍元伍　林春發捐銀壹元弍　龍春生　張永有　捐　劉公舉　元　唐安興　伍

蔣泰清捐銀弍元伍　何清求捐銀壹元壹　林天秀　楊富端　周柱新　銀　董連寶　毫

王喜元捐銀壹元　胡副司令　各　毛呈敬　各　柳世生　唐克知　毛呈孝

毛呈孝捐銀壹元　白士修　謝德興　譚三和　捐　王維益　陳興發　陸　楊富德　各

莫紹周捐銀肆元　盧發祥　全恒裕　李文香　尹新喜　龍瑞庭　毫　楊世發

王子舒捐銀肆元　楊同昌　捐　左鴻泰　捐　毛文德　楊才生　廖荣富　銀

同利押捐銀肆元　周壽昌　高開美　黄光囥　趙福泰　石天賜　各　李啟才

富昌押捐銀肆元　毛明蛟　毛植三　廖永福　楊才應　銀　任瑞廷　柳和倫　肆

莫義興捐銀叁元　蔣如巍　楊安興　何玉廷　銀　李永勝　羅求盛　蔣洪明　毫

毛呈志捐銀叁元　王永昌　銀　李兆僯　楊同安　王永安　羅兆荣

□啓堯捐銀弍元　周順昌　李慶美　銀　柳和氣　毛蔭峰　何中富　捐

何和具捐銀弍元　秦萬和　林紹才　蔣俊丞　廖盛具　周忠才

蔣振湄捐銀弍元　陽人和　石得勝　程献章　陳運龍　壹　毛明玉

黄茂利捐銀弍元　毛泰来　壹　唐順泰　周賜吉　壹　何朝福　蕭玉豐　銀

復泰隆捐銀弍元　毛明福　譚茂順　壹　羅培性　周怡和　周萬泉

周紹蓮捐銀弍元　天一隆　劉美泰　楊長春　廖久發　譚有名　伍

何億具捐銀弍元　廣昌號　劉順昌　高永泰　蔣洪登　廖秉松

何宏益捐銀壹元伍　吴金才　陳永華　全恒泰　陳澤輝　王國具

林昭珠捐銀壹元伍　周鴻福　元　曹茂順　元　鄧長具　元　楊毓棋　元　劉具祥　毫

民國二十五年歲次丙子仲夏月　吉旦謹立

註　碑現存富川縣城慈雲寺庭院左側圍墻墻壁上，中華民國二十五年（一九三六年）刻立。碑高一二一·五厘米，寬八一厘米，無額，正文字徑二·五厘米。

竊思道路平坦，人稱如砥之安；津途崎嶇，每致臨岐之歎。茲因市場要道地狹途傾，泥濘之處，春雨初潑，
蹣行人水濺淋漓，嗟嗟過客，但興工修築，必須破費擔勞。何以達、王喜元等為義所激，不憚煩難，於是發起，得我邑
仁人善士，努力樂成，盛事共襄，橋名昇泰，出自仙乩。從此步趨，用適輦欽濟衆之仁；履道周行，咸樂無疆之
福云。

發起人 王喜元 毛呈孝
何以達 侯課能
何中勤 蔣泰清

何以達捐銀貳拾壹元伍
侯廣棧捐銀伍元
何中勤捐銀貳元伍
蔣泰清捐銀貳元伍
王喜元捐銀壹元
毛呈孝捐銀壹元
莫紹周捐銀肆元
王守詩捐銀肆元
何利押捐銀肆元
曾昌押捐銀肆元
龔義興捐銀叁元
毛章堯捐銀叁元
毛癸堯捐銀貳元
何和興捐銀貳元
蔣振湄捐銀貳元
黃茂利捐銀貳元
復泰隆捐銀貳元
周紹蓮捐銀貳元
何億興捐銀貳元
何宏益捐銀壹元伍
林紹珠捐銀壹元伍

高萊祥捐銀壹元伍
高禎泰捐銀壹元伍
林春發捐銀壹元貳
何清來捐銀壹元壹
胡副司令
白士修 各
盧發祥
楊同昌 捐
周壽昌
毛明蛟
蔣如巍
王永昌 銀
周順昌
秦萬和
陽人和
毛泰來 壹
毛明福
天一隆
廣昌號
吳金才
周鴻福 元

毛呈敎
謝德興 各
全恆裕
左鴻泰
高開美 捐
毛植三
楊安興
李兆偉 銀
李慶美
林紹才
石得勝
唐順泰 壹
譚茂順
劉美泰
劉順昌
陳永華
曹茂順 元

毛成利 各
白盛興
龍春生
林天秀
柳世生
謝三和 捐
李文香
毛光德
黃光光
廖永福
何玉廷 銀
楊同安
柳和氣
蔣俊丞
程獻章
周賜吉 壹
羅培性
楊長春
高永泰
全恆泰
鄧長興 元

歐陽上德 各
汪裕和
周振昌
黃有恩
張永有
楊富端 捐
唐克知
王維益
尹新喜
楊才生
趙福泰
楊才德 銀
李永勝
王永安
毛蔭峰
廖盛興
陳運龍 壹
何朝福
周怡和
廖以發
蔣洪登
陳澤輝
楊毓棋 元

李梯雲 銀
周德祥 壹
陳永春
唐炳洸 元
劉公舉
周柱新 銀
毛呈孝
陳興發 陸
龍瑞庭 毫
石天賜 各
任瑞廷
羅來盛
羅兆榮 捐
何中富
周德才
毛明玉 銀
蕭玉豐
周萬泉
譚有名 伍
廖秉松
王國興
劉興祥 毫

周官保 各
楊六林 銀
陳習宗
曾華春 伍
唐安興
董連寶 毫
楊富德 各
楊世發
廖榮富 銀
李啟才
柳和倫 肆
蔣洪明 毫

民國二十五年歲次丙子仲夏月 吉旦謹立

一四七　上清塘重建宗祠碑記

重建宗祠記（碑額）

口村之東南隅前人曾建宗祠於斯一則以妥先靈一則以培補風水之不足原作卯山酉向兼甲庚丁（卯酉）分針面臨通湘大道往來行人諳地理學者均謂向甲不當顧外不顧内日後人財难免衰落之歎致今果驗其言故諸前輩屡經提倡改造未獲寔行近則人財較前更形衰落若不及早改建將來何堪設想未免愁焉憂之是以余不辞勞瘁免為其难即與族叔子吉忠輝慶雲虞遜等会商均願負責提倡爰集合房叔侄會議均聿一致贊同并欲將舊址擴而充之經择於民國三十年十月十八日鳩工建築於卅一年二月初二日新祠落成正作寅山申兼丙（寅申）分針内修外装因以人力財力之不足雖不敢言完善不過畧具其規模之一二而已今後既得祠之廻護形势焕新祖靈可慰將來人興財旺當可預卜今者承諸前輩命謹具数言刊石以垂不朽云

唐國美謹撰并書

發　忠輝　乙　七　屋乙座　信　逢欽　各　唐蓮娥　捨屋乙座

子吉　弍　三　杉木二三桄　俊　七木乙株　荣德　各　李氏淑举木三株

起　慶雲　乙佰七拾元（木七桄）　德旺　十　荣才　四
虞逐　式　五　杉木三桄　慶德　五　荣有　拾
人　國美　乙　五　虞玉　元（木七桄）　逢得　元　捨杉木乙桄
信　虞際　各　捨杉木十三桄　成金　各　荣森　各（木二株）　術士唐瑞泰
正輝　百乙　四　虞德　十六（木乙株）　虞旺　式　木　王永彰
俊仁　元　荣清　元　國勛　拾　捉匠劉光麟
國茂　各　逢高　各　俊福　石　陳玉清
荣生　十七　虞榜　十五　虞彰　伍
口　俊芳　元五　杉二株　士　國荣　元　俊得
金生　元

民國三十三年四月　立

註　碑現存葛坡上清塘村唐氏宗祠内，中華民國三十三年（一九四四年）刻立。碑高六〇·五厘米，寬八五厘米，厚一一厘米，額徑四厘米，主文字徑二厘米。碑石保存較好，字迹清晰。

重建宗祠記
祠建東南隅前人曾建宗祠於斯一則以妥先靈
一則以培補風水之不足原作卯山酉向兼甲庚丁
卯酉分針面與湘大道往來行人諳地理學者趋謂
向甲不當顧外不顧內日後人財難免衰落之歎致
今果驗其言故諸前輩屢經提倡改造未獲實行近
則人財較前更形衰落若不及早改建將來何堪設
想未免愁焉憂之是以余不辭勞瘁免爲其難即與
族叔子吉忠輝慶雲虞遜等会商均願負責提倡爰
集合房叔任會議均畢一致贊同并欲將舊址擴而
充之經擇於民國三十年十月十八日鳩工建築於
卅一年二月初二日新祠落成正作寅山申兼丙申寅
分針內修外裝因以人力財力之不足雖不敢言完
甚亦過畧具其規模之一二而已今後既得祠之廻
護形勢煥新祖靈可慰將來人興財旺當可預卜今
者承諸前輩命謹具數言刊石以垂不朽云
唐國美謹撰并書
癸忠輝乙七 屋乙座
子吉弍三 杉木二 三梲
起慶雲乙佰七拾元 木七梲
虞遜弍五 杉木三梲
人國美乙五
信虞際各捨杉木四
正輝乙百 十三梲
後仁元
因茂七各
榮生五十七
後芳元 杉二株
信逢欽各七 木乙株
後德旺十
慶德五
虞玉元 木七梲
成金各
虞德六 木乙株
虞德十
榮清元
逢南各
虞栢十五
國燕元
唐蓮娥捨屋乙座
李氏淑華木三株
榮德各
榮才四
榮有拾
逢得元 捨杉木乙梲
榮森各 木二株 衛士唐瑞春
虞旺弍 木 王永彰
國勛拾 泥匠劉光輝
後禧伍 石
虞彰
後得元
金生
民國三十三年四月 立

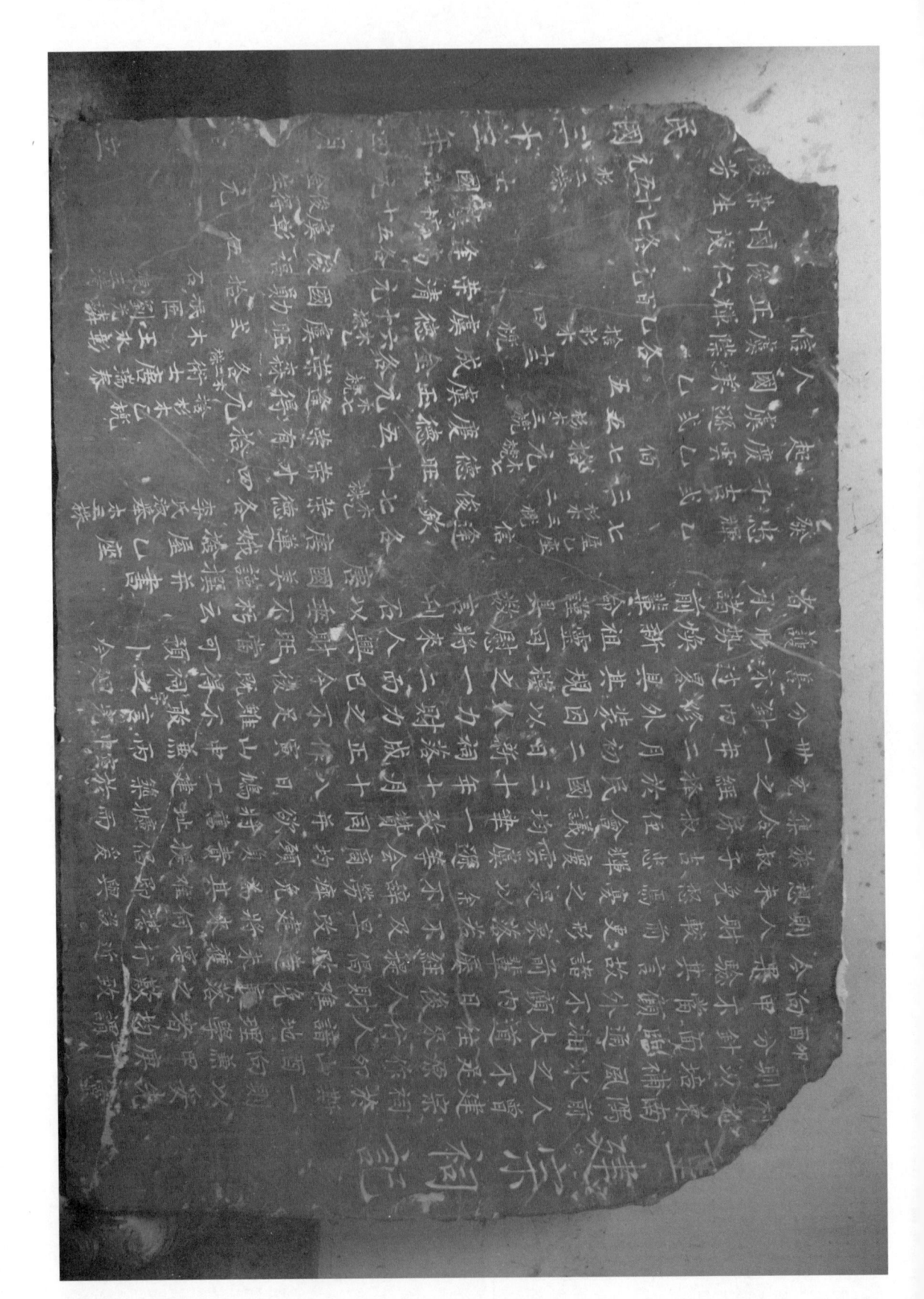

一四八　矮岭村重建門樓捐資題名碑記

重建門樓捐資題名記（碑額）

首　黎家光　伍仟陸佰伍拾元　化　陳嘉鋹
陳欽吉　伍仟陸佰伍拾元　陳欽標
黃章甫　伍仟叁佰玖拾元　陳欽森
黎家瑞　伍仟玖佰元　陳欽荣
何克彬　伍仟叁佰元　陳世懿
事　陳欽球　肆仟壹佰元　陳世健
陳嘉錦　捌仟陸佰元　化　黎洪熙
李成玉　伍仟伍佰元　黎洪與
黃進茂　肆仟陸佰元　黎洪基
陳永發　肆仟陸佰元　何克光
陳嘉仁　肆仟壹佰元　黃紹美
陳嘉敦　叁仟柒佰伍拾元　李品學
黎家甫　叁仟柒佰伍拾元　丁　李青傳
李得卿　叁仟柒佰伍拾元　以上各捐圓
陳欽進　叁仟柒佰伍拾元　叁佰元
黎洪章　叁仟柒佰元　黎家光
陳欽槐　叁仟陸佰元　施樹叁根
李品堂　叁仟陸佰元　黃章甫

黃章盛　叁仟陸佰元　　施磚瓦叁佰

陳欽甫　叁仟貳佰元　　黃章盛

陳欽發　壹仟伍佰元　　施磚瓦叁佰

張京照　壹仟肆佰元　　黃紹繼

鍾先嬌　壹仟柒佰元　　施磚瓦叁佰

以上共收緣銀國幣拾萬零柒佰肆拾元

一支木匠壹萬玖仟陸佰元

一支抿工壹萬肆仟元

一支修花街壹萬伍仟元

一支出碑脚踏石板刻字共壹萬伍仟玖佰元

一支酒席叁萬陸仟貳佰肆拾元

陳嘉錦施磚瓦各叁佰片塊

中華民國乙酉歲十月立

註　碑在城北鎮矮嶺村村西門樓墻壁上，中華民國乙酉年即民國三十四年（一九四五年）刻立。碑寬一〇七・三厘米，高四九厘米。碑石保存完好，字迹清晰。

一四九　唐富八墓碑（碑文三塊）

中間碑文

圖曰一時宗親九族支人百行莫大乎孝萬物育生有本孔孟曰故云……
使之一本君子不以天之儉其親不得乎親不可以為人不順乎親不……
舜於事親之道而瞽瞍底豫瞽瞍底豫而天下化書云孝應維則堯舜……
而□矣其言不妄也豈不懿哉况今吾族數百千口耕讀不少共本同……
口理合追溯　鼻祖慎終追遠祭祀蒸嘗寸誠篤敬者方可尽仁人孝……
言恢先緒哉　始祖富八字義保公自宋以来世態滄桑天生穎晤以……
信國公勤王威武战勝一怒安民功烈同如周武以暴易暴四海声風……
邑抵源巡至宋塘坊視其地勢山水美麗土質膏腴可為立居所育子……

歷朝遠故始祖唐公諱富八字義保

始祖厥後继之献身救國不意兵敗殉之殺身成仁而玉骨金骸者落……
公岩嶺塘源崑辛山乙向坟墓天然四面風景水秀山明是時子孙發達……
居各處瓜瓞綿長遂建立宮祠名曰龍興太庙朝暮侍奉宝鼎金炉數双……
声百里赫濯萬古英灵歷代至今時值寒暑登坟祭掃見得碑文尚陋字……
瞭然命匠易故换新而又日新焉昭著光明刻碑留記於民國廿八年……
侵佔祖業安厝斯地鼠牙雀角之争鷸蚌相持具控官所蒙　政府判决……
源崑週圍一嶺永遠唐氏管業無異矣太婁龍氏厝斗米月亮山山丁向崑癸唐荣陞謹撰　唐……

右側碑文

貴顯貴達媳盤鄒氏
德廣居白面井村
德大居交椅湾老仁山東子山
德寛居蓮山塘交椅湾
德宏居拳崽村
德温居櫟脚村
德良居犀牛口村
德恭居十林村
德儉居下路坪村
唐德讓居盤家塡村
口周氏
媳譚氏
石氏
龍氏
黄氏
盤氏
口黎氏
周氏
媳蒋氏

唐正森 唐運清 唐宏賢 唐宏徵 唐宏口
兹 正隆 運好 宏恩 宏遂 宏壁 開口
将 正雲 運琛 宏茂 宏生 宏務 開口
九 正行 運旺 宏功 宏誠 宏旺 開口
房 正紀 運踁 宏星 宏口 宏財 開口
正祐 運口 宏成 宏溯 宏靖 開口
耳 運擎 運金 宏正 宏瑞 宏才保 開口
運鳳 運現 宏次 宏一 唐開慶 開口
孫 運坤 運継 宏雲 宏衡 開易 開口
運良 運瑞恩 宏夆 宏臣 開光 唐開口
名 運家 運發 宏福 唐宏誌 開化 開口
運謀 宏蝦盛 宏藩 宏誒 開蟻 開口
列 運穫 宏口 宏堯 宏珐 開悃 開口
運顕 宏眷春 宏局 宏彪 開恇 開口
如 運君 宏進 宏毅 宏海 開和 開口
運昌 宏求宗 宏存 宏玉 開善 開口
下 運標 宏傑 宏奇 宏丘 開兆 開口
運珄 唐宏民 宏惠 宏霞 開禧 開口
運珖 宏恒 宏偉 宏風 開継 開口
唐運翔 宏舜 唐宏善 宏明 開□ 開口
運珧 宏昌 宏材 宏良 開口 開口

左側碑文

唐開如 唐開佑 唐克隆 唐克耀 唐克官 唐克口 唐克倉 唐復口

開酹 開宙 克山 克武 克諸 克毅 克新 復口

開貯 開熾 克德 克滿 克雷 克正 克金 復標

開枝 開職 克旺 克蒙 克見 克龍 克鵑 復珖

開捷 開縹 克才 克際 克電 克帡 克類 復茂

開昱 開喬 克勇 克卿 克斌 克賂 克恩 復耀

開是 開遺 克護 克彩 克慶 克（茅開） 克鵜 復明

開昇 開漢 克荐 克項 克奇 克（明東） 克辛 復日

開唇 開烙 克㒷 克詞 克益 克繼 克寅 復對

開萬 開顯 克求 克詰 克照 克帷 克丙 復（羽壽）

開亮 開口 克蔚 克海 克桃 克（灵丰） 唐復秀 復權

開異 開續 克（孝忠） 克谞 克登 克（仟昌） 復星 復勝

開致 開富 克摯 克提 克珉 克積 復高 復丞

開諒 開彪 克勳 克餘 克後 克順 復盛 復如

開智 開深 克善 克確 克繕 克瓊 復寬 復雲

開暄 開葆 克比 克口 克循 克口 復恒 復覓

開滿 開環 克騰 克竣 克禱 克廉 復修 復晉

開洋 開賀 唐克稷 克恩 克标 克（本信） 復質 復口

開國 克覃 克定 克宗 克息 復（恩才）

中華民國三十五年五月廿二日午時

註　該墓碑在蓮山鎮魯洞村塘源崗山麓東半坡，民國三十五年（一九四六年）重新刻立。墓碑由左、中、右三塊碑石組成，呈八字形排列。每塊碑高一〇〇厘米，寬七八厘米。墓碑保存較好，字迹較爲清晰，但墓碑底部幾行文字被泥土遮蓋。墓碑細部照片由唐曉濤教授提供。

一五〇　上石脚創建門樓捐資碑（碑文兩塊）

第一塊

創建門楼捐資芳名（碑額）

廖維訓　壹拾弍元　任求　伍毛
總　香甫　壹拾弍元　道新　伍毛
管　道高　陸元伍毛　信　道交　伍毛
首　道坤　捌元玖毛　道端　伍毛
木生　柒元叁毛　道問　伍毛
秩林　陸元伍毛　道讀　伍毛
秩梓　肆元　道僅　伍毛
士　求轉　弍元弍毛　冬必　伍毛
首　維豐　弍元叁毛　道善　伍毛
秩官　壹元玖毛　道福　伍毛
道邦　壹元弍毛　士　道林　伍毛
秩發　壹元捌毛　秩篪　伍毛
士　安坡　伍毛　荣光　伍毛
信　秩社　壹拾弍元　秩雄　伍毛
道全　玖元陸毛　秩耀　伍毛
道勛　柒元玖毛　秩正　伍毛
道玉　柒元玖毛　信　秩善　伍毛
道德　伍元弍毛　秩献　伍毛

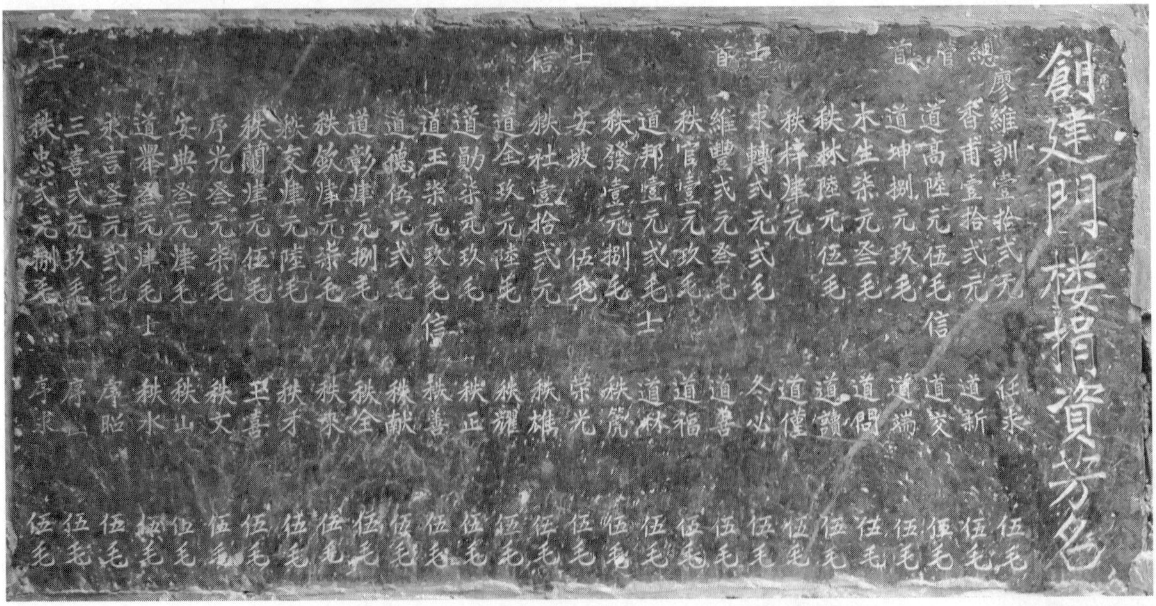

道彰　肆元捌毛
秩欽　肆元柒毛
秩交　肆元陸毛
秩蘭　肆元伍毛
序光　叁元柒毛
安典　叁元肆毛
士
道舉　叁元肆毛
永言　叁元弍毛
三喜　弍元玖毛
秩忠　弍元捌毛

秩全　伍毛
秩來　伍毛
秩才　伍毛
玉喜　伍毛
秩文　伍毛
秩山　伍毛
士
秩水　伍毛
序昭　伍毛
序[幽]　伍毛
序求　伍毛

第二塊

秩支　叁元
道學　弍元柒毛
秩松　弍元伍毛
秩行　弍元肆毛
信
紹虎　弍元弍毛
序玉　弍元弍毛
安芳　弍元
白氏　壹元捌毛
秩偉　壹元捌毛

序田　伍毛
德喜　壹元
秩杏　伍毛

士　道配　壹元柒毛
杏荣　壹元伍毛
秩端　壹元伍毛
秩剛　壹元伍毛
秩强　壹元伍毛
信　荣亮　壹元
序言　壹元
安禄　玖毛
秩荣　玖毛
苟三　壹元捌毛
士　道月　壹元陸毛
道緝　壹元陸毛
秩負　壹元肆毛
道禹　壹元
道修　壹元

中華民國三十八年十月二十日　立

註　碑現存古城鎮上石脚村村内一門樓墻壁上，一九四九年刻立。第一塊碑石寬八五・五厘米，高四一厘米。第二塊碑石寬七三厘米，高四一厘米。碑石保存完好，字迹清晰。

一五一　深坡街璣公祠田業碑記

第一塊

璣公祠田業列後

猿猴山前田一洞全佔並無異姓插花不計坵角又大山尾鍾家垻田一洞佔垻一張田坵大小壹百零肆坵該禾一千九百五十秾外有異姓插花田弍拾陸坵該木柒百五十秾山林地段週圍高低以水為界佃户住屋許起不許拆每年議定租禾照租稱稱乾禾柒千六百零三斤拾月内除爾宗公後裔收九十三斤五月外實收柒仟五百十斤零五月粮錢人工租雞共折錢叁拾弍仟八百八十八文内除爾宗後裔收叁百九十六文外實收叁拾弍千四百九十二文猿猴山有塘一口每年批錢八百文祠面前塘一口田一坵

編銀壹兩六錢一分一厘

蒸嘗户折銀三錢八分一厘

本米四斗七升六合

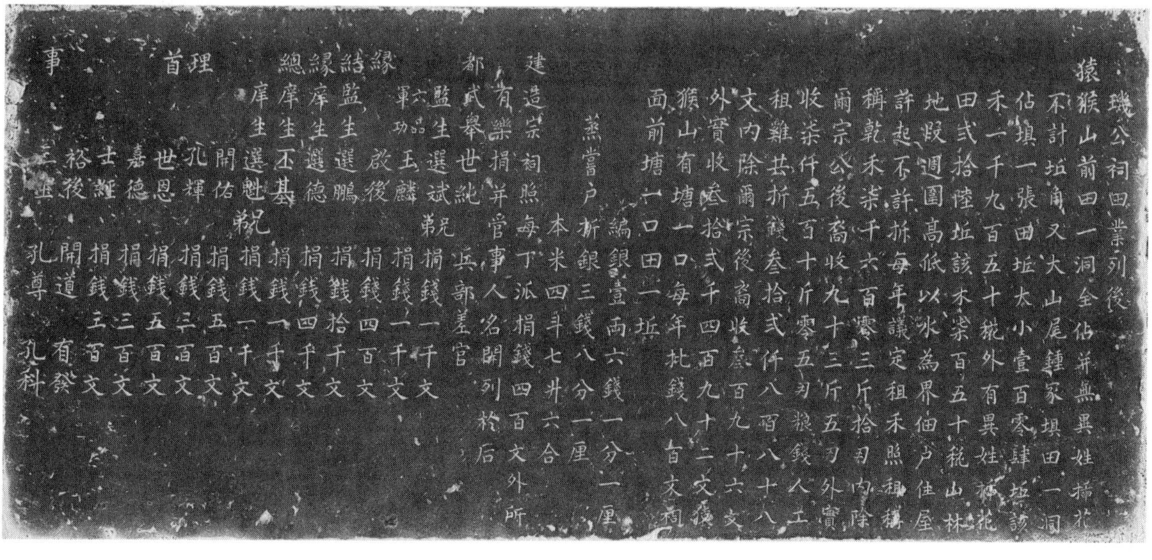

建造宗祠照每丁派捐錢四百文外所

有樂捐并管事人名開列於后

都武舉世純　兵部差官

監生選斌弟兄　捐錢一千文

六品軍功玉麟　捐錢一千文

緣　啟後　捐錢四百文

結監生選鵬　捐錢拾千文

緣庠生選德　捐錢四千文

總庠生丕基　捐錢一千文

庠生選魁弟兄　捐錢一千文

開佑　捐錢五百文

理　孔輝　捐錢三百文

首　世恩　捐錢五百文

嘉德　捐錢三百文

士經　捐錢三百文

裕後　開道　有發

事　三宝　孔尊　孔科

第二塊

三知　捐錢一千文

致豫　捐錢七百文

世忠　各　五

世立　捐　百

美兒　錢　文

孔有　各　四

發槐

正仁　捐　百

孔高

能廣

孔保　錢　文

孔時　各　三

孔錫　捐　百

孔珪　錢　文

世則　各　二

貞兒　捐　百

敏兒　錢　文

修砌天井開山取石首事

孔美　仁福

惟肇　成道

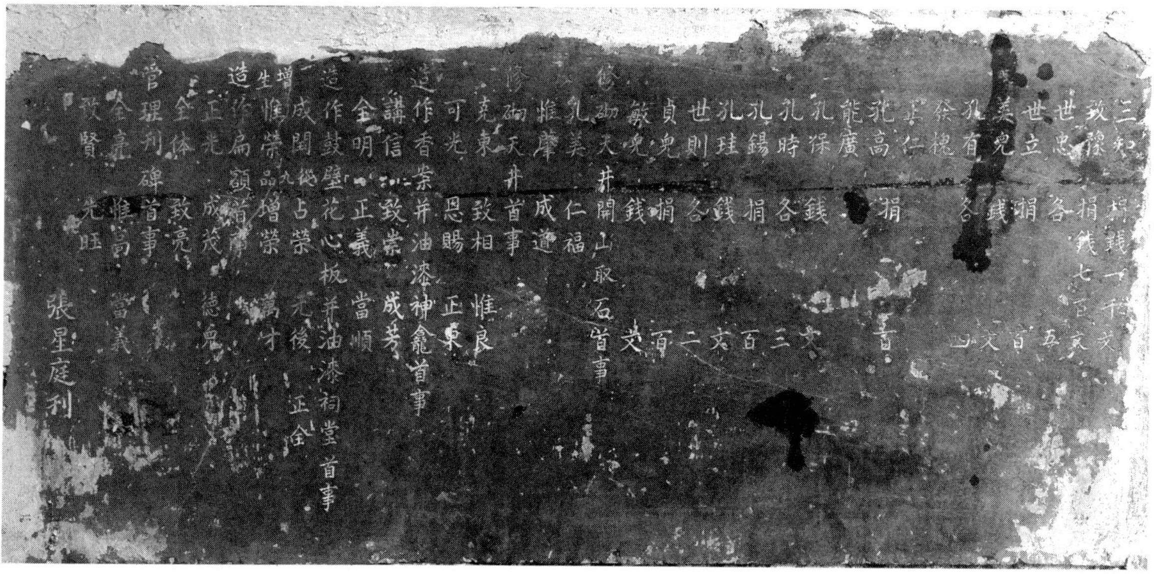

修砌天井首事

克東　致相　惟良

可光　恩賜　正東

造作香案并油漆神龕首事

講信　致崇　成芳

全明　正義　當順

造作鼓壁花心板并油漆祠堂首事

成閨　九從　占榮　元後　正全

增生惟榮　品　增榮　萬才

造作扁額首事

正光　成茂　德兒

全体　致亮

管理刊碑首事

全亮　惟高　當義

致賢　先旺

張星庭刊

註　碑現存葛坡鎮深坡街村璣公祠内，清末民國時所刊，具體時間不詳。碑鑲嵌在璣公祠大門左側墻壁上，碑石有兩塊，碑均高一二一厘米，寬五五厘米。碑石保存完好，字迹清晰。

一五二一　王海觀吟所摩崖

邑令王海觀為

吟所

詩人蔣拙堂書

註　摩崖現存葛坡鎮深坡街村社公山上，具體刻立時間不詳。摩崖高三四厘米，寬四一厘米。『吟所』二字字徑一五厘米，其餘字徑五厘米。摩崖保存較好，字迹較清晰。

一五三　東嶽祠上坊置買田業碑記

今將

東嶽祠上坊置買田業勒石載明以垂永遠

計開　　此處田係橋頭江大洞楊柳垻

一土名楊柳垻崩井田弍處大小柒坵原租禾伍

拾叁把每把租称拾弍斤粮禾一把粮錢三百

二十文民税弍畝一分三厘佃人鄧呈玟批種

一土名東車洞桐油田二坵原租禾三十把每把

租称十二斤粮禾十三斤半粮錢二百三十七

文民税一畝二分佃人夏祖德批種　住粟家寨

一土名螞蝗冲田一處大小四坵原租禾弍拾把

每把租称十二斤粮禾弍十斤粮錢一百六十

文民税八分

一排村蓮塘坪田二處共原租禾十三把内租一

處占六七把每把租称十三十五斤佃人廖德還

一社尾洞土名油蔴地田一處原租禾拾把每把

十三斤佃人羅麻四批種

一社尾洞土名岡洲田一處原租五把每把十二斤佃人廖引安

一謝家巷南边屋一間　　一刘振紳批屋地一間

一橋頭沙洲边茴地一個　一鐘音遠批屋地一間

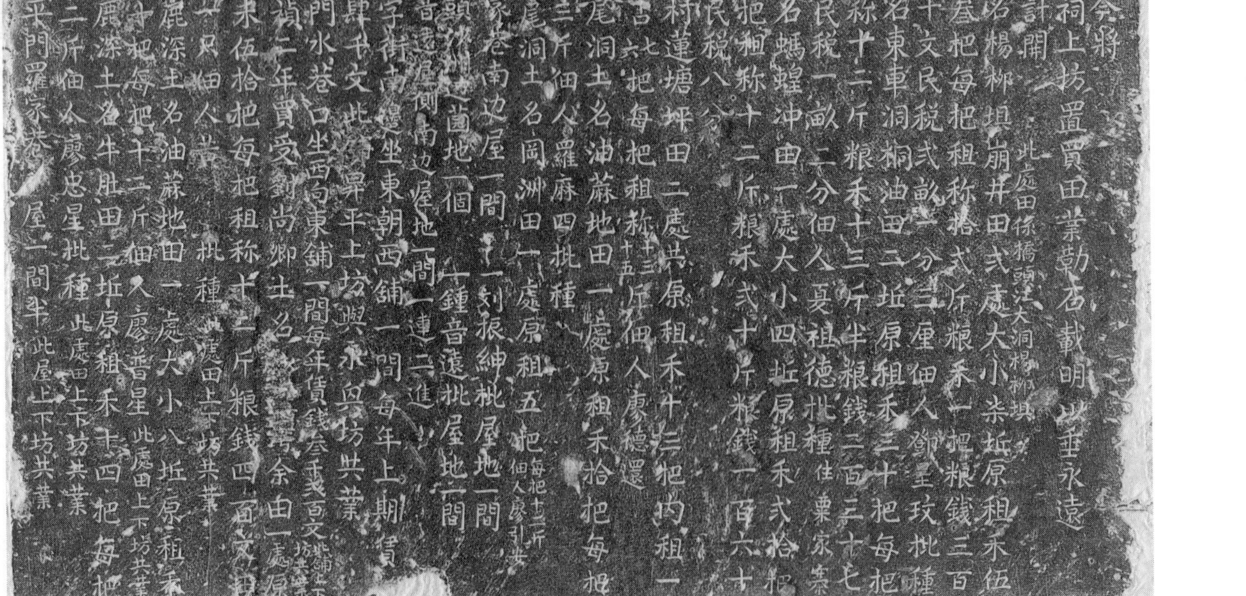

一鐘音遠屋側南边屋地一間一連二進
一十字街南邊坐東朝西舖一間每年上期賃
錢肆千文　此舖昇平上坊與永興坊共業
一東門水巷口坐西朝東舖一間每年賃錢叁千弍百文（此舖上下坊共業）
一崇禎二年買受劉尚卿土名口口余田一處原
租米伍拾把每把租称十二斤粮錢四百文田
鸡一只佃人黄　　批種　此處田上下坊共業
一馬鹿深土名油蔴地田一處大小八坵原租禾
三十把每把十二斤佃人廖普星　此處田上下坊共業
一馬鹿深土名牛肚田二坵原租禾十四把每把
十二斤佃人廖忠星批種　此處田上下坊共業
一太平門羅家巷口屋一間半　此屋上下坊共業

註　碑鑲嵌在縣城古明城慶遠樓下外側的墻壁上，具體刻碑時間不詳。碑高四八厘米，寬七八·五厘米。碑石保存完好，字迹清晰。

一五四　二九村重衆議改造門樓碑記

重修門樓（碑額）

嘗謂論語云仍舊貫如之何
何必改作故以山向不合宅
居不就何以為美也雖曰衆
議重修改造則順村向以美
里仁財旺丁興宅居廣安地
傑人靈土境和平宜將姓名
勒石永垂以誌千古不朽乎

劉興轉　捐銀弍拾毫
麥生林　捐銀弍拾毫
劉基文　捐銀拾柒毫
黃榮華　捐銀拾伍毫
黃榮光　捐銀拾肆毫
李啟軍　捐銀拾叁毫
李印廻　捐銀拾壹毫
李恩養　捐銀拾壹毫
劉基昌　捐　蔣秉吉　各
麥興賓　銀　李恩應　捐
劉聖鑾　拾　劉興生　銀
劉基永　毫　劉仙保　玖

麥慶陞 捐 麥生枝 毫
麥生文 銀 劉剛科 肆
劉基猷 玖 劉克養 毫
劉興楷 毫

註 碑在城北鎮二九村劉家門樓右側墻壁上，具體刻立時間不詳。碑寬七三・五厘米，高三四厘米。碑石保存較好，字迹清晰。